Ilmar Tammelo

Zur Philosophie des Überlebens

Gerechtigkeit, Kommunikation und Eunomik

Verlag Karl Alber Freiburg/München

Reihe: Fermenta philosophica

Satz und Druck: Allgäuer Zeitungsverlag, Kempten
ISBN 3-495-47315-7

Dem Andenken von
René Marcic
und
Wolfgang Friedmann
gewidmet

Inhalt

Vorwort 9

Erster Teil:
Selbstgespräche zur Metaphysik der Gerechtigkeit 13

Prolog: Vom Begriff der Gerechtigkeit 15
Erster Monolog: Gerechtigkeit und negative Vorsehung 25
Zweiter Monolog: Gerechtigkeit und positive Vorsehung 39
Dritter Monolog: Gerechtigkeit – von der Vorsehung abgesehen 56
Epilog: Gerechtigkeit, Zweifel und Liebe 77

Zweiter Teil:
Albigensische Begegnungen 91

Hingang: Der Begriff der menschlichen Kommunikation 93
Erste Begegnung: Mensch, Recht und Kommunikation 113
Zweite Begegnung: Kommunikation und Rollentreue 134
Dritte Begegnung: Wissenschaft, Kommunikation und politische Macht 153

Abgang: Gerechtigkeit, Kommunikation und Weltordnung 176

Dritter Teil:
Eunomische Versuche 191

Auftakt: Naturrecht in der Krise 193
Erster Versuch: Recht auf Leben 215
Zweiter Versuch: Zur konativistischen Begründung des Naturrechts 234
Dritter Versuch: Um ein futurologisches Naturrecht 243
Ausklang: Gerechtigkeit und Gelassenheit 259

Vorwort

Dieses Buch ist aus der Sorge um das Dasein und das Fortbestehen der Menschheit entstanden – eine Sorge, die jetzt viele teilen und die mich schon lange bedrückt hat. Unser rastloser Kampf um die Weiterentwicklung in den schon entwickelten Ländern und um die Entwicklung in den noch unterentwickelten Ländern hat sogar in den günstigsten Fällen nur begrenzte und vorläufige Erfolge erzielt. Etwas, das einigermaßen als Endziel gelten könnte, wie die Beseitigung des Elends für die Menschen oder die Erreichung eines allgemeinen Wohlstandes, ist zum Teil gerade wegen dieses Kampfes weiter in die Ferne gerückt oder hat sich als geradezu unerreichbar erwiesen.

Wer einen einigermaßen weiten Gesichtskreis hat und einen Blick auf das wirft, was heute in der Welt vor sich geht, kann sich kaum einer gewissen Hoffnungslosigkeit erwehren. Nur ganz naive politische Denker sind noch imstande, einen von Befürchtungen nicht getrübten Optimismus im Hinblick auf das menschliche Schicksal zu hegen. Lösungen der großen Gegenwartsprobleme, wie der andauernden und verheerenden Kriege, der Armut der Massen, der unaufhaltsamen Überbevölkerung in weiten Teilen der Welt und der ungezügelten Vergeudung unersetzbarer Naturvorräte, sind wohl denkbar und sogar vertretbar, aber allem Anschein nach undurchführbar. Die erforderlichen drastischen politischen Maßnahmen sind weder den Machtunterworfenen noch den

Machthabern nach den herrschenden ethischen Auffassungen zumutbar.

Im grundsätzlichen politischen Denken stößt das „Prinzip Hoffnung" als Leitgedanke des menschlichen Tuns und Lassens auf das „Prinzip Wirklichkeit". Um zu erfahren, was wir hoffen dürfen, müssen wir wissen, was wir tatsächlich zu leisten vermögen. Daß der Mensch kein einfacher Spielball des Schicksals ist, können wir wohl glauben, aber daß unsere Möglichkeit, die uns umgebende Welt und unsere innere Welt umzuwandeln, zeitlich und auch sachlich begrenzt ist, läßt sich nicht in Abrede stellen. Weltfremde Hoffnungen sind nicht gefahrlos; sie beseelen politische Experimente, die übermäßiges und unnötiges Leiden mit sich bringen; sie locken auf Abwege, die zu beschreiten viel Schlimmeres als Zeitverlust bedeuten kann.

Das Hauptanliegen dieses Buches besteht im Aufzeigen der Umstände, die vernünftige menschliche Hoffnungen vereiteln. Seine einzelnen Teile sind somit als Beiträge zur Philosophie der Hoffnung niedergelegt. Einer Elpidologie – um ein griechisches Wort zur Bezeichnung dieser Philosophie zu verwenden – steht es zu, sich nicht nur mit Hoffnungen zu befassen, sondern auch mit der Hoffnungslosigkeit. Ihre eigentliche Aufgabe ist, die Voraussetzungen und Erscheinungsweisen beider zu untersuchen. So ist auch eine pessimistische Gemütsverfassung mit dem elpidologischen Denken vereinbar.

Die Hauptthemen dieses Buches sind die Gerechtigkeit, die menschliche Kommunikation und das wohlbegründete Recht. Bei der Behandlung dieser Themen kommen Fragen der Werttheorie, der Argumentationstheorie und der Begründungstheorie zur Sprache. Die einzelnen Abschnitte des Buches sind als relativ selbständige Einheiten abgefaßt; die Leser, die sich nur für bestimmte

Themen interessieren, brauchen nicht unbedingt das gesamte Werk zu lesen. Das Ganze, zu dem diese Abschnitte gehören, ist aber doch wesentlich, um sie in dem vom Verfasser beabsichtigten Sinne völlig zu verstehen.

Die zwei ersten Teile des Buches sind aus einer weitgehenden Überarbeitung meines englischen Buches *Survival and Surpassing* (1971) entstanden. Das ursprüngliche Manuskript für das letztere wurde 1963, als ich Gastprofessor an der Columbia University in New York war, unter dem Titel „Communication, Reason, and World Order" niedergeschrieben. Wolfgang Friedmann, dessen Einladung ich gefolgt war und der die entsprechende Arbeit betreute, riet mir aber damals von der Veröffentlichung des Manuskripts als Ganzem ab, weil er fürchtete, daß meine Gedanken bei maßgeblichen Leuten in verschiedenen Lagern feindliche Reaktionen hervorrufen würden. Ich folgte dem Rat dieses, im Herbst 1972 einem Mordanschlag durch einen Jugendlichen zum Opfer gefallenen Lehrers und Freundes.

Der dritte Teil des Buches besteht aus Beiträgen, die vom Naturrechtsdenken René Marcics, meines unvergeßlichen Freundes und Vorgängers auf meinem gegenwärtigen Salzburger Lehrstuhl, angeregt wurden. Er und seine Frau weilten zu einem Gastaufenthalt an meiner ehemaligen Universität in Sydney und sie verunglückten bei einem Flugzeugabsturz über Belgien im Herbst 1971 auf ihrer Rückreise nach Österreich. René Marcic ermutigte mich zur Veröffentlichung meines *Survival and Surpassing* in deutscher Sprache. Meine Auseinandersetzung mit seinen Gedanken im dritten Teil des Buches beabsichtigt nicht, seine Grundanschauungen zu widerlegen, sondern will ihnen gewisse alternative Grundanschauungen gegenüberstellen.

Ich verdanke vieles, was in diesem Buch zu finden und nicht zu finden ist, meinen Kollegen, Kolleginnen, Freunden und Schicksalsgenossen an mehreren Stellen und Lehranstalten der Welt. Sie alle hier namentlich zu erwähnen, würde monoton wirken. Auch möchte ich sie nicht dadurch mit meiner Denk- und Ausdrucksweise, die von manchem als anstößig empfunden werden mag, in Verbindung bringen. So unterlasse ich hier die übliche spezifische Dankesformel und spreche nur allgemein meine Dankbarkeit allen denjenigen aus, die mir bei meinem Unterfangen, dieses Buch zu schreiben, mit Rat, Tat oder Anregung beigestanden sind. Ich widme das Buch dem Andenken von Wolfgang Friedmann und René Marcic, den zwei großen Rechtsgrundlagendenkern, die uns allzu früh verlassen haben.
Wie fast jedes philosophische Werk, führt auch das vorliegende durch das Anliegen, Probleme zu erfassen und zu lösen, zu weiteren Problemen, denen im Rahmen der gegebenen Arbeit nicht mehr nachgegangen werden kann. So ist zu erwarten, daß dem Leser dieses Buches Enttäuschungen nicht erspart bleiben. Ich tröste mich mit dem Gedanken, daß das gesamte philosophische Unterfangen mehr ein Fragen als ein Antworten ist und daß auch das Scheitern im philosophischen Denken einen Sinn darin hat, daß es uns aus wirklichkeitsfremden Träumen aufweckt.

Salzburg, April 1975 *Ilmar Tammelo*

Erster Teil:

Selbstgespräche zur Metaphysik der Gerechtigkeit

Prolog: Vom Begriff der Gerechtigkeit

So manches beunruhigt mich, was sich um mich und in mir selbst ereignet: die Zerstörung der Umwelt hält Schritt mit den Verbesserungen auf dem Gebiet der Technik und der Hebung des Lebensstandards oder überholt sie sogar; die zwischenstaatlichen, innerstaatlichen und auch die menschlichen seelischen Konflikte vermehren sich und sind drohender denn je; unsere Ideenwelt ist in keiner besseren Ordnung als sie in den früheren Zeiten war, im Gegenteil, sie ist in ein Durcheinander und zum Teil auch ganz aus den Fugen geraten. Trotz gewaltiger Anstrengungen auf staatlicher wie überstaatlicher Ebene haben die Entwicklungsländer es nicht vermocht, das in ihnen waltende, mancherorts so grauenhafte Elend wirksam zu bekämpfen. Sogar in wohlhabenden Kulturländern ist die Verteilung der Güter noch immer recht unausgewogen, so daß auch hier das Elend bei weitem nicht ausgerottet ist. Die den Massen zugänglich gemachte Bildung hat nicht den erwarteten Segen gebracht – sie hat auch die Verbildung des Geistes und der Seele herbeigeführt.

Der politische Idealismus, der die Menschen inspirierte, in zwei Weltkriegen für den Sieg zu arbeiten, zu kämpfen und sogar zu sterben, wirkt heute hohl und hochtrabend. Unruhe in der Gesellschaft, Rebellion der Jugend miteingeschlossen, breitet sich mehr und mehr aus und gewinnt an Schwung. Ökonomische, soziale und politische Reformen werden überall gefordert und er-

scheinen auch erforderlich, aber alle Abstufungen vom gesunden Verstand bis zum Wahnsinn machen sich bei ihren Verfechtern breit. Die entsprechenden Bewegungen sind in einander bekämpfende Lager oder Gruppen gespalten und scheinen einander oft mehr zu hassen als ihren gemeinsamen Gegner. Die Ideale, die sie beseelen, sind nicht genügend durchdacht und zudem bei den einflußreichsten Massenbewegungen nicht einmal durchdenkbar, da sie als unantastbare Dogmen gelten.
Die Unruhe über das Wesen und den Verlauf der heutigen Entwicklung auf sozialem und politischem Gebiet und über die Situation des Individuums in bezug auf diese Umwälzungen hat sogar die Grundprobleme des menschlichen Lebens erfaßt. So hat die Heiligkeit des menschlichen Lebens die Bedeutung einer lebendigen Idee eingebüßt, obwohl dieses Leben herkömmlicherweise von den großen Weltreligionen und von mit diesen verbundenen ethischen Systemen als unantastbar angesehen wurde. Die Problematik dieser Idee liegt in der Polarität von Qualität und Quantität des menschlichen Lebens und enthält Fragen, die nicht nur die Militärs und die Politiker angehen, sondern auch die Mediziner und die Juristen. Der Ruf nach Freiheit, Gleichheit und Brüderlichkeit aller Menschen hallt nach wie vor und gibt zwar große *erklärte,* jedoch nicht mehr *erlebte* und *echt erstrebte* Prinzipien ab. Es scheint eine düstere anonyme Kraft am Werk zu sein, die unaufhörlich die Bemühungen im politischen Leben zunichte macht, das Gute zu tun, von dem man spricht und das man oft auch will. In ideologischen Auseinandersetzungen und Anfeindungen verschiedener politischer Bewegungen und philosophischer Schulen geraten sogar die fundamentalsten Ideen über brennende Probleme des menschlichen Lebens in Verwirrung und in ein Durcheinander und bedürfen

dringend einer Klärung, eines Umdenkens und eines Weiterdenkens. Eine dieser Ideen ist die der Gerechtigkeit, der ich mich jetzt zuwende.

Der Gegenstand, auf den sich das Wort „Gerechtigkeit" durch den Gedanken, den es ausdrückt, bezieht, ist in der Natur nicht auffindbar und entbehrt feststellbarer Konturen. Sprachliches Übereinkommen bietet hier keinen abgesteckten Rahmen für eine Definition. Jedoch hat das Wort „Gerechtigkeit" in europäischen Sprachen ein identifizierbares semantisches Feld, das uns eine vom Definierenden unabhängige, in diesem Sinne objektive Grundlage für eine Definition der Gerechtigkeit bietet. Der Gebrauch des Wortes „Gerechtigkeit" in abendländischen philosophischen, rechtlichen und politischen Werken bietet eine weitere objektive Grundlage zur Erfassung der Gerechtigkeit. Es ist nicht ratsam, außereuropäisches Gedankengut hier heranzuziehen, weil es hier anscheinend an zutreffenden Entsprechungen für Wort und Begriff mangelt. So herrschen im Bedeutungsfeld des japanischen Wortes *sei-gi*, des chinesischen Wortes *tao* und des Sanskritwortes *satya* unsere spezifischen Vorstellungen von der Gerechtigkeit nicht vor oder sie sind überhaupt nicht vorhanden, obwohl ihre jeweilige Problematik gewisse Verwandtschaft mit der zum Bedeutungsfeld der „Gerechtigkeit" gehörenden Problematik aufweist.

Um zu einer Definition der Gerechtigkeit zu gelangen, ist es vorher nötig, das Bedeutungsfeld des Wortes „Gerechtigkeit" zu ermitteln, zu umgrenzen und zu mustern, um dann innerhalb dieses Gebietes geeignete Abgrenzungen vornehmen zu können. Die erste Phase dieses Vorhabens besteht in einer Fest*stellung*, die zweite Phase in einer Fest*legung*. Es besteht die Möglichkeit, im Rahmen einer bestimmten Sprache das Bedeutungsfeld der „Gerechtigkeit" (oder der grammatischen Modalitäten dieses Wortes) zu umgrenzen, wobei aber nicht erwartet werden kann, daß eine solche Umgrenzung die Zustimmung aller Fachkundigen erhält. Wie gewissenhaft auch die betreffende Aufgabe durchgeführt werden mag, es werden sich doch viele finden, die daran etwas auszusetzen haben, insbesondere dann, wenn sie bestimmten ideologischen oder philosophischen Ideen verhaftet sind. Dasselbe gilt sogar in höherem Maße für die Abgrenzung des Begriffes „Gerechtigkeit" innerhalb des umgrenzten Bedeutungsfeldes des Wortes, da es sich hier nicht um eine begründete Feststellung, sondern um eine vertretbare Festlegung, d. h. um eine vernünftige Wahl handelt.

Diese ärgerliche intellektuelle Situation muß aber nicht zum Scheitern eines rationalen Unterfangens bezüglich der Idee der Gerechtigkeit führen. Eine methodisch gediegene Definition der Gerechtigkeit kann auch dann vorliegen, wenn sie allein für den akzeptabel ist, der sie geschaffen hat, denn er mag dadurch für sich selbst eine feste Grundlage erarbeitet haben, die für ihn als Denkbehelf dient. Auch eine nur ihm eigene Definition kann vortrefflich als Diskussionsgrundlage in einem Gedankenaustausch über die Gerechtigkeit verwendet werden, in dem die Teilnehmer einander in Kenntnis setzen, wie sie das enstprechende Wort und den entsprechenden Begriff verstanden haben möchten.

Der Gerechtigkeitsbegriff findet seine Erarbeitung in der Theorie der Gerechtigkeit. Dabei treten verschiedene Konstruktionen auf, die den Anspruch erheben, als eine solche Theorie zu gelten. Ihre von einander manchmal stark abweichenden Strukturen und Inhalte stellen die Frage nach den Erfordernissen, denen eine derartige Theorie entsprechen muß, um als vertretbar akzeptiert zu werden. Die erste Anforderung ist, daß sie dazu dienen soll, das Problem der Gerechtigkeit klar und deutlich zu stellen. Weiters soll sie zum Verständnis verhelfen, was in diesem Bereich Erkenntnis und was eine Sache des Bekenntnisses ist. Weltanschauliche Einstellungen und Überzeugungen muß man bei der Konstruktion einer Theorie der Gerechtigkeit unbedingt ausscheiden, obwohl jene bei der Bestimmung der Kriterien der Gerechtigkeit eine Rolle spielen. Desgleichen gehören auch metaphysische Konzeptionen hier nicht hinein; wenngleich auch sie eine Quelle des materialen Gehaltes der Gerechtigkeitsidee sind. Diese Ausschaltung bedeutet nicht, daß den ausgeschlossenen Elementen im Streben nach der Gerechtigkeit kein Wert oder nur ein geringer Wert zukommt. Es ist vonnöten, sie nur in einer gewissen Phase der Erarbeitung der Gerechtigkeitsidee auszuschließen, weil es hier darauf ankommt, einen Rahmen zu schaffen, innerhalb dessen vernünftiges Denken und Reden über die Gerechtigkeit überhaupt stattfinden kann.

Wie schon oben dargelegt wurde, wird eine Grundlage für die Definition der Gerechtigkeit dadurch geschaffen, daß verschiedene Bedeutungen des Wortes „Gerechtigkeit“ aus der Alltagssprache oder aus der Ideengeschichte ausgewählt werden. Es ist nicht zu erwarten, alle Komponenten der historischen oder heutigen Vorstellungen von der Gerechtigkeit bei einer solchen Definition berücksichtigt zu sehen. Dies würde ein vergebliches Bemühen bedeuten, die Fülle äußerst verschiedenartiger Gedanken miteinander in Einklang zu bringen. Daher muß das Rohmaterial einer Sichtung unterzogen werden, um eine entsprechende Auswahl zu treffen. Diese Auswahl muß rational sein. Um dieser Forderung zu genügen, sollte sie durch Argumente gesichert sein, die unter fachkundigen und unparteiischen Menschen als zwingend betrachtet werden. Das soll allerdings nicht heißen, daß die getroffene Auswahl unumstößlich wäre; sie soll nur nicht willkürlich sein und sie soll geeignet sein, auch bei denen, die eine andere Auswahl vorziehen, als vertretbar angesehen zu werden.

Es ist zu erwarten, daß die Definition der Gerechtigkeit den in der heutigen Definitionstheorie aufgestellten Forderungen entspricht. Dabei kann auf verschiedene Methoden zurückgegriffen werden, die zur Formulierung eines vernünftigen Gerechtigkeitsbegriffes zu führen imstande sind. Sie alle weisen Gemeinsamkeiten auf, die auf eine klare, deutliche, angemessene und bündige Begriffsbestimmung abzielen. So verhelfen sie dem Verfechter eines Gerechtigkeitsbegriffes im intellektuellen Rahmen, der durch die Definition der Gerechtigkeit geschaffen wurde, seine Gedanken über die Gerechtigkeit zu ordnen, um diese dann folgerichtig und einleuchtend vertreten zu können. In diesem Sinn berücksichtigt jede Definition der Gerechtigkeit und der auf ihr beruhende Begriff nur den *formalen* Aspekt der Gerechtigkeit. Der Umfang dieses Begriffes mag manchen zu eng, manchen wieder zu weit erscheinen. Im ersteren Fall müßten juristisch, ethisch oder politisch erhebliche Denkinhalte noch in ihn hereingenommen werden; im zweiten Fall müssen verschiedene begriffliche Unterteilungen geschaffen werden.

Der normale Sprachgebrauch und die philosophischen, juristischen und politischen Vorstellungen, die herkömmlicherweise mit dem Wort „Gerechtigkeit“ in Verbindung stehen, lassen diese als einen positiven ethischen und sozialen Wert erscheinen. Hier stoßen wir zunächst auf das Problem der Bedeutung des Wortes „Wert“. Die Kognitivisten im Bereich der Ethik behaupten, daß

Werte in der Realität bestünden, die dem wertenden Subjekt gegenübertritt, und daß die Werte aus der Tatsächlichkeit der in dieser Realität befindlichen Sachverhalte erkannt werden können. Die Non-Kognitivisten hingegen stellen in Abrede, daß die Werte in der dem wertenden Subjekt gegenübertretenden Welt zu finden sind. Sie sind der Ansicht, daß die Werte durch Bewertungsakte geschaffen werden; in ihnen werden die Wertattribute erzeugt und den erkannten Gegenständen beigemessen. Es gibt positive (z. B. „gut“, „schön“), negative (z. B. „schlecht“, „häßlich“) und neutrale (z. B. „weder-gut-noch-schlecht“, „weder-schön-noch-häßlich“) Wertattribute und entsprechend positive, negative und neutrale Werte. Was auch immer sich aus den oben erwähnten gegensätzlichen Auffassungen für das philosophische Denken ergeben mag, die juristische, ethische oder politische Behandlung des Problems der Gerechtigkeit wird dadurch nicht wesentlich berührt. Weder die Kognitivisten noch die Non-Kognitivisten sind gezwungen, alle Wertungen oder Werte für irrational anzusehen. Beiden ist es möglich aufzuzeigen, daß einige davon wohlbegründet sind und andere nicht.

Die vorangestellten Überlegungen über den Gehalt der Gerechtigkeit sind schon Schritte in der Richtung einer Definition der Gerechtigkeit, aber der Begriff, den sie bestimmen, hat noch einen zu breiten Umfang, um als der der Gerechtigkeit betrachtet werden zu können. Ein Begriffsmerkmal, das diesen Umfang einzuengen geeignet ist, ist die „normative Zweiseitigkeit“, und zwar in dem Sinn, daß in den Gerechtigkeitsbeziehungen (wie auch in den Rechtsbeziehungen) immer einem verpflichteten Subjekt ein berechtigtes Subjekt gegenübersteht: wann immer ein Subjekt die Verpflichtung hat, etwas zu tun, hat ein anderes die entsprechende Berechtigung.

Die normative Zweiseitigkeit der Gerechtigkeit bedeutet, daß sie dem Recht in einer wichtigen Hinsicht sehr ähnlich ist, was wiederum bedeutet, daß eine Gerechtigkeitsnorm eine Rechtsnorm sein kann oder, insoweit keine schwerwiegenden Bedenken dagegen bestehen, eine Rechtsnorm sein soll.

Seit den Pythagoräern pflegt man „Gleichheit“ als ein Begriffsmerkmal der Gerechtigkeit zu betrachten. Diese Auffassung ist allerdings zu bemängeln. Man könnte zunächst einwenden, daß in der wirklichen Welt, auf welche die Idee der Gerechtigkeit ja zu beziehen sei, keine Gleichheit im strengen Sinn bestünde. Kein Ding, keine Handlung kann – streng gesprochen – etwas anderem gleichen. Sie weisen immer Verschiedenheiten auf. Nur im Bereich der Abstraktion, vor allem auf dem Gebiet der Mathematik oder der Logik, ist es möglich, von Gleichheit im strengen Sinn des Wortes zu sprechen. Dieser Einwand kann doch mit der Erwägung entkräftet werden, daß auch das Wort „Gleichheit“ sinnerweitert werden kann, so daß es möglich wird, zwei Dinge als gleich anzusehen, wenn sie gemäß einem nachgiebigen und nicht formalen Maßstab als gleich *erachtet* werden. Ein weiterer Einwand gegen die Auffassung, daß die Gleichheit zum Wesen der Gerechtigkeit gehöre, besteht darin, daß sie eigentlich nur der ausgleichenden Gerechtigkeit angemessen ist, nämlich dort, wo es auf eine möglichst genaue Entsprechung der Leistung und der Gegenleistung ankommt (so im Bereich des Schuldrechts und des Schadenersatzrechts). Im Bereich der austeilenden Gerechtigkeit, wo die Verdienste der Gerechtigkeitssubjekte ausschlaggebend sind, ist die Idee der Gleichheit nicht direkt anwendbar. Eine Theorie der Gerechtigkeit, die darauf besteht, die Gleichheit als Begriffsmerkmal der Gerechtigkeit aufzunehmen, kann nur durch eine reichlich künstliche Konstruktion aufrechterhalten werden. Danach wird die Beurteilung über die Gleichheit, die bezeichnend für die austeilende Gerechtigkeit ist, auf den Bereich der Gleichheit der Ratio verschoben, in dem der Wert der Leistung des Empfängers und der Wert dessen, was er erhält, in eine Proportion gesetzt wird. Wie auch immer die Stellungnahme zur Feststellung dieser Ratio ausfällt, für das Gebiet des Strafrechts kann eine solche Auffassung von Gleichheit nur begrenzt angemessen sein. Nach modernen (und anzunehmenderweise aufgeklärten) Strafrechtstheorien muß die Härte der Strafe sich nicht unbedingt proportional zur Schwere des Verbrechens verhalten.

Auf Grund der eben aufgezeigten Schwierigkeiten wird es sich wohl empfehlen, die Gleichheit aus den Begriffsmerkmalen der Gerechtigkeit auszulassen. Während sie aber als *essentiale* der Gerechtigkeit nicht aufgenommen wird, ist sie doch als ihr wichtiges *accidentale* zu betrachten. Im Bereich der materialen Gerechtigkeit tritt die Gleichheitsforderung als eines der grundlegendsten Kriterien der Gerechtigkeit auf. Ein Konflikt der Gleichheitsforderung mit anderen gleichrangigen Kriterien der Gerechtigkeit ist aber durchaus möglich, in welchem Fall es auch vorkommen kann, daß nicht der Gleichheitsgesichtspunkt, sondern ein anderer Gesichtspunkt als maßgeblich für die Lösung eines gegebenen Gerechtigkeitsproblems zu erachten ist. Anstatt „Gleichheit“ ist es ratsam, als letztlich entscheidendes Begriffsmerkmal, als *characteristicum specificum,* der Gerechtigkeit den klassischen Begriff des *suum cuique* in die Definition der Gerechtigkeit aufzunehmen. So kann nun die folgende Definition der Gerechtigkeit festgelegt werden:

Gerechtigkeit ist der positive ethische soziale Wert, durch welchen jedem das Seine in normativ zweiseitigen Situationen zugeteilt wird.

Das *suum cuique* als das letztlich entscheidende Begriffsmerkmal der Gerechtigkeit ist äußerst aufnahmefähig wie auch äußerst unbestimmt. Eben diese Eigenschaften machen es für diese Definition besonders geeignet. Über dem Eingang zu einem Konzentrationslager soll geschrieben gestanden sein: *Suum cuique.* Dieses Motto ist wohl ein frappierender Hohn; die ihm innewohnende klassische Idee wird hier aufs Gröbste mißdeutet. Um die Idee des „Jedem das Seine" auf die Gerechtigkeit anwendbar zu machen, wird ein Katalog der Kriterien nötig sein, nach dem es möglich ist, das was einem zusteht, im konkreten Fall zu bestimmen. Im Gegensatz zur Definition der Gerechtigkeit, die zum formalen Aspekt der Gerechtigkeit gehört, gehören diese Kriterien zum materialen Aspekt der Gerechtigkeit.
Gerechtigkeitskriterien sind in allen entwickelten Naturrechtssystemen zu finden, ebenso in verschiedenen ethischen Systemen, die außerhalb der Naturrechtstradition stehen, wie z. B. in denen des Utilitarismus und der kantianischen oder hegelianischen Moralphilosophie. Sie erscheinen auch in Menschenrechtserklärungen verschiedener Verfassungen oder politischer Deklarationen. Die Goldene Regel, der Kategorische Imperativ und die Verfahrensgrundsätze wie *audiatur et altera pars* und *nemo iudex in causa sua* sind Beispiele dieser Kriterien. Die Bedeutung und die Anwendung dieser und anderer Grundsätze im Bereich der materialen Gerechtigkeit wirft lästige Probleme auf, denen ich in den folgenden Abschnitten nachzugehen versuche.

Erster Monolog: Gerechtigkeit und negative Vorsehung

In den letzten Tagen habe ich mich nicht ganz wohl gefühlt. Es war nicht so, daß ich einen Arzt aufsuchen wollte; es war mir eher zumute, als wollte ich mich in mich selbst zurückziehen und grübeln. Etwas macht die mich umgebende Welt und auch meine innere Welt trübe. Meine Gedanken sind unscharf geworden und nichts ist eigentlich für mich interessant oder uninteressant, schön oder häßlich, richtig oder unrichtig. Diese Gemütslage beunruhigt mich, und doch ist auch sie mir im Grunde gleichgültig. Ich leide an einer Angst, die unbekannte Gründe hat und für die ich keinen Namen finde; ich leide, aber es widerstrebt mir, einfach zu klagen. Ich habe kein Bedürfnis nach Mitleid; ich sehe nicht, wie Trost oder etwas anderes, was es auch immer sein mag, mir helfen könnte. Das einzige Verlangen, das ich habe, ist mit meinen Gedanken allein gelassen zu werden, damit ich einer morbiden Idee nachsinnen kann, die mich neulich in Träumen, an deren Einzelheiten ich mich nicht erinnern kann, heimgesucht hat. Alles, was ich von diesen Träumen behalten habe, ist, daß mir jemand zuflüsterte: „Das Wesen alles Wirklichen ist das Böse."

Es ist kein neuer Gedanke, daß das Sein der uns umgebenden Welt und das Sein unserer Innenwelt negativ ist oder, wie man es auch ausdrücken könnte, daß es im Grunde Unsein ist. Dies ist schon vor langer Zeit gesagt und sogar gepredigt worden. Mani in der Zeit des Frühchristentums hatte die nämliche Ansicht und später Bogomil und die Albigenser. Die Idee, daß der Teufel die materielle Welt geschaffen habe, wurde von vielen für glaubwürdig und sogar für überzeugend befunden. Ungezählte Anhänger dieses Glaubens waren bereit, mit ihrem Tod Zeugnis für sie abzulegen. Mani selbst soll zuerst geschunden und dann gekreuzigt worden sein; hunderte Albigenser, unerschütterlich an ihrem Glauben festhaltend, gingen während des Albigenser-Kreuzzuges frohen Mutes zum Scheiterhaufen.

Daß Manichäismus, Bogomilen- und Albigensertum als institutionelle Religionen nicht mehr existieren, ist nicht darauf zurückzuführen, daß ihr Glaube von offensichtlich überlegenen metaphysischen Ideen verdrängt wurde. Die Gründe dafür sind vielfacher Natur: die weitgehende physische Ausrottung der Häretiker während des Albigenser-Kreuzzuges, dann aber auch die innere Zersetzung eines Glaubens, dessen Wesenskern ein nicht lebensfähiger Puritanismus war. Es gibt sicherlich noch unzählige Menschen, die sich infolge ihrer unaufhörlichen körperlichen oder seelischen Leiden zu jenen Gedanken, die heute nicht mehr gepredigt werden, hingezogen fühlen. Auch mich drängt es heute, mich ihnen seelisch und geistig anzuschließen. Es liegt mir ferne, eine positive Metaphysik zu verhöhnen; aber diese metaphysische Schwermut zieht mich im Augenblick mächtig an. Was mir vorschwebt, mag ganz irrig sein, aber ich muß dem Gedanken, der mich verfolgt, daß das Wesen des Wirklichen das Böse ist, nachgehen und sehen, wohin er mich führt.

Wenn man sagt, daß etwas gut oder schlecht, richtig oder unrichtig, schön oder häßlich ist, spricht man diesem Etwas eine positive oder negative Qualität zu – man ordnet ihm einen Wert zu. Wäre ich ein einziges und ephemeres Geschöpf in der Welt, dann würde mein wertender Akt, mein momentaner *conatus* selbst, seine eigene Haltbarkeit verbürgen. Aber ich bin nicht solch ein Wesen. Vor allen Dingen suche ich nach einer Folgerichtigkeit meiner eigenen Bewertung und ich sehe völlig ein, daß sie manchmal irrig sein mag. Zudem bin ich daran gewöhnt, als Geschöpf, das mit anderen Geschöpfen zu leben hat, meine eigenen Bewertungen mit allgemein anerkannten Wertmaßstäben in Einklang zu bringen. Aber auch diese können auf Irrtum oder Täuschung beruhen.

Die Erfahrungsgrundlage dafür, daß etwas gut ist, ist das Erlebnis des Wohlbefindens. Die Erfahrungsgrundlage dafür, daß etwas schlecht ist, ist das Erlebnis des Gegenteils. Bei der Beschaffenheit unserer Welt und unserer eigenen Beschaffenheit sind negative Empfindungen für uns notwendig, um positive Empfindungen haben zu können; Elend zu empfinden ist erforderlich, um Freude zu kennen und zu genießen. Deswegen kann die These, daß das Wesen des Seins negativ ist, nur dann aufrechterhalten werden, wenn gezeigt werden kann, daß die dysphorischen Erfahrungen universaler, dauernder und vorherrschender sind als die euphorischen; desgleichen, daß es ein menschliches Elend gibt, das in keiner Weise der Förderung des Glücks dient.

Das Bestehen des Unglücks im menschlichen Dasein ist allzu offenbar, um seine Tragweite zu übersehen. Es gibt unverdientes Leid, das keinem gutem Zweck dient – Leiden von solcher Intensität und Dauer, daß nur abgekapselte Frömmigkeit uns vor metaphysischem Jammer bewahren kann. Der Mensch entbehrt immer etwas, das für ihn von höchster Wichtigkeit ist, etwa im Falle von Hunger, Krankheit und Freiheitsberaubung. Dies kommt klar zum Vorschein, wenn der Mensch ein Leben führen muß, das für ihn nicht lebenswert ist, er fühlt

sich dann elend; das gleiche gilt im Falle von nicht erwiderter oder gescheiterter Liebe. Wir empfinden auch Elend wegen des Leidens unserer Mitmenschen, weil wir schon von Natur aus mitleidige Geschöpfe sind. Wir fühlen uns auch elend durch das Vorausempfinden eines Leidens, das möglicherweise nicht einmal eintreten wird. Weiteres Leid ergibt sich aus der Ruhelosigkeit und Unersättlichkeit des menschlichen Herzens; die Freude, deren man teilhaftig geworden ist, ist keine dauernde; bald wird sie schal, verliert ihren euphorischen Charakter und schlägt in ihr Gegenteil um. Freude von stärkerer Intensität wird dann gesucht oder eine neue andersartige Freude; aber es gibt Grenzen und ein Ende für beide.
Es gibt Menschen, denen es gelingt ein Leben zu führen, das glücklich erscheint und denen es vergönnt ist, sogar friedlich zu sterben. Aber hier begegnen wir oft täuschendem Schein. Wir wissen nie mit Sicherheit, was das Lächeln eines anderen menschlichen Wesens verbirgt. Wir sind geneigt, uns über die tragische Wirklichkeit unseres Daseins zu täuschen, wenn eine gehobene Stimmung Vergessenheit vergangenen Leidens bringt und die Erwartung künftigen Elends übertüncht. Der Rausch des Erfolges und auch eine bestimmte metaphysische Einstellung führen manchmal zu einer mehr oder weniger ständigen freudigen Gemütsverfassung; aber dies ist nur bei wenigen der Fall und ändert nichts an der Tatsache, daß Trost nur selten in lindernden Worten oder Gedanken zu finden ist. Es läßt sich behaupten, daß, wenn Satan der Herr der Welt ist, sogar die Existenz von Menschen, die angeblich oder wirklich glücklich sind, eine seiner Listen darstellt, um die wirkliche Natur des Lebens und der Welt vor dem Menschen zu verbergen. Daß sogar jene, die Unglück höchsten Grades erleben, zeitweilige Empfindungen des Wohlbefindens haben, die

es ihnen erlauben, ihr Leiden heiter zu ertragen, kann als eine weitere Arglist Satans angesehen werden – als ein Mittel zur Erhöhung der Fähigkeit der Unglücklichen noch mehr Leid zu ertragen. Gelegentliche und flüchtige Ausblicke auf die Freude ermöglicht es ihnen, lebhaft zu fühlen, was sie entbehren und verhüten ein Versinken in einen ständigen Zustand von Apathie und Ataraxie.

Man hat immer wieder versucht, Menschen, die sich ihres Elends bewußt sind, mit dem Ausblick auf das Überirdische zu trösten. Nach einigen religiösen Lehren ist kein Leiden in dieser Welt sinnlos. Wenn es nicht eine verdiente Strafe für begangene Missetaten ist, so ist es ein Weg zur Belohnung in einer anderen Welt nach dem Tode. Aber wenn das Sein so beschaffen ist, muß es wohl ein negatives Sein sein, denn eine Realität, in der Freude durch Elend erkauft werden muß, gehört offensichtlich einer dämonischen Ordnung an. Elend ist seinem Wesen nach etwas Negatives, etwas, das den Menschen im allgemeinen nicht veredelt, sondern ihn eher entwürdigt; es erzeugt gewöhnlich weiteres Elend und ruft das Begehren hervor, Mitleidende zu haben, ja sogar das Begehren, das Elend derjenigen zu vergrößern, die schon äußerst unglücklich sind.

Man hat auch versucht, Menschen, die sich ihres Elends bewußt sind, mit dem Ausblick auf bessere Zeiten zu trösten, die durch den Fortschritt der Zivilisation kommen werden. Aber dieser Fortschritt hat kaum Wesentliches zum menschlichen Glück beigetragen. Meist sind die Bemühungen um die Schaffung einer besseren Welt Ursache weiteren Elends gewesen. Die störende Einwirkung der Wissenschaft und Technik auf die eigenen Wege der Natur hat zu Überbevölkerung, zum Überleben der körperlich und seelisch Minderwertigen geführt und zu einer oft nur mühsamen Verlängerung des hohen Alters mit einem verfallenen Körper und Geist. Der Fortschritt der Naturwissenschaften hat die Greuel des Kernwaffenkrieges mit sich gebracht. Radikale Versuche, die sozialen und politischen Probleme der Welt zu lösen, haben zu Weltkriegen geführt, aus denen schließlich auch die Sieger als Besiegte hervorgegangen sind; radikale Maßnahmen, interne Probleme des Staates zu lösen, haben zu Tyrannei und Terror geführt. Die Verbesserung des Lebensstandards hat in unterentwickelten Ländern den Menschen erst zum Bewußtsein gebracht, was sie entbehren und hat damit ihre Unzufriedenheit nur gesteigert. Die Industrialisierung, mit ihrem daraus sich ergebenden Zufluß der materiellen Güter, hat in den entwickelten Ländern zu einer rücksichtslosen Kommerzialisierung geführt, zum Anpreisen all dessen, was verkäuflich ist, einschließlich der niedrigsten Triebe. Sie hat auch die Abscheulichkeiten der Urbanisierung verursacht, wie Verpestung der Luft, seelische Verkommenheit, Gewalttätigkeit, verrufene Stadtteile und ansteckende Korruption.

Wie die Dinge in der Welt liegen, haben sich die Menschen anderen Menschen gegenüber nicht nur wie Wölfe benommen, sondern schlimmer als solche. Der Mensch hat öfters eine viel größere Erfindungsgabe an den Tag gelegt, um das Elend anderer Menschen zu vermehren, als um ihre Leiden zu lindern. Er hat sich als fähig erwiesen, Schmerzen zu verursachen, die Wölfe nicht verursachen können: raffinierte, dauernde und sich ständig erneuernde Schmerzen. Der Mensch hat sich oft als ein Himmelsbote gezeigt, indem er hochherzig und wohltätig gehandelt hat; aber zu oft hat solches Handeln die menschlichen Leiden nur verlängert und das schon vorhandene Elend noch gesteigert. Nicht selten hat er auch wie ein Abgesandter der Hölle gehandelt und ist so zum Helfer des Höllenfürsten geworden, damit zu den menschlichen Qualen auch ein Beitrag des Menschen geleistet werde. Das Übel, das der Mensch dem Menschen angetan hat, ist nicht immer ein gewolltes Übel gewesen; immer hat es einen „Sog des Ungewollten“ gegeben, in dem gute Absichten von den ungelenkten und unlenkbaren Fakten des sozialen Lebens pervertiert worden sind. Das Eingreifen Satans in unser Leben erfaßt mitunter sogar die edelsten Gefühle und Bestrebungen des Menschen, etwa Wohltätigkeit oder Mitleid. Das brennende Verlangen nach Freiheit artet oft in Zügellosigkeit und Ausschweifung aus, die unsere sozialen und politischen Einrichtungen untergraben und das Recht als Mittel einer sozialen Kontrolle zum Gespött machen.

Diese Elegie über das negative Sein könnte *ad libitum* fortgesetzt werden. Um es kurz zu machen: eine Betrachtung der Welt in manichäischem Geiste ist durchaus möglich; von dieser Sicht aus betrachtet, mutet sie weitaus düsterer an als die Platonische Höhle – sie erscheint als eine Art Hölle, in der Dämonen ständig und überall am Werk sind und in der Zufriedenheit auch nicht durch das Nicht-Sehen des Wahren, Guten und Schönen erreichbar ist. Die Realitäten, die diese Werte tragen, rücken ab und zu in unser Blickfeld und bringen Freude – um sofort wieder zu verschwinden. Der Kern der menschlichen Tragödie ist vielleicht der, daß der Mensch nicht nur in einer Hölle lebt, sondern daß er eine Hölle auch in sich trägt.

Ein Rechtsphilosoph, der sich in solche manichäische Besinnungen eingelassen hat, mag fragen, ob es in einer Welt, deren Sein negativ ist, Gerechtigkeit überhaupt geben kann und bejahendenfalls, was deren Grundsätze sind. Er mag weiter fragen, ob eine Möglichkeit der

Kommunikation über Probleme der Gerechtigkeit zwischen Menschen mit manichäischer Weltanschauung und solcher mit weltbejahender Einstellung überhaupt möglich ist. Sollte die Gerechtigkeit wirklich eine Widerspiegelung des Weltplanes des Schöpfers im menschlichen Herzen sein, so kann es wohl keine Gerechtigkeit in einer Welt geben, deren Schöpfer der Teufel ist. Sollten Menschen in einer solchen Welt trotzdem Ideen der Gerechtigkeit hegen, so wäre dies eine völlig „unirdische“ Erscheinung, die für die wirklichen Belange in der Welt belanglos wäre. In den heute herrschenden säkularisierten juristischen und politischen Theorien wird die Gerechtigkeit aber weitab von metaphysischen Ideen aufgefaßt. Formal gesehen kann man Gerechtigkeit als den positiven, ethischen sozialen Wert auffassen, nach dessen Maßstab einer Person in normativ bilateralen Beziehungen das ihr Zukommensollende zugeteilt wird. Dieser Begriff der Gerechtigkeit ist ein Kommunikationsbehelf, der es ermöglicht, Gerechtigkeitsprobleme rational zu erörtern: übereinzustimmen oder nicht übereinzustimmen – wissend, worüber man redet – über wirkliche Angelegenheiten der Gerechtigkeit, die den materialen Aspekt der Gerechtigkeit betreffen.

Die oben vorgelegte Formulierung des Begriffes der Gerechtigkeit enthält eine Verweisung auf den materialen Aspekt der Gerechtigkeit, indem auf das einer Person Zukommensollende hingewiesen wird. Diese klassische Idee des *suum cuique* verlangt aber nach einem konkreten Inhalt, den sie durch in verschiedenen menschlichen Situationen anwendbare Maximen – durch die Kriterien der Gerechtigkeit – erhält. Die Maximen, nach denen entschieden wird, was jeweils das *suum* bedeutet, werden üblicherweise von metaphysischen Anschauungen ausgehend formuliert, die die Schöpfung für im Grund

und in ihrem Wesen entweder gut oder wertneutral halten.
Die vorliegenden Betrachtungen gehen aber von dem Grundgedanken aus, daß das Sein unserer Welt negativ seinem Wesen nach ist; das beherrschende Prinzip der Welt ist das Böse. Es ist daher zu überlegen, ob bei Annahme dieses Grundgedankens die hauptsächlichsten Maximen der Gerechtigkeit trotzdem haltbar sind oder ob sie abgeändert, völlig abgelehnt oder durch andere ersetzt werden müssen.
Bevor ich jedoch an dieses Problem herangehe, muß ich versuchen, die Frage nach dem Zweck der Gerechtigkeit in einer Welt, deren Sein negativ ist, zu beantworten.
Auch in der Welt des Unseins ist Wohlbefinden vorhanden und nicht unbekannt, es ist jedoch im Vergleich mit dem Übel weder dominierend noch ist gewiß, ob dieser Zustand erreicht werden kann. Alles, was erreicht werden kann, ist eine Verminderung des Elends oder vielleicht eine geringfügige Vermehrung der Freude. Wie nach der christlichen Anschauung die Gnade Gottes angestrebt und Gottes Zorn besänftigt werden kann, kann nach der oben entworfenen dämonologischen Anschauung der Teufel vielleicht vertrieben und überlistet werden. Er ist vermutlich ein Wesen, das große Macht und Schlauheit besitzt, aber nicht allmächtig und allwissend ist. Da es zur Grundverfassung sogar der Welt des Unseins gehört, daß die Erfahrung des Bösen die Erfahrung des Guten voraussetzt und umgekehrt, so muß die Möglichkeit bestehen, das Verhältnis zwischen verwirklichten positiven und negativen Werten zu ändern. Es ist zumindest denkbar, daß ein strategisch und technisch gut organisierter Aufstand gegen den Urheber unseres Elends einen gewissen Erfolg haben würde. In diesem Aufstand könnten die Grundsätze der materialen Ge-

rechtigkeit als Leitstern dienen. Negatives Sein als Grundvoraussetzung der menschlichen Bemühungen, unser Geschick zu verbessern, scheint den Vorteil zu haben, daß sie uns nicht erlaubt, die Wirkung der verderblichen Kräfte zu unterstützen, die uns beständig und überall bedrohen. Wenn wir uns ständig dessen bewußt sind, daß das Sein dieser Welt in der Tat ein Unsein ist, werden wir auch nicht die Bedeutung derjenigen positiven Ressourcen überschätzen, die nicht in uns selbst liegen.

Die konstitutiven Prinzipien aller Ethik, die Goldene Regel (etwa in der Fassung „Tue anderen, was du wünschest, daß die anderen dir tun") und der Kategorische Imperativ können allerdings bei buchstabengetreuer Auslegung auch zur Förderung des menschlichen Elends dienen. Einem Masochisten würde die Goldene Regel erlauben, andere Personen sadistisch zu behandeln. Einem unvernünftigen Menschen würde der Kategorische Imperativ erlauben, seine unvernünftigen Ideen für verallgemeinerungsfähig zu halten und somit jede entsprechende Torheit als richtiges Verhalten zu qualifizieren. So können die Goldene Regel als auch der Kategorische Imperativ zur Rechtfertigung heimtückischer Teufeleien dienen. Dasselbe gilt für das primäre Prinzip des Naturrechts: „Tue Gutes und vermeide Übles!", das als ein weiterer konstitutiver Grundsatz jedes echten Ethos angesehen wurde. Sein positiver Wert wird durch das Paradoxon des Satans: „Böses, du bist mein Gutes" in Frage gestellt.

Das einzige grundsätzliche ethische Prinzip, das selbst unter der Voraussetzung standhält, daß Satan der Herr der Welt ist, scheint mir das Gebot zu sein: „Verhalte dich so, daß das größte Wohl der größten Zahl erzielt wird." Der Grundgedanke des so formulierten eudämonistischen Imperativs ist die Quantität des Wohls und die Quantität der Empfänger. Jedoch kann auch diese Vorschrift satanischen Vorhaben dienstbar gemacht werden. Da bei Anwendung des hedonistischen Kalküls kein Kalkulationsverfahren zur Verfügung steht, können bei der Berechnung des größten Wohls leicht Irrtümer unterlaufen und es kann daher auch diese Rechnung hoffnungslos in die Irre führen. Es ist auch nicht sicher, was eigentlich Wohlsein ist: ist es das, was die Leute im allgemeinen sehr begehren? Wenn dem so ist, dann besteht die Gefahr, daß nach Dingen verlangt wird, die abwegig und übel sind. Schließlich wäre es möglich, daß das größte Wohl der größten Zahl nur durch drastische Vernichtungsmaßnahmen menschlichen Lebens erzielt werden könnte, so daß die Welt von allen abstoßenden oder elenden Geschöpfen befreit wird: von Verbrechern, Abartigen, Todkranken, Invaliden, und sogar solchen, die häßlich oder mürrisch sind. Aber eine solche Vorgangsweise würde dem sittlichen Bewußtsein des zivilisierten Menschen nicht entsprechen. Er mag allen den Tod wünschen, die seinem Glück im Wege zu stehen scheinen; aber gleichzeitig erkennt er das Dämonische dieser Wünsche und weiß, daß ihre Erfüllung sein Gewissen beschweren würde, wogegen er vom Teufel kein Linderungsmittel erwarten kann.

Wenn man die besonderen Maximen der verteilenden Gerechtigkeit im Lichte der manichäischen Grundanschauung prüft, so gelangt man auch hier zu trübseligen Ergebnissen. So ist die Maxime „Jedem nach seinem Verdienst“ als solche keine adäquate Richtlinie für die Verminderung menschlichen Elends. Es gibt Nichtswürdige, die nichts anderes als ihr Elend verdienen; und doch gebietet uns unser Mitleid, aus den verfügbaren Gütern der Gemeinschaft sogar dem Unwürdigsten etwas zuzuteilen. Das Befolgen der Maxime „Jedem nach seinen Bedürfnissen“ als solche, die als höchstes Gebot der Nächstenliebe erscheinen mag, würde in Anbetracht der Begrenztheit der Güter der Gemeinschaft zu unmöglichen Situationen führen; denn die Bedürfnisse des Menschen (wie man sie auch immer interpretieren mag) sind gewöhnlich weitaus größer als die verfügbaren Mittel. Die Maximen „Jedem nach seinen Beiträgen“, „Jedem nach seiner sozialen Rolle“, „Jedem nach den Erwartungen, die er erweckt“, usw. würden in ihrem buchstäblichen Sinn ebenfalls unanwendbar sein; ihre Befolgung könnte gewisse soziale Übel hervorbringen, die das menschliche Elend nur noch vergrößern würden.

Die eben angestellten Überlegungen zeigen, daß die gewöhnlichen Kriterien der materialen Gerechtigkeit in ihrer gewöhnlichen Formulierung in einer vom Teufel beherrschten Welt nicht als dem Guten dienende normative Mittel angesehen werden können. Aber es kann auch gezeigt werden, daß sie selbst dann unzulänglich sind, wenn wir die manichäische Grundanschauung verlassen. Wenn wir von der diametral entgegengesetzten Voraussetzung ausgehen, daß die Welt von einem wohlwollenden höchsten Wesen vollkommen beherrscht wird, dessen absolute Güte in jeder Situation notwendigerweise zum Ausdruck kommt, dann wäre nur eine Maxime der Gerechtigkeit notwendig, nämlich: „Jedem nach seinem Schicksal!“ Diese Maxime jedoch ist offensichtlich widersinnig und ist als Kriterium der materialen Gerechtigkeit nie ernsthaft vertreten worden, es sei denn in einem bestimmten religiösen Kontext.

Was auch immer unsere metaphysische Anschauung von der Schöpfung und dem Schöpfer und dem allerhöchsten Herrscher der realen Welt sein mag, ist es sicher, daß ein erstrebenswertes Wohlbefinden nur dann gefördert

werden und das sinnlose Elend nur dann gemindert werden kann, wenn wir bemüht sind, unsere Um- und Innenwelt völlig vernunftgemäß zu gestalten. Die Prinzipien der materialen Gerechtigkeit sind nur unter der Voraussetzung sinnvoll, daß der Idee der Vernunft in ihren Formulierungen zum Durchbruch verholfen wird. Dies bedeutet vor allem, daß sie mit Vorbedacht, Weitblick und Umsicht anzuwenden sind. Ferner bedeutet dies, daß sie nicht isoliert angewandt werden können, sondern nur in gegenseitiger Bezugnahme und in wechselseitiger Qualifizierung. Sicherlich ist die Berufung auf die Vernunft oft nichts anderes als ein rhetorischer Kunstgriff. Aber sie muß es nicht sein. In der ganzen Geschichte der Zivilisation hat der Mensch vieles entdeckt, was für ihn vorteilhaft und was für ihn schädlich ist, was er erlaubterweise begehren kann und was er nicht begehren soll. Er hat Mittel und Wege entdeckt, die Wirklichkeit von der Illusion zu unterscheiden; er hat Denkmethoden erarbeitet, die zu verläßlichen Ergebnissen führen oder zu Ergebnissen, die zumindest in einer gegebenen Situation zuverlässig sind. Vernunft bedeutet nicht ein vollkommen sicheres Kapital, von dem der Mensch jederzeit einfach nur die Zinsen zu beheben braucht, sondern ein Vermögen, über welches er ständig Inventur machen soll und dessen Anlage ständig geändert werden muß. Um vernünftig zu sein, muß der Mensch immerfort in Frage stellen, was er für vernünftig erachtet.
Metaphysische Anschauungen über die letztgründige Natur der Wirklichkeit sind faszinierend und inspirierend. Sie gehören zum legitimen Bereich der Philosophie. Dennoch sind sie auf der Ebene des Praktischen nicht immer relevant. Es scheint, daß abweichende metaphysische Ansichten über unsere fundamentale Situation vertreten werden können, ohne daß unsere sittliche Haltung da-

durch aus den Fugen geraten muß. Sollten sie unsere Gedanken oder Handlungen hinsichtlich des menschlichen Geschicks stören, kommt Occams Maxime gelegen, wonach *entia praeter necessitatem non sunt multiplicanda.* Daß wir in einer Umwelt und mit einer Innenwelt leben, die uns feindlich und voll von Gefahren ist, wissen wir auch ohne Hilfe der Metaphysik. Jede metaphysische Anschauung ist in gewissem Sinne irrational, auch die, welche ich für den Zweck der vorliegenden Betrachtungen annahm. Gleichwohl ist es eine nicht zu übersehende Tatsache, daß solche Ideen offenkundig oder stillschweigend im Hintergrund des politischen und juristischen Gedankengutes bestehen und daß sie auf individuelle, soziale und sogar politische Haltungen und Handlungen wirken. Anerkennung ihrer Existenz und das Bestreben, sie zu verstehen, würde uns helfen, mit Menschen von wesentlich verschiedenem intellektuellen und politischen Hintergrund in Kommunikation und Kommunion zu treten – mit Menschen, mit denen wir zusammenleben und einen *modus vivendi* finden müssen.

Zweiter Monolog: Gerechtigkeit und positive Vorsehung

Ich habe mich nun eine Zeitlang ziemlich schlecht gefühlt. Eine unerbittliche Spannung hat mich ergriffen: eine ständige vergebliche Suche nach Lösungen für viele, viele Probleme. Ich war bereits nahe daran, den Glauben an alles zu verlieren, sogar an mich selbst. Aber siehe da, heute morgen bin ich mit Musik im Sinn erwacht. Ich bin vollkommen in Einklang mit mir selbst und mit der Welt, in der ich lebe. Die Oklahoma-Melodie klingt in meinem Kopf, alles erscheint mir strahlend. Meine Seele möchte jubilieren und in alle Richtungen und zu allem, was es gibt, fliegen und sich damit vereinen. Ich fühle mich in meinem Inneren wohl und spüre, daß alles, was mich umgibt, gut ist. Nichts, dem ich meinen Geist zuwende, scheint mir unvernünftig; alles, woran ich nur denken kann, ist vernünftig. Es hat einen durchaus vernünftigen Grund zu bestehen, akzeptiert und bejaht zu werden.

Ich kann nicht mehr sagen, daß das Sein der realen Welt negativ ist. In einem gewissen Sinn muß die Welt positiv sein, da sie sonst nicht bestehen könnte. Und einmal bestehend, kann sie nicht fehl gehen, das zu sein, was sie als ganzes sein sollte. Denn in der Gesamtheit der Dinge – als dessen Zentrum ich mich jetzt fühle – sind alle Werte vorhanden und sie sind in ihrem Kern positiv. Das einzige, das negativ scheint, ist das Resultat einer Negation von etwas, das positiv ist. Dessen Bedeutung und Zweck besteht darin, das positive Sein zu artikulieren, es zu entfalten und Blüten des Seins hervorzubringen. Ich kann mir nicht vorstellen, daß diese Welt nicht die beste aller möglichen Welten ist, denn offenbar hat nur die bestmögliche aller vorstellbaren Alternativen die Chance, wirklich zu werden. Alles andere Denkbare kann nicht das Beste sein, einfach deswegen, weil es sich nicht in die Gesamtheit der Dinge einfügt; und weil es sich nicht einfügt, muß es mit irgendwelchen Fehlern behaftet sein.

Daß sogenannte „böse Mächte" in der Welt am Werk sind, kann ich auch jetzt nicht leugnen. Aber ich verstehe nun, daß Böses nur als sogenanntes Böses besteht. Aus einer beschränkten Perspektive erscheinen diese Mächte und ihre Handlungen wie etwas Negatives. Im Großen gesehen sind sie nichts anderes als Mittel, etwas Positives, etwas Gutes zustande zu bringen. Sie sind wie düstere Engel, aber dennoch Engel. So ist Leid immer durch Raum und Zeit begrenzt. Ist ein Schmerz intensiv, so wird er meist nicht lange dauern und wenn er lange dauert, dann ist er im allgemeinen nicht intensiv oder unerträglich. In dem Augenblick, da ein Schmerz unerträglich wird, tritt Ohnmacht ein. Der Schock, der durch so entsetzliche Erlebnisse eintritt, daß sie ein Mensch nicht mehr ertragen kann, ist ein anderer Schutz, der uns von der Natur gegeben ist, um unerträgliches Leiden zu beenden. Es gibt auch einige Menschen, denen Schmerz eine Freude bereitet, und somit für sie einen Wert darstellt. Wenn wir uns vorstellen, daß die Welt mit uns beginnt und mit uns endet, dann besteht natürlich unaussprechliches Grauen. Wir sind aber nicht die Welt, sondern nur ein winziger Teil davon. Wenn wir, wie wir sollten, die ganze Welt als unser erweitertes Selbst auffassen, dann kann es wohl nichts Schlechtes geben, nichts, was nicht richtig wäre. Die Gesamtheit aller Dinge, deren Achse die menschlichen Wesen bilden, ist erhaben und als solche bedeutet sie reine Freude.

Ich fürchtete den Tod und es schien mir, wenn es im menschlichen Leben nur eine Tragödie gäbe, so bestünde sie in der des Todes und der Konfrontation mit seiner Unausweichlichkeit. Aber diese Furcht beruhte auf einer Fehleinstellung von mir. Wenn es ein Leben nach dem Tode gibt, dann kann dieses nicht schlimmer sein als das Leben in der uns bekannten Welt. Ich kann mir nicht vorstellen, daß wir eine Strafe zu erleiden hätten, die ärger wäre, als die Leiden, die wir hier zu erdulden haben. Auch kann ich mir nicht vorstellen, daß es eine ewige Strafe geben kann. Denn wäre sie nicht von begrenzter Dauer, dann wäre es abwegig, sie als „Strafe" zu bezeichnen. Sollte der Tod aber das absolute definitive Ende unseres Lebens sein, dann kann er nicht ärger sein als ein tiefer traumloser Schlaf. Nun erscheint mir der Tod als nichts anderes als eine gestaltlose gütige Mutter, die mich am Ende meiner Tage in ihre liebenden Arme nimmt und mich mit ewigem Frieden umfängt.

Diese Gedanken, die aus meiner augenblicklichen Empfindung entstanden sind, haben sich ganz meiner bemächtigt. Aber sind sie nicht einfach aus einem augenblicklichen Hochgefühl entstanden, das wahrscheinlich schwinden wird, wenn ich in den Alltag zurückkehre? Daß dies geschehen wird, ist ziemlich sicher, obwohl ich im Augenblick das Gefühl habe, als ob es niemals geschehen könnte. Um sicher zu sein, daß die grundlegenden Gedanken und Einstellungen, zu denen ich heute in meiner Hochstimmung gelangt bin, von Dauer sein werden, muß ich versuchen, ihre Stichhaltigkeit zu prüfen. Da es unmöglich scheint, eine allgemeingültige Prüfungsweise anzuwenden, muß ich mir überlegen, ob die Idee eines positiven Seins aufrecht erhalten werden kann,

wenn wir sie auf einige beliebige herausgegriffene Probleme der materialen Gerechtigkeit anwenden.
Die Menschen waren mit ihrem Los nie zufrieden und wir vernehmen einen fortwährenden Aufschrei gegen das Wüten der Ungerechtigkeit. Man hat immer Wege gesucht, gegen diese Ungerechtigkeiten anzukämpfen und manchmal hat man solche auch gefunden und sogar mit einigem Erfolg beschritten. Die sich ständig wandelnden Bedingungen des sozialen Lebens haben immer wieder neue Unzufriedenheit geschaffen, so daß der Aufschrei gegen die Ungerechtigkeit sich jeweils nur gegen andere Objekte gerichtet und andere Formen angenommen hat. So leben wir ständig mit einem negativen Wert, der für das menschliche Leben von größter Bedeutung ist. Wie kann man da vernünftigerweise die Idee aufrechterhalten, daß der Kern des Seins positiv ist? Ist dieser Gedanke etwa durch eine falsche Auffassung der Wirklichkeit entstanden? Oder stimmt etwas mit des Menschen rastlosem Streben nach sozialem Glück nicht? Um diese Frage beantworten zu können, will ich es unternehmen, verschiedene Situationen zu betrachten, in welchen sich eine Ungerechtigkeit in auffallender Weise zu manifestieren scheint.
Es liegt leider auf der Hand, daß es fast überall im Hinblick auf die Verteilung der materiellen Güter eine enorme Ungleichheit gibt. Einige Menschen haben nicht einmal genug, um sich am Leben zu erhalten, andere leben in sündhaft übertriebenem Luxus! In vielen Fällen ist die Diskrepanz so groß, daß kein Begriff des „Verdienstes" genügend elastisch zu sein scheint, um sie zu rechtfertigen. Welche wirklichen Verdienste könnte der Erbe eines großen Vermögens haben, der mit einem goldenen Löffel im Mund geboren wurde, gegenüber einem schwer arbeitenden Familienvater, dessen Lohn kaum

ausreicht, um die Miete für eine elende Wohnung und das kärglichste Essen für sich, seine Frau und sechs Kinder aufzubringen?

Auf den ersten Blick ist es sicherlich schwer, zu leugnen, daß dies eine ungerechte Situation ist. Betrachtet man die Sache aber näher, so tauchen eine Menge von Gründen auf, die uns die Dinge anders sehen lassen. In den Teilen der Welt, wo solche Ungleichheit an der Tagesordnung ist, erlaubt es die Beschaffenheit der Wirtschaft nicht, eine gerechte Verteilung der Güter vorzunehmen. Jeder Versuch, dieses zu tun, würde das Funktionieren eines solchen Wirtschaftssystems ernstlich behindern und würde sogar zu dessen Zusammenbruch führen, mit dem Erfolg, daß selbst diejenigen, die es am meisten verdienten, nicht einmal ihre nackte Existenz retten könnten. Gleichbehandlung nur um ihrer selbst willen könnte demoralisierende und lähmende Wirkungen auf die wirtschaftlichen Strukturen haben. Darüber hinaus kann kein wirkliches Unheil daraus entstehen, daß großer Reichtum nur wenigen vorbehalten ist. Je mehr solche Menschen ausgeben (vielleicht sogar auch verschwenderisch), um so mehr schaffen sie dadurch eine Nachfrage nach Dienstleistungen, Gütern, Arbeitsmöglichkeiten und Bezahlung. Wieviel kann denn schon ein Mensch verschwenden und wieviel kann er anderen wegnehmen, wenn er unter einem wirksamen Strafrechtssystem lebt? Was ist denn ein heutiger Wirtschaftsmagnat anderes, als das Symbol wirtschaftlichen Erfolges und manchmal ein *terminus ad quem* für die Arbeit und das Streben ambitionierter und fähiger Menschen, die so durch ihre Genialität und ihre Bemühungen zum allgemeinen Wohl beitragen? Und es ist unhaltbar zu meinen, daß in einer sozialen und wirtschaftlichen Ordnung einfach deswegen Ungerechtigkeit herrscht, weil Ungleichheit besteht. Ob

Gerechtigkeit oder Ungerechtigkeit herrscht, kann man nur nach den einschlägigen Kriterien der Gerechtigkeit entscheiden. Neben dem Gebot „Jedem nach seinen Verdiensten" finden wir auch das Gebot „Jedem seiner sozialen Rolle entsprechend", „Jedem nach seiner Bedeutung im sozialen Ganzen" usw.

Jemand erwirbt zu einem sehr geringen Preis Grundeigentum in einem Slumviertel. Einige Jahre später beschließen Städteplaner, das Zentrum der Stadt auf dieses Gebiet auszudehnen. Nun beginnt eine dementsprechende Entwicklung. Der Eigentümer verkauft den Grund nun um das Fünffache des ursprünglichen Kaufpreises. Dies scheint ein klarer Fall dafür zu sein, daß jemand entgegen dem Prinzip der austeilenden Gerechtigkeit eine Leistung erhält. Die Situation wird noch empörender, wenn wir uns vorstellen, daß der Staat in diesem Gebiet Land zur Errichtung von Schulen oder Überlandstraßen braucht und daß er nunmehr einen überaus hohen Preis für die Wiedererwerbung zahlen muß. Dies alles nur wegen der Preissteigerung, die dem Ansteigen des Marktwertes entspricht. Das bedeutet Mißbrauch von Staatsgeldern für eine ungerechte Bereicherung von Emporkömmlingen, von Staatsgeldern, die nach dem Gebot der materialen Gerechtigkeit zu wohltätigen Zwecken hätten verwendet werden können.

Diese offenbar so üblen Zustände erscheinen uns nur so. Es handelt sich hier um einen Fall, in dem jemandem das Glück unerwartet in den Schoß fällt. Es ist so wie bei einer Lotterie, die einem Menschen Glück bringt, der die Tür offen gelassen hat und zwar durch den Ankauf eines Loses – ein Glück, das er vielleicht gar nicht verdient hat. Die Hoffnung, daß einem das Glück als Belohnung für einfache Anstrengung oder ein kleines Opfer zulächelt, bringt Sonnenschein in ein Leben, welches sonst oft trostlos wäre. Dieser Zustand sollte auf jeden Fall in einer humanen Gesellschaft bestehen dürfen.

Daß es um diese Welt nicht gut, sondern gräßlich bestellt ist, kann mit dem Hinweis darauf bewiesen werden, daß unzähligen Menschen Gerechtigkeit vorenthalten wird und daß sie sogar um die Erfüllung der einfachsten Wünsche betrogen werden. Selbst dort, wo alle Menschen formell als menschliche Wesen anerkannt werden, führen sie oft das Leben von Nicht-Menschen und werden auch so behandelt. In unterentwickelten Ländern hungert die Masse und die Lebensbedingungen sind für die Entwicklung und die Erhaltung eines gesunden Körpers und eines gesunden Geistes unzureichend. Sogar dringendste lebensrettende und gesundheitserhaltende Medikamente, die in anderen Ländern im Überfluß und sogar gratis verfügbar sind, sind für den einfachen Menschen in den Entwicklungsländern unerhältlich; ebenso steht es mit therapeutischen Einrichtungen und ärztlichem Können. In hochindustrialisierten Ländern wiederum ist von schädlichen Stoffen freie Atemluft nicht mehr vorhanden.

Klagen über Unzukömmlichkeiten dieser Art sind natürlich verständlich, bilden aber keinen wirklichen Einwand gegen die Vorstellung, daß das Sein dieser Welt doch im Grunde positiv ist. Gerechtigkeit kann nur so weit verwirklicht werden, als es die vorhandenen Mittel erlauben. Sind diese Mittel unzureichend, so ist ihre Verteilung – selbst wenn pro Kopf weniger als das Existenzminimum zugeteilt wird – immer noch gerecht, wenn im übrigen die Grundsätze der Gerechtigkeit beachtet werden. Bei dem derzeitigen Stand der technischen und politischen Entwicklung auf unserer Welt ist es nicht möglich, diese Schwierigkeiten zu beseitigen. Etwas Unmögliches kann nicht als Gerechtigkeit bezeichnet werden:

Gerechtigkeit hat nur innerhalb der Grenzen des Möglichen Platz. Der Ernst und die Dringlichkeit der Probleme, die durch die aufgezeigten Schwierigkeiten entstanden sind, haben zu äußersten Anstrengungen geführt, um Lösungen zu finden. Die Menschheit kann es sich nicht leisten, diese Probleme ungelöst zu lassen und daher besteht die berechtigte Hoffnung, daß eines Tages doch Lösungen gefunden werden. Vorzeitig eine Lösung erzwingen zu wollen, könnte bedeuten, daß Möglichkeiten ins Auge gefaßt werden, die noch nicht zu verwirklichen sind; dies aber würde heißen, ein Unheil herauszufordern, das vor allem deswegen verhängnisvoll wäre, da es unvoraussehbar, unvermutet und von unbekannter Natur ist.

Die modernen Städte, in welchen Millionen von Menschen leben, arbeiten und ihre Freizeit verbringen, sind als solche böse und verkörpern verschiedenste Arten von Ungerechtigkeit. Sie sind zu Gefängnissen geworden, die für die physische, geistige und moralische Gesundheit bedrohlich sind. Ihr Aus- und Umbau, der eigentlich dazu bestimmt wäre, das Los ihrer Einwohner zu verbessern, bringt sowohl weitere sanitäre Probleme als auch ernsthafte Risiken für Leben und Gesundheit mit sich.

All diese und andere Übel, die mit dem Leben in überfüllten Städten zusammenhängen, sind zum Teil unvermeidbar, wozu die Entwicklung unserer Zivilisation – die selbst etwas Unausweichliches ist – geführt hat. Jede aus diesen Umständen resultierende Ungerechtigkeit ist für die Menschheit im derzeitigen Zeitpunkt der Entwicklung ein Schicksalsschlag. In manchen Fällen ist das, was uns als Ungerechtigkeit erscheint, in Wahrheit nichts anderes als der verdiente Lohn für die, die es trifft: es ist das, was ihnen nach der Maxime „Jedem nach seinem

Verdienst“ zukommt. Jemand, der ein Auto kauft und es in einer modernen Stadt benützt, muß als Folge eine Zunahme der Verkehrsdichte und der Luftverschmutzung erwarten. Jeder, der die politischen Einrichtungen hinnimmt, die diese Städte versorgen und die zu ihrer Entfaltung beitragen, gibt zugleich sein stillschweigendes Einverständnis zu den entstehenden Übeln und hat sie dann auch verdient.

Ungerechtigkeit manifestiert sich aber besonders und in abschreckender Weise in den modernen Kriegen. Diese Kriege bringen unverdientes Leid über viele unschuldige Menschen, auch über jene, die ihr Äußerstes getan hatten, um den Krieg zu vermeiden oder ihn zu beenden. Da militärische Überlegenheit oder politische Macht, nicht aber überragende moralische Tugend darüber entscheidet, wer der Sieger und wer der Unterlegene ist, können die Friedensbedingungen der Ungerechtigkeit Vorschub leisten, nicht aber sie vermeiden oder zumindest einschränken.

Auch hier habe ich das Gefühl, daß Kriege mit all ihrer Ungerechtigkeit eine Heimsuchung sind, die die meisten Menschen verdienen. Würde die Mehrheit der Menschen wirklich nach der Beseitigung des Krieges streben, dann wäre es sicherlich schon möglich gewesen, entsprechende politische Einrichtungen zu schaffen. Man könnte auch so argumentieren, daß Kriege beim derzeitigen Entwicklungsstand der Menschheit noch unvermeidlich sind und so hingenommen werden müssen, etwa wie Naturereignisse, die für die menschliche Existenz schädlich sind. Es gibt keine adäquaten friedlichen Methoden, um jene politischen Änderungen zu erreichen, die man heute durch Kriege zu erzielen versucht. Da Anstrengungen gemacht werden müssen, derartige Veränderungen herbeizuführen, können Kriege nicht vollkommen vermieden werden. Was nicht vermeidbar ist, muß sein; was unvermeidlich als Folge von unausweichlichen Geschehnissen eintritt, kann nicht als ungerecht bezeichnet werden. Kriege werden üblicherweise von allen Beteiligten im Namen einer oder für irgendeine Spielart der Gerechtigkeit geführt. Der ideologische Kampf, der den kriegerischen Konflikt zwischen Großmächten begleitet, kann zur Klärung der verschiedenen Spielarten der Gerechtigkeit oder Ungerechtigkeit in besonderer Weise beitragen. Auf diese Weise dienen Kriege (wie schrecklich sie auch immer sein mögen) der Sache der Gerechtigkeit. Die Ungerechtigkeit, die durch den Untergang der gerechten Sache als Folge eines Krieges eintritt, lenkt das Augenmerk auf diese Sache und den Wert der Gerechtigkeit an sich. Dies mag möglicherweise zu einem verstärkten Kampf für die Gerechtigkeit und schließlich zu deren Sieg führen. Die hier von mir über den Krieg angestellten Überlegungen treffen in ähnlicher Weise auf das Problem der heute auf der Tagesordnung stehenden Terroranschläge zu.

Ich war erschüttert und betrübt, als ich von Auswüchsen der Rassendiskriminierung selbst in solchen Ländern hörte, in denen man dies nicht vermuten würde. Solche Diskriminierung verletzt althergebrachte Prinzipien der materialen Gerechtigkeit offensichtlich und unausweichlich. Wird eine Person nur wegen ihrer äußeren Erscheinung bevorzugt oder benachteiligt, so beruht dies sicherlich nicht auf dem Prinzip, jedem das Seine zu geben, gleichgültig wie weit man auch den Begriff „das Seine" faßt. Es ist daher nicht verwunderlich, daß primitive oder abstoßende religiöse oder politische Mythen dazu benützt werden, um auf Grund von Pseudoprinzipien eine Rechtfertigung für Rassendiskriminierung zu finden.

Wenn wir die Gesamtsituation betrachten, innerhalb deren Rassendiskriminierungen vorkommen, dann verändert sich der Aspekt. Es ist nicht wirklich die Hautfarbe, auf der solche Diskriminierung beruht, sondern es sind eher viel tieferliegende Faktoren, von denen die meisten im Unterbewußtsein vorhanden sind und die jenseits der Kontrolle der betreffenden Individuen liegen. So kommt es, daß nicht nur Weiße Farbige unterdrücken, sondern daß dies auch umgekehrt der Fall ist. Das gleiche ereignet sich auch mit nicht geringerer Intensität zwischen Menschen derselben Hautfarbe. Die Faktoren, die eine Diskriminierung einer ethnischen Gruppe durch eine andere hervorrufen, findet man auch in den verschiedenen Entwicklungsstufen der Zivilisation oder Kultur und in ihren jeweiligen Lebensgewohnheiten, sie beruhen aber auch auf unterschiedlicher Begabung und auf einer verschiedenen Intelligenzstufe. Bekanntlich gibt es einige Menschen, die sehr sauber sind, während dies andere nicht sind; einige sind sehr ruhig, andere hinwiederum lärmend; einige arbeiten schwer, während andere dies nicht tun.

Die Abneigung einer ethnischen Gruppe gegen die andere oder ihre gegenseitige Abneigung ist etwas ganz Natürliches und sie ist fast unvermeidbar. Dieser Zustand wird so lange bestehen bleiben, bis es gelingt, diese Gruppen voneinander zu trennen oder bis eine entsprechende Vereinheitlichung ihres Lebensstandards, ihres Lebensstils und ihrer Erziehung zustande kommt. Da es jedoch sehr schwierig ist, eine solche Veränderung herbeizuführen, ist es sinnlos, sich gegen Rassendiskriminierung aufzulehnen oder die Gleichheit aller Menschen zu predigen, die in der Verkleidung der „Menschenwürde" auftritt, die es jedoch erst zu erreichen gilt. Die Behauptung, daß Rassendiskriminierung einfach auf einem Vorurteil beruht, stellt schon an sich ein vulgäres Vorurteil dar. Es hat keinen Sinn, sich über Rassenprobleme aufzuregen, die mit Recht Gemeinschaften, in denen sie sich ereignen, und Individuen, die davon betroffen werden, heimsuchen, solange sie nicht mit der Wurzel durch geeignete Maßnahmen ausgerottet werden können. Es gibt keinen vernünftigen Grund zur Annahme, daß die von der Diskriminierung Betroffenen dadurch auf einem niederen Lebensstandard gehalten werden. Es gibt beredte Beispiele dafür, daß diskriminierte, verfolgte Völker in den Vordergrund getreten sind, während die Unterdrücker und Verfolger ihre Bedeutung verloren und sogar manchmal völlig verschwanden. Es muß also nicht so sein, daß Diskriminierung dem Menschen den Geist aussaugt, sie kann ihn im Gegenteil auch anspornen und erheben.

In den Beziehungen der Nationen zueinander zeigt sich Ungerechtigkeit in einem noch größeren Maß. Es gibt Nationen mit einer relativ geringen Bevölkerung, die über mehr Land verfügen als sie vernünftig nützen können und mit mehr Bodenschätzen als sie brauchen und fördern können. Dann aber gibt es wieder Nationen mit einer enormen Bevölkerungszahl, aber geringem Landbesitz und fast keinen Bodenschätzen. Einige Staaten werden um einen Teil ihres ohnehin schon kleinen Territoriums gebracht und zwar durch Nachbarstaaten, die mehr als genug haben. In bestimmten Staaten, deren Bevölkerung in einander feindliche ethnische Gruppen zerfällt, unterdrückt die Regierung eine dieser Gruppen oder schreckt nicht einmal vor Völkermord zurück.

Es wäre falsch, den voreiligen Schluß zu ziehen, daß in solchen Fällen des politischen Verhaltens es sich um Ungerechtigkeit handelt. Genau genommen ist Gerechtigkeit ein Wert, der nur auf zwischenmenschliche Beziehungen anwendbar ist. Der Wert von Staaten oder anderen kollektiven Gemeinschaften hängt nur von dem Nutzen ab, den sie für das Individuum haben, das Ethisches anstrebt. Legt man einen moralischen oder einen strafrechtlichen Maßstab an, dann war staatliches Verhalten oft genug niederträchtig. Der Bestand des Staates könnte sogar in Frage gestellt werden, wenn man sich fragt, ob es keinen anderen Grund für sein Bestehen gibt als die Tatsache, daß sich in der heutigen politischen Situation keine andere annehmbare Alternative anbietet. Es ist auch sehr zweifelhaft, ob ethnische Gruppen an sich einen Wert haben. Möglicherweise läge es im Interesse aller Individuen, wenn solche Gruppen in größeren aufgingen, solange bis alle Nationalitäten sich auflösen und in eine undifferenzierte Menschheit übergehen. So betrachtet, könnte „Völkermord" mittels Zerstreuung oder Assimilierung von ethnischen Gruppen zur Einheit der Menschheit führen und auf diese Weise sehr wohl ein rühmliches Unterfangen sein.

Des Menschen Streben nach Freiheit ist universell und dennoch muß er als Mitglied einer Gemeinschaft verschiedene Einschränkungen hinnehmen, die sogar in zivilisierten Ländern bis zur Knechtschaft führen können. Der Mangel an Freiheit wird als ungerecht empfunden, weil sie als ein Recht jedes menschlichen Wesens angesehen wird. In verschiedenen Teilen der Welt werden die Menschen dieser oder jener Freiheit beraubt: manche wird hier, manche dort gewährt. So herrscht Ungerechtigkeit dort, wo irgendein Freiheitsrecht fehlt.

Das Aufbäumen gegen die Unfreiheit im Namen der Gerechtigkeit ist meist unbegründet. Dies beruht auf einem oberflächlichen Verständnis der Bedeutung und des Sinnes von Freiheit und Gerechtigkeit. Das fundamentale Prinzip einer „permissiven Gesellschaft": „Alles ist erlaubt!", ist keinesfalls das Prinzip einer wahren Freiheit, eher ist es ein Freibrief auf eine zügellose Lebensführung. Eine solche totale Freiheit beinhaltet eine Indifferenz gegenüber der Freiheit der anderen und es werden auf diese Weise die Bedingungen für die Herrschaft des Stärkeren über den Schwächeren geschaffen. Die persönliche Freiheit muß immer im Interesse der Verwirklichung irgendwelcher höheren sozialen Werte eingeschränkt werden. Solche Werte sind z. B.: Friede, Sicherheit, Wohlstand oder Fortschritt. Man könnte sogar fragen, wie der Großteil der Menschen von einer totalen Freiheit Gebrauch machen würde. Verdienen die Menschen nicht eher, in Ketten gelegt zu werden als eine solche Freiheit zu genießen? Das, was auf den ersten Blick als Mangel an Freiheit erscheint, könnte viel eher die Vorbedingung für andere grundlegende Freiheitsrechte sein. Es können beispielsweise Handelsbeschränkungen die Bedingungen für den freien Handel von kleineren Unternehmen sein. Es kann notwendig sein, die politische Freiheit der Staatsbürger einzuschränken, um ihnen auf diese Weise ein sorgenfreies materielles Leben zu ermöglichen. Materielle Sorgen schränken nämlich ihrerseits die persönliche Freiheit ein.

Ein armer Mann erleidet eine Verletzung, die ihn arbeitsunfähig macht. Nun hat er einen unbestrittenen gesetzlichen Schadenersatzanspruch. Es ist so sicher – wie überhaupt etwas in der Rechtswelt sicher sein kann –, daß der mit dem Fall befaßte oberste Gerichtshof diesen Anspruch anerkennen wird. Der Kläger besitzt jedoch keinerlei finanzielle Mittel, um sich einen Rechtsbeistand leisten zu können, der für ihn seine Klage ordnungsgemäß einbringt. Andererseits besteht kein Recht auf einen Armenanwalt, da der Betroffene formell um Haaresbreite über dem Existenzminimum liegt. Dies scheint wie

ein Hohn auf die Gerechtigkeit – eine Gerechtigkeit, die vom Rechtssystem zum Schein behauptet wird, jedoch jenen vorenthalten bleibt, die ihrer dringend bedürfen.
Es scheint kein stichhaltiges Argument zu geben, das die Behauptung rechtfertigt, diese Situation sei nicht ungerecht oder schlecht. Jedoch gibt es für uns ein letztes Argument: ein residuales positives ethisches Prinzip, nach welchem für alles, wofür sich kein Argument zur Rechtfertigung finden läßt, doch angenommen werden kann, daß es ethisch gut ist, und zwar auf Grund unbekannter und unerkennbarer Prinzipien der Rechtfertigung.
Ich könnte mir verschiedene Gegenargumente vorstellen, die man gegen das, was ich zur Rechtfertigung für die bestehenden sozialen und politischen Zustände gesagt habe, vorbringen könnte, ebenso Gegenargumente gegen das, was ich in Weiterverfolgung dieser meiner Gedanken noch aussagen könnte. Ich habe aber das sichere Gefühl, daß solche Argumente meine Zuversicht nicht erschüttern werden, daß meine zuvor geäußerten Ansichten standhalten werden. Ich will damit jedoch nicht sagen, daß auf Grund meiner Argumentation die Ungerechtigkeit geleugnet werden kann und daß ich die Konzeption einer materialen Gerechtigkeit anstrebe, deren einziges Gebot lautet: „Jedem seinem Schicksal entsprechend!"
Es ist sicherlich keine anziehende Haltung, wenn man alles, was in der Welt geschieht, hinnimmt. Ihr scheint die metaphysische Auffassung zugrunde zu liegen, wonach ein Gott, der in einer Zwangsjacke steckt, nur ganz bestimmte Bewegungen ausführen kann – Bewegungen, die nur zum Besten führen können. Die Vorstellung eines solchen Gottes ist nicht inspirierend. Sie könnte sogar als abstoßend empfunden werden. Die Welt unter seiner Herrschaft erscheint überaus seicht, unendlich ein-

tönig und düster. Ihr makelloses Gutsein beraubt sie ihrer ästhetischen Qualitäten – sie muß uns als eine garstige Welt erscheinen.

Soweit ich jetzt sehen kann, führen meine bisherigen Erwägungen nicht zur Beseitigung der Vorstellung, daß es Dinge gibt, die man als „schlecht", als „ungerecht", als „unrichtig" und ähnliches bezeichnen kann, sondern dahin, daß wir all dies freudig akzeptieren und es als Teil der bestehenden Welt willkommen heißen. Hält man Weißes gegen einen schwarzen Hintergrund, so zeichnet es sich deutlich ab. Mit Lastern ist es ähnlich: sie zeigen den Glanz der ihnen entsprechenden Tugenden. Die Gefahr des Absturzes ist ein Teil der Faszination des Kletterns. Die Möglichkeit, Fehler zu machen, ist der Grund der Erregung, die eine vollbrachte Leistung begleitet. Ohne die Freiheit, das Böse zu wählen, würde die Befolgung des Guten keinen Reiz haben und ohne Ungerechtigkeit erfahren zu haben, hätte die Gerechtigkeit keine Anziehungskraft.

Wenn ich von der Annahme ausgehe, daß der Kern des Seins positiv ist, so will ich damit nur feststellen, daß die Basis und der Zweck aller Dinge in unserem Universum positiv sind. Dies ist der entscheidende Grund, dem Schöpfer im Gesamt seiner Schöpfung mit den Worten zu begegnen: „Und siehe, es ist sehr gut!"

Wenn man mit dieser Auffassung die Welt betrachtet, ist es wahrscheinlich, daß der Betrachter das Positive bereitwilliger annimmt als es sonst geschähe und daß er so zu Pseudo-Argumenten kommt. Als eine Diskussionsbasis jedoch ist diese Haltung und Annäherung an ethische Probleme durchaus berechtigt. Dabei ist allerdings vorauszusetzen, daß der Vertreter solcher Ideen eines positiven Seins Diskussionspartner hat, die entgegengesetzte metaphysische Standpunkte einnehmen, oder daß

er selbst fähig ist, verschiedene Standpunkte einzunehmen, indem er – obwohl dies seiner Auffassung nicht entspricht – einmal seine eigenen melancholischen, einmal seine eigenen sanguinischen Feststellungen vertritt oder bekämpft. In der Diskussion könnten so gegensätzliche Facetten ethisch relevanter Zustände beleuchtet werden, die sonst übersehen oder überschätzt werden.
Sowohl die Annahme, daß der Kern des Seins negativ ist, als auch die entgegengesetzte Annahme, daß dieser Kern positiv ist, ändert nichts an der Bedeutung der traditionellen oder derzeitigen Kriterien der Gerechtigkeit. Einige von ihnen bedürfen vielleicht einer Verbesserung oder Neuformulierung, alle jedoch scheinen gute Ausgangspunkte für weitere intellektuelle Anstrengungen zu sein. Zu einer solchen Anstrengung bin ich im Moment nicht in der Lage. Meine geistige Energie scheint durch einen Zustand der Ekstase aufgebraucht zu sein, in welchem Zustand ich mich immer noch befinde. Ich erfahre meine gegenwärtige Freude als eine nimmer endende. Ich nehme aber weiterhin an, daß der Höhepunkt meiner metaphysischen Entdeckung nicht ein Höhepunkt des Seins an sich ist. Es mag sehr wohl so sein, daß dieser freudige Zustand für immer andauert, er mag aber auch von kurzer Dauer sein – wie alle wirklichen Freuden kurzlebig sind. Eines kann ich aber im Moment nicht glauben, nämlich daß die Welt von einem *Deus Malignus* regiert wird. Wenn es überhaupt einen Gott gegeben hat oder wenn es ihn überhaupt geben wird, so war er oder wird er ein *Deus Inscrutabilis* sein. Es ist nur aus unserem begrenzten Gesichtskreis und aus unserem endlichen Verstehen begreiflich, daß wir überhaupt sagen, daß etwas schlecht ist. Die Dinge mögen anders aussehen für einen unendlichen Geist, dem menschliche Werte nur eine Art der Menschen sind, ihr Sein zu erleben.

Dritter Monolog: Gerechtigkeit – von der Vorsehung abgesehen

Unlängst war ich nicht ganz ich selbst. Meine Stimmungen und Meinungen schwankten von einem Extrem zum anderen. Darob schäme ich mich; doch hege ich nur Skrupel und kein wirkliches Bedauern darüber, was ich bisher über die materiale Gerechtigkeit gesagt habe. Vieles davon lag auf der Linie dessen, was man in verschiedenen Momenten des Lebens tatsächlich über die Gerechtigkeit und über die Welt im allgemeinen zu fühlen oder denken pflegt. Die ganze Zeit hindurch hatte ich wegen einiger meiner Überlegungen in den zwei vorangegangenen Monologen Bedenken gehegt. Nichtsdestoweniger habe ich sie unberührt gelassen, weil sie zu den entsprechenden Zeitpunkten stichhaltig erschienen, und selbst wenn sie aufgegeben werden sollten, so könnten sie doch immer als Sprungbrett zu weiteren Überlegungen dienen.

Ich muß wohl verblendet gewesen sein, als ich über das Sein der wirklichen Welt zuerst in Schwermut und dann in einer gehobenen Stimmung meditierte. Nun fühle ich, daß ich der Versuchung hätte widerstehen sollen, der Wirklichkeit einen positiven oder einen negativen Wert beizumessen. Die einzig richtige Einstellung ihr gegenüber scheint mir jetzt eine neutrale Haltung zu sein. Das entspräche dem Geist der Wissenschaft und dem der reinen Philosophie.

Vielleicht hätte ich mich überhaupt nicht auf metaphysische Reflexionen oder Spekulationen einlassen sollen.

Diese sind dazu angetan, den Verstand mit Vorstellungen zu behexen, die für ein rationales Vorgehen unerheblich sind und die den Denker nur in die Irre und Verwirrung führen können. Jedoch Axel Hägerströms Ausspruch „*Ceterum censeo metaphysicam esse delendam*“ kann ich mich nicht anschließen, weil dieser Gedanke selbst auf einer krypto-metaphysischen Betrachtungsweise beruht. Durch die antimetaphysischen Einstellungen wird das Denken den Problemen verschlossen, die die Welt der Phänomene überschreiten und die, obwohl sie sich nicht wissenschaftlich behandeln lassen, doch der philosophischen Besinnung zugänglich sind. Wenn sie vernachlässigt werden, wächst das Unkraut des oberflächlichen und schlampigen Denkens.

Vielleicht hätte ich es doch vermeiden sollen, metaphysische Begriffe wie „Sein“ oder „Wesen“ zu verwenden, weil die Ideen, denen diese Denkbehelfe gedient haben, dunkel und verschwommen sind und sich auf etwas Unaussprechliches zu beziehen scheinen. Doch bin ich nicht bereit darüber zu schweigen, worüber man nicht sprechen kann. Vor allem, Schweigen ist nicht identisch mit Nicht-Sprechen; darüber hinaus glaube ich, daß dort, wo ein Gedanke ist, auch ein Weg ist, ihn in die Sprache umzusetzen. Was nicht im Wege eines strengen und wohlartikulierten Denkens erfaßt und präzise ausgedrückt werden kann, mag sich doch durch Allegorien, Gleichnisse, Metaphern und dergleichen mitteilen lassen.

Wenn ich nun versuche, das Problem der materialen Gerechtigkeit in einer gelösten Gemütsverfassung aufzunehmen, so muß ich nicht alles unbedingt als weder-gut-noch-schlecht, weder-richtig-noch-unrichtig, weder-gerecht-noch-ungerecht usw. behandeln, sondern mich eher meines Urteils über den Wert des Seins oder der

Wirklichkeit als solcher enthalten. Der Grund, eine solche Haltung einzunehmen, ist einfach der, daß das Sein und die Wirklichkeit als solche jenseits des Begreifbaren liegen. So muß hier jegliche Wertzumessung haltlos, daher auch unbegründet bleiben. Indem ich jetzt in einer Gemütsverfassung bin, die weder euphorisch noch dysphorisch, sondern adiaphorisch ist, erscheint mir das Sein als wertneutral. Ob es aber tatsächlich so ist, kann ich nicht entscheiden. Und was die Probleme betrifft, auf die ich mich nun beziehe, so kann das Sein hinter dem Horizont meiner geistigen Schau verbleiben und sein, was immer es sein mag.

Diese Betrachtungsweise, obwohl auch metaphysisch, ist ganz und gar von der verschieden, die ich anwandte, als ich das Sein entweder negativ oder positiv sah. Ich vermag mich jetzt an meine Probleme ohne surreales Jammern und ohne Überschwang heranzumachen und mich von meinen früheren Gedanken freizumachen und auch abzuschätzen, ob ich in meinen Überlegungen fehlging oder nicht. Es scheint mir, daß es wohl stimmte, was ich sagte, aber es war nur durch die jeweiligen Annahmen bedingt. Ob diese Annahmen selbst genügend begründet sind, ist noch die Frage. Sie kommen mir jetzt verdächtig vor, weil sie mich zu Denkergebnissen führten, die mir nicht mehr ganz gefallen. In der Annahme, daß der Teufel der Schöpfer und der Herr der wirklichen Welt sei, wurde ich zu einer übertriebenen Gutmütigkeit verleitet; in der Annahme, daß die göttliche Vorsehung die Welt leite, wurde ich verleitet zu glauben, daß Gott nicht nur mein Hirte sei, sondern auch der Hirte derjenigen Menschen, deren Elend so groß ist, daß die Leiden, die ich erfahren habe, überhaupt nicht der Rede wert sind. So war ich nahe daran, mich damit abzufinden, was augenscheinlich abscheulich auf der Welt ist.

Obwohl ich nun fühle, daß meine derzeitige geistige Sicht klarer und durchdringender ist als zuvor, sollte ich doch die Möglichkeit nicht ausschließen, daß dieses gegenwärtige Erlebnis intellektueller Überlegenheit eine weitere Illusion bedeutet. Es ist daher notwendig, auf das Problem der Begründung der Werturteile einzugehen. Nur so kann ich erreichen, daß ich hoffen darf, meinen Gedanken über die materiale Gerechtigkeit einen intersubjektiven Halt sichern zu können.

Ein Werturteil ist dann rational, wenn es sich als intersubjektiv vertretbar erweist, wohingegen ein Tatsachenurteil dann rational ist, wenn es sich als objektiv haltbar erweist. Der Nachweis der intersubjektiven Vertretbarkeit heißt „Vindikation", wogegen der Nachweis der objektiven Haltbarkeit „Verifikation" heißt. Durch beide Arten der Begründung der Urteile wird transpersonale Berechtigung für den Anspruch gesucht, daß ein Urteil akzeptiert werden soll. Diese Berechtigung beruht auf der Anwendbarkeit von Kriterien, die Maßstäbe zur Beurteilung der Rationalität der jeweiligen Urteile darstellen.

Durch ein Werturteil wird behauptet, daß eine axiotische Qualität (z. B. „gut", „ungerecht", „weder-schön-noch-häßlich") einem Gegenstand zukommt. Diese sind verschieden von den ontischen Qualitäten (z. B. „kalt", „blau", „alt"), indem sie nicht als Gegenstände auffindbar, sondern als ihnen beimeßbar angesehen werden. Es empfiehlt sich, die axiotischen Qualitäten als Attribute und die ontischen Qualitäten als Eigenschaften zu bezeichnen. Ein Attribut ist kein konstitutives Element eines Gegenstandes, dem es zugeschrieben wird. Wenn daher ein und demselben Gegenstand gegensätzliche Attribute zugeschrieben werden, braucht kein Irrtum im Erkennen des Gegenstandes vorzuliegen. Hingegen, wenn man behauptet, daß einem Gegenstand zwei gegensätzliche Eigenschaften zukommen, muß ein Irrtum im Erkennen vorliegen. Die Frage der Rationalität des Urteils erhebt sich jedoch in beiden Fällen. Im ersteren Falle besteht die Frage darin, welches von den zwei gegensätzlichen Attributen als dem Gegenstand zukommend angesehen werden *soll;* im letzteren Falle besteht die Frage darin, welche von den zwei gegensätzlichen Eigenschaften als dem Gegenstand zukommend angesehen werden *muß*. Das „soll" hier gründet im Rückgriff auf einschlägige Wertkriterien, das „muß" aber im Rückgriff auf einschlägige Wahrheitskriterien.

Sowohl bei der Verifikation als auch bei der Vindikation werden deduktive, reduktive und eduktive Argumente angewendet. Durch deduktive Argumente werden die logischen Folgen der Urteile festgestellt. Durch reduktive Argumente werden entweder Verallgemeinerungen oder Annahmen aufgestellt: dementsprechend wird die Reduktion in Induktion und Abduktion eingeteilt. Durch eduktive Argumente werden Analogien aufgestellt. Verifikation und Vindikation sind wesentlich von einander verschiedene rationale Vorgänge und können nicht aufeinander zurückgeführt werden. Jedoch in der Durchführung einer Vindikation kann es erforderlich sein, nämlich falls eine Tatsache einen Bezugspunkt für ein Werturteil darstellt, ein Tatsachenurteil zu begründen und so nach einer Verifikation zu greifen. Andererseits kann es bei der Durchführung einer Verifikation erforderlich sein, ein Werturteil zu begründen, um eine rationale Auswahl zwischen alternativen Verallgemeinerungen, Annahmen oder Analogien zu treffen. Diese Auswahl kann auf einem Werturteil beruhen (z. B. auf der Erwägung der Eleganz), das, um als intersubjektiv vertretbar zu gelten, vindiziert werden muß.

Außer den deduktiven, reduktiven und eduktiven Verfahren findet in der Vindikation noch die Paraduktion Anwendung; sie ist hier besonders charakteristisch und von entscheidender Bedeutung. Paraduktion bedeutet ein Abwägen der Pros und Kontras für eine Beimessung eines Attributs – sie stellt ein Erwägen dar, dessen Ziel das Erreichen von *einsichtsvoll gebilligten* Werturteilen ist. Die einsichtsvolle Zustimmung ist bei jeder Art der Urteilsbegründung wünschenswert, jedoch hängt die Haltbarkeit von deduktiv, reduktiv oder eduktiv erlangten Ergebnissen nicht von der Zustimmung ab, die man ihnen geben mag, sondern ausschließlich von der Entsprechung der bezüglichen Denkvorgänge zu den ihnen jeweils eigenen Verfahrensgrundsätzen. In der Forderung nach einer einsichtsvollen Zustimmung unterscheidet sich die paraduktive Argumentation z. B. von Verkaufsgesprächen, von Auseinandersetzungen, die in politischen Debatten stattfinden oder von bloßen Streitgesprächen, die in verschiedenen Situationen des Alltagslebens vorkommen. In diesen Fällen genügt es schon, wenn man den anderen mundtot macht, es genügt jegliches Überreden dessen, an den die Argumente herangetragen werden. Die einsichtsvolle Zustimmung, die auf paraduktivem Wege gesucht wird, ist ein Mittel, um die Gleichförmigkeit, die Harmonie und die Stabilität der Werturteile in einer bestimmten Gesellschaft zu sichern. Es ist offenkundig, daß all das nicht möglich ist, wenn die Adressaten der Argumentation zu einer Zustimmung durch Schwindel, Tricks oder Zwang verführt („seduziert“) werden.

Paraduktives Begründen setzt eine Mehrzahl von Denkern voraus: zumindest einen Ansprechenden und einen Angesprochenen, deren Rollen gegenseitig austauschbar sind. Normalerweise sind hier verschiedene Personen vertreten; jedoch ist ebenso so etwas wie ein „innerer Dialog“ möglich, indem der Denker „die alternativen Rollen“ eines Proponenten und eines Opponenten, eines Angreifers und eines Verteidigers und dergleichen einnimmt. Dieser Dialog kann in Form von geschriebenen oder gesprochenen Darstellungen objektiviert werden. Obwohl paraduktive Denkvorgänge charakteristischerweise beim Herausfordern und beim Abwehren, beim Angriff und bei der Verteidigung statthaben, gibt es hier genau genommen keine Gegner. Vielmehr sind die Argumentierenden hier *Partner* – Teilnehmer an der und Beitragende zur Argumentation, von denen erwartet wird, daß sie in einer kooperativen Geistesverfassung handeln. Es wird hier eigentlich kein Sieg eines debattierten Gesichtspunktes, sondern der Sieg der Vernunft angestrebt. Dieser Sieg kann natürlich im Durchsetzen des von einem der Argumentierenden vorgebrachten Standpunktes bestehen. Selbst in diesem Fall braucht der Widerstand gegen diesen Standpunkt nicht verderblich und mutwillig sein; er kann unter Umständen einen Beitrag zur Erlangung einer einsichtsvollen Zustimmung mit der Forderung leisten, alle einschlägigen Gründe und Überlegungen in höchstmöglicher Klarheit und Deutlichkeit darzulegen. Folglich erwartet man von den Teilnehmern paraduktiver Argumentation nicht, daß sie unversöhnliche Verfechter spezieller Anliegen wären, sondern daß sie in echter Zusammenarbeit zu dem gegebenen rationalen Unterfangen beitragen – ein Unterfangen, bei der jeder Argumentationspartner um die geistige und sittliche Qualität der Auseinandersetzung bemüht ist.

Die geistige Regsamkeit, die intellektuelle und moralische Integrität und die Kompetenz der Überlegenden sind die überragenden Faktoren im Ablauf des paraduktiven Begründens. Jegliche Form von Dogmatismus ist mit ihm unvereinbar. Keine wie immer geartete Position kann in ihm als unangreifbar oder unverzichtbar angesehen werden. Die Paraduktion ist von der Idee getragen, daß alle Werturteile, eigentlich auch alle Tatsachenurteile, fehlbar sind, auch die Urteile über die Unangreifbarkeit der anscheinend oder angeblich über jeden Zweifel erhabenen Urteile. Das bedeutet nicht, daß das paraduktive Verfahren ein zielloses Segeln auf offener See wäre oder ein haltloses Schweben in der Luft. Es findet eine Stütze in der Gestalt von weitverbreitet angenommenen Prinzipien, die wiederholten Angriffen widerstanden haben und sich als geeignet erwiesen haben, Denkergebnisse abzuschirmen, die nicht anfällig erscheinen. Jedoch auch diese Prinzipien müssen als fehlbar angesehen werden, d. h. als einer Abänderung oder Überholung zugänglich.

Wie andere Arten der Begründung ist auch die paraduktive Begründung vom Prinzip beherrscht, daß für jedes Denkergebnis Gründe angeboten werden müssen *(principium reddendae rationis)* und daß diese Gründe zureichend sein müssen, um die Denkergebnisse zu tragen *(principium rationis sufficientis).* In der paraduktiven Begründung erfordert das erste Prinzip, daß Gründe, und zwar für die Fragestellung relevante Gründe, in der Argumentation angeboten werden; daher müssen hier alle Behauptungen ausgeschlossen werden, die das angestrebte Denkergebnis überhaupt nicht zu stützen vermögen. Das zweite Prinzip erfordert hier, daß alle angebotenen Gründe in ihrer Gesamtheit geeignet sein müssen, zu einsichtsvoller Zustimmung zu führen. Um sicherzustellen, daß die von den Überlegenden anzustrebende einsichtsvolle Zustimmung nicht verfehlt wird, müssen alle verfügbaren „guten“ Gründe, soweit dies unter den gegebenen Umständen tunlich ist, herangezogen werden. So, im Gegensatz zur deduktiven Begründung, ist ein Denkergebnis, das durch die paraduktive Begründung erzielt wird, desto gewichtiger je mehr gute Gründe es unterstützen. Bekannterweise ist beim deduktiven Verfahren eine Redundanz der Prämissen nicht nur unnötig, sondern auch ein Makel, indem sie die Begründung unelegant macht. Ein in einem paraduktiven Verfahren angebotener Grund gilt als gut, wenn man erwarten kann, daß er sich in der Gemeinschaft jener Überlegenden, die qualifiziert sind, eine gegebene Sache zu beraten und zu entscheiden, in beliebigen Wiederholungsfällen der Überlegung derselben Sache als einleuchtend und gewichtig bewähren wird. Vorausgesetzt, daß alle erheblichen Gründe als gleichgewichtig betrachtet werden, überwiegt im Falle eines Konfliktes zwischen angebotenen guten Gründen, die Mehrheit der Gründe die Minderheit. Jedoch auch in diesem Fall wird nur eine widerlegbare Vermutung geschaffen, um die Gediegenheit eines Werturteils zu unterstützen, dessen Begründung versucht wird. Im Verlaufe der weiteren Argumentation kann es sich erweisen, daß andere gute Gründe oder sogar bessere Gründe vorhanden sind, um das vorher Akzeptierte abzulehnen.

Die letzten Gründe für die Begründung von Werturteilen liegen in gewissen festeingewurzelten Einstellungen der Menschen zu sich selbst und zu ihrer Umwelt. Die grundsätzliche Lebensbejahung und das Glücksstreben gehören zu diesen Einstellungen, aber sogar sie geben nur grundsätzlich „gute Gründe“ für die paraduktive Argumentation ab. Es gibt Situationen, in denen die aus diesen Einstellungen sich ergebenden Argumente anfechtbar sind. Was die Menschen im Grunde über sich selbst und über die sie angehende Welt zu glauben geneigt sind, hat seine Objektivierung in Maximen, Lehrsätzen, Sprichwörtern usw. gefunden, die sich auf unsere Lebensführung im allgemeinen oder auf Spezialgebiete unserer Tätigkeit beziehen. Was die letzteren betrifft, sind solche Objektivierungen z. B. in Moralvorschriften, in den Interpretationsregeln von Gesetzen und in den Kriterien der Gerechtigkeit zu finden. In der paraduktiven Begründung spielen sie eine bedeutende Rolle als Leitsätze der Argumentation, indem sie den Bereich und auch die Richtung der im Verfahren vorgebrachten Gründe bestimmen. Diese Leitsätze erscheinen in der klassischen Rhetorik unter der Bezeichnung *tópoi* oder *loci*.

Die im paraduktiven Verfahren verwendeten Leitsätze zeichnen sich durch eine Offenheit oder Unbestimmtheit ihrer Inhalte aus. So wird von ihnen nicht erwartet, daß sie als Prämissen geeignet sind, von denen man konkrete Entscheidungen einfach ableiten kann. Um einen Leitsatz im Hinblick auf eine gegebene Frage zu verwerten, ist es notwendig, seine Bedeutung im Lichte der das Problem begleitenden Umstände soweit wie möglich abzugrenzen und zu präzisieren. Die Besinnung auf diese Umstände kann Urteile verschiedener Art und Urteile verschiedener Herkunft zu diesem Problem zum Tragen bringen; wenn man z. B. sich mit Problemen der Gesetzesinterpretation beschäftigt, so kann der Rückgriff auf gewisse moralische Überzeugungen oder auf gewisse politische Erwägungen genommen werden. Ein Leitsatz kann für bestimmte argumentative Zwecke durch unterstützend angegebene Gründe „gefestigt“ werden; andererseits kann er in einem gegebenen Zusammenhang eine „Schwächung“ erfahren, ja sogar diskreditiert werden, indem man gegen ihn sprechende Gründe angibt. Es gibt Leitsätze, die in einer gewissen historischen Situation als

völlig gefestigt erscheinen, die aber in einer anderen historischen Situation sich als unhaltbar erweisen und wenigstens einer Revision und Überholung bedürfen.
Alles, was in dem paraduktiven Verfahren vorgebracht wird, ist an eine Zuhörerschaft gerichtet, wie begrenzt die Zahl derer, die an einer paraduktiven Begründung tatsächlich teilnehmen, auch sein mag. Es ist möglich, eine „universale Zuhörerschaft" der paraduktiven Begründung sich vorzustellen, die alle diejenigen umfaßt, die für das gegebene Problem zuständig sind und die fähig und willens sind, die Argumentation mit moralischer Integrität zu führen. In jedem Fall eines paraduktiven Verfahrens wird von den Argumentationspartnern angenommen, daß sie als Vertreter dieser vorgestellten Zuhörerschaft handeln. Es kann die Frage aufgeworfen werden, ob eine aus einem vorgestellten einzigen vernünftigen Menschen bestehende Zuhörerschaft nicht ebensogut oder sogar besser ausreichen würde wie das Gedankending einer universalen Zuhörerschaft. Die Erwägung, die dagegen spricht, ist die, daß die Vorstellung von einer universalen Zuhörerschaft eine dynamische menschliche Überlegungsinstanz darstellt, in der alle betreffenden menschlichen intellektuellen und moralischen Tugenden zur Entfaltung gebracht werden können, während die Vorstellung vom vernünftigen Menschen eher eine statische übermenschliche Überlegungsinstanz darstellt, die angeblich schon im Besitze letzten Wissens und letzter Weisheit ist. Der Mensch hier und jetzt muß diesem Gedankending fremd bleiben und was auch immer in dessen Namen vertreten wird, erstreckt sich nicht auf das tatsächliche menschliche Bemühen.
Es gibt Faktoren, die das paraduktive Begründen entweder fördern oder beeinträchtigen. Unter diesen Faktoren hat schon die Zahl der Überlegenden Bedeutung.

Ist sie zu klein, neigt die Argumentation dazu, eingeengt, einseitig oder gefärbt zu werden – eine Gefahr, die ebenso dort besteht, wo eine ganze Anzahl von Überlegenden einander allzu ähnlich in ihrer Denkart und ihren Denkgewohnheiten sind. Ist die Zahl der Argumentierenden übergroß, besteht die Gefahr, daß die Argumentation, von der man annahm, sie werde paraduktive Begründung zeitigen, seicht wird und zu einem bloßen Räsonieren herabsinkt. Massendemonstrationen sind keine Methode, paraduktives Begründen zu führen; sie können unter Umständen nur geeignet sein, paraduktiv erreichte Denkergebnisse zu verkünden; manchmal dienen sie dazu, ein „seduktives" Argument durch einen Kraftbeweis zu gewinnen.
Da das Ziel paraduktiver Begründung das Erreichen von einsichtsvoller Zustimmung zu Werturteilen ist, können Leute, von denen feststeht, daß sie sich im Hinblick auf eine in der Begründung relevante Position festgelegt haben, nicht als Mitglieder der bezüglichen „universalen Zuhörerschaft" der Argumentation angesehen werden. Das bedeutet jedoch nicht, daß sogar in ihrer Gedankenwelt „festgefahrene" Argumentierende zur paraduktiven Begründung nichts beitragen können. Wenn sie intellektuell redlich sind und die Gründe ihrer intransigenten Ideen nicht verstecken oder verheimlichen, brauchen sie dem Begründungsvorgang keineswegs schaden. Die anderen Überlegenden können ihre Ideen im wahren Geist der paraduktiven Argumentation bewerten; diese Ideen können sich sogar als gesuchtes Denkergebnis im Verlauf der Argumentation bewähren. Unter den intransigenten Argumentierenden kommen auch solche vor, die höchst scharfsinnig und geistig anregend sind, obwohl ihre den Argumentationsgegenstand betreffenden unzerrüttbaren Überzeugungen ganz wertlos sein mögen. Eine andere

Kategorie von Menschen, die nicht als Mitglieder der „universalen Zuhörerschaft“ angesehen werden können, bilden die, die handfeste Interessen der Überlegung einer Frage entgegenbringen. Jedoch auch sie können zu einer entsprechenden paraduktiven Argumentation Wertvolles beitragen, eben wegen ihrer handfesten Interessen an der Frage können sie das vertrauteste Wissen oder eine besondere Einsicht in das Problem haben – was alles die paraduktive Begründung durchaus fördern kann.

Das Überwiegen von Gründen für oder gegen eine Ansicht, das sich in der paraduktiven Begründung ergibt, schließt einen Fall nicht ab, sondern legt ihn nur vorläufig und für die gegebenen Zwecke bei. Andersdenkende (und selbst Zustimmende) können die Argumentation wieder eröffnen und ihre Ansichten (oder revidierten Ansichten) können sich im weiteren Verlauf der Argumentation durchsetzen. Im Bereich der paraduktiven Begründung gibt es keine endgültigen Siege. So gibt es hier immer Platz auch für einsame Pioniere, wie es übrigens auch immer Platz für solche Pioniere im Bereich der Moral gibt.

Es gibt keine formalen Schemata, die für die paraduktive Begründung spezifisch wären (wie es solche Schemata in deduktiver und induktiver Begründung gibt). Jedoch enthält ihr Verfahren die folgenden Phasen: Jeder Fall der paraduktiven Begründung hat eine Fragestellung, die in der Eröffnung der Argumentation präsentiert wird. Die Präsentation dieser Fragestellung schließt eine Formulierung des zu bestätigenden oder zu widerlegenden Werturteils ein. Die nächste Phase dieser Begründung besteht im Darstellen der Ansichten über die Fragen und im Herausfordern und Verteidigen dieser Ansichten, indem Gründe und Gegengründe für ihre Vertretbarkeit oder Unvertretbarkeit angeboten werden.

In der Schlußphase wird der Versuch gemacht, die Ergebnisse der vorherigen Phasen durch eine Prüfung der Vereinbarkeit und Unvereinbarkeit der dargelegten Ansichten und angebotenen Gründe für und gegen die Vertretbarkeit des zu begründenden Werturteils zu integrieren. Die Vertretbarkeit oder Unvertretbarkeit des eingangs aufgestellten Werturteils oder dessen Abänderung während des Verlaufs der Überlegung wird dann durch ein Abwägen der zugegebenen Gründe und Gegengründe entschieden.

Gibt es ein vorgeschriebenes Verfahren, diese Entscheidung zu treffen, so kommt die Überlegung gemäß diesem Verfahren zum Schluß, z. B. durch Stimmabgabe. Gibt es kein solches Verfahren, so formt jeder Teilnehmer an der Überlegung für sich einen Schluß nach dem von ihm beurteilten Gewicht der Gründe und Gegengründe und entscheidet dann, ob das in Frage stehende Werturteil als begründet oder als unbegründet anzusehen ist. Stimmt das Begründungsverfahren mit den Anforderungen der paraduktiven Überlegung überein, so kann man erwarten, daß die individuellen Entscheidungen weitgehend übereinstimmen. Das Verfahren paraduktiver Begründung ist reflexiv, und zwar in dem Sinne, daß bei jedem Stand der Argumentation auf eine Bestandsaufnahme und Bewertung der Umstände, die auf ihren Verlauf Einfluß nehmen, wie auch auf die intellektuelle und moralische Qualität der Argumentation selbst zurückgekommen werden kann.

Die Anforderungen, denen die paraduktive Überlegung entsprechen soll, sind folgende: Jede Behauptung, die im Verlauf einer Argumentation gemacht wird, muß klar ausgedrückt werden. Wenn es sich herausstellt, daß sie von irgendeinem Argumentationspartner nicht genau verstanden wird, so muß sie ihm verständlich gemacht werden. Die Argumentation muß sowohl frei von formalen, wie auch von inhaltlichen Fehlschlüssen sein, d. h. sie darf mit den Prinzipien und Methoden der Logik nicht unvereinbar sein und sie muß Denkweisen vermeiden, die geeignet sind, Verwirrung und Verschwommenheit der Gedanken zu erzeugen. Wenn Argumente im Verlauf einer paraduktiven Überlegung abgegeben werden, die nicht zu formal zwingenden Schlüssen (wie dies auch in reduktiven oder eduktiven Argumenten geschieht) führen, dürfen die aus diesen Argumenten sich ergebenden Schlußfolgerungen nicht als solche ausgegeben werden, deren Haltbarkeit jenseits jedes Zweifels liegt. Alle emotionalen oder physischen Faktoren, die das Denken oder den Ausdruck verdunkeln oder die Argumentationskraft des Überlegenden nachteilig beeinflussen können, müssen in der Situation, in der die Argumentation stattfindet, ausgeschaltet oder wenigstens auf das praktische Minimum reduziert werden.

Die im Verlauf der Begründung eines Werturteils zu dessen Haltbarkeit angebotenen Gründe können ebenso Tatsachenurteile wie auch weitere Werturteile sein. Beide können im weiteren Verlauf der Argumentation als Begründungsbasis angenommen, aber auch angegriffen werden und dann nach einer Verteidigung verlangen. So kann die Begründung eines Werturteils weitere untergeordnete Verfahren der Begründung erhalten. In manchen Fällen der paraduktiven Begründung kann die Begründung letzter Werturteile gefordert werden, d. i. die Begründung jener Werturteile, für deren Erweis als vertretbar keine höherrangigen Werturteile verfügbar sind. Wenn im paraduktiven Verfahren letzte Begründungen versucht werden, so besteht die besondere Gefahr, daß verschiedene dogmatische Annahmen oder metaphysische Ideen herangezogen werden. Diese Gefahr muß abgewendet werden, um die Integrität der paraduktiven Begründung zu bewahren, die sich innerhalb des Bereichs des Wißbaren und Verstehbaren bewegen muß und nicht in den Bereich des Unwißbaren und Unverstehbaren abgleiten darf. In ihrer wahren Natur und in ihrem wahren Geist verkörpert die paraduktive Begründung das *fair play*. Die Begründung, die im Rückgriff auf sie stattfindet, ist an der Gerechtigkeit als im Kontext dieser Begründung zu verwirklichender Wert ausgerichtet, indem diese Begründung jedem Argumentationspartner das Seine zuteilt – ein Recht, die Möglichkeit zu haben, jede wesentliche Aufklärung zu erhalten, wie die Gelegenheit, alle relevanten Gründe in der Herausforderung und Verteidigung seiner Ansichten anzubieten, des weiteren das Recht, gegen die Gefahren geschützt zu werden, denen er in der Argumentation ausgesetzt werden mag.

Im Licht dessen, was oben über die paraduktive Begründung gesagt wurde, scheint es nun, daß die beiden vorangegangenen Monologe je verschiedene Positionen im Verlauf der Begründung der Gerechtigkeitsurteile verkörpert hatten. So können beide als unabgeschlossene Stadien in den entsprechenden Begründungsverfahren angesehen werden. Für den Abschluß dieser Verfahren kann ein bei weitem umfangreicheres argumentatives Eingehen erforderlich sein. Was im folgenden noch gesagt wird, beabsichtigt so nicht, das bezügliche paraduktive Verfahren abzuschließen, sondern einige weitere Schritte zu seiner Entfaltung zu machen.

Die Kriterien der Gerechtigkeit, die im Verlauf der Ideengeschichte formuliert wurden, liefern *tópoi* für das paraduktive Verfahren, in dem Gerechtigkeitsurteile begründet werden. Es gibt Probleme der Gerechtigkeit, bei denen die überlieferten Konzeptionen von materialer

Gerechtigkeit schon deswegen unverläßlich sind, weil diejenigen, die diese ursprünglich formulierten oder später übernahmen, ihre Implikationen in damals unvorhersehbaren Lebenssituationen nicht erkannten. So ist heute die überlieferte Konzeption von der Unantastbarkeit des menschlichen Lebens in Verbindung mit den Problemen der Eugenik, der Euthanasie, der Vernichtung „lebensunwerten Lebens" und einer die Menschheit bedrohenden Bevölkerungsexplosion revisionsbedürftig geworden. Diese Unantastbarkeit wurde in Abstraktion der Qualität menschlichen Lebens postuliert. Es ist fraglich, ob es sich die Menschheit weiterhin leisten kann, eine solche Konzeption vorbehaltlos zu unterschreiben. Infolge der technologischen Entwicklungen sind die überlieferten Konzeptionen der bürgerlichen Freiheiten verdächtig geworden. Wegen ihrer Baufälligkeit sind Wort und Begriff „Freiheit" verschiedenen Manipulationen ausgesetzt und die Freiheit selbst der trügerischen Rechtfertigung ihres Mißbrauchs. Ebenso scheint irgend etwas mit den überlieferten Ideen der Gleichheit und Brüderlichkeit unter den heutigen Verhältnissen nicht mehr in Ordnung zu sein: Ihre übereifrige Verkündung hat die Unruhe im Staat gefördert, Gewalt gezüchtet und Unterdrückung gestiftet. Ob es schon an diesen Ideen selbst gebricht oder ob vielmehr ihre Durchführung oder Verwirklichung schlecht ausgefallen ist, sind noch Fragen, die nur im Licht weiterer Forschung und Argumentation beantwortet werden können.

Das, was die Menschen immer und überall wünschen und was sie schätzen, ist eine Basis für die Bestimmung dessen, was im gegebenen Fall das einem zuzuteilende „Seine" ist. Jedoch selbst universelle Wünsche oder Wertschätzungen sind nicht immer verallgemeinerungsfähig und so sind sie nicht immer vernünftige Wünsche. Ein

Leben ohne Härten und Ärger ist etwas, was jedermann sich zu wünschen scheint, aber es gibt gute Gründe zu glauben, daß Überfluß die Verantwortungslosigkeit im allgemeinen fördert und somit auch den individuellen und sozialen Verfall. Man mag meinen, daß der Mensch ein Geschöpf ist, das eigentlich nur unter Entbehrungen gedeiht; er ist nicht fähig, in einem Himmel auf Erden zu leben. So ist es ungewiß, was für ihn schließlich gut und was für ihn schließlich schlecht ist und so besteht eine ständige Spannung zwischen dem, was gerecht zu sein scheint und dem, was als gerecht beurteilt werden sollte. Was lautstark als Gerechtigkeit gefordert wird, das kann unter dem Gesichtspunkt einer wohlüberlegten Gerechtigkeit die Verweigerung dessen sein, was einem zukommen soll.

Gerechtigkeitsurteile zu fällen und zu begründen ist nicht einfach und verlangt oft beträchtliche argumentative Anstrengungen. Wenn es die Gerechtigkeit erfordert, daß das einem zuzuteilende *suum* Entbehrungen und Leiden sind, ist es für viele Argumentierende schwer, gelöst und ausgeglichen zu sein. Abgesehen davon, daß negative Erfahrungen wohltuend für den Menschen sein mögen, kann das, was im Namen der Gerechtigkeit zugeteilt werden soll, für viele enttäuschend sein wegen der Umstände, die im Bereich der Subjekte der Gerechtigkeit liegen. Sollte es nur ein einziges Gerechtigkeitssubjekt geben, könnte es als das ihm zuzuteilende *suum* alles beanspruchen, was für es als gut erscheint. Aber wir sind gewohnt zu denken, daß alle menschlichen Wesen innerhalb unseres unmittelbaren Erfahrungsbereichs und sogar in der ganzen Welt potentielle Empfänger in den Gerechtigkeitsbeziehungen sind und so potentiell etwas von den verteilbaren Gütern beanspruchen können. Wir neigen sogar zu dem Gedanken, daß die gegenwärtige

Generation Verantwortung auch gegenüber den künftigen Generationen hat und daß es keine zeitliche Beschränkung für diese Verantwortung gibt. Dieser Sachverhalt reduziert den Anteil, der den lebenden Personen zusteht, und er legt ihnen die Pflicht auf, die materiellen Güter nicht derart zu genießen, daß den künftigen Generationen ein nicht wieder gutzumachender Schaden entsteht.

Über die großen Gegenwartsprobleme des menschlichen Lebens als Gerechtigkeitsprobleme nachzudenken, übersteigt die Möglichkeiten eines durchschnittlichen Menschen. Auch hochgebildete und aufgeklärte Menschen vermögen kaum über diese Probleme als einzelne Denker umfassend eindringlich und nüchtern nachzudenken. Einzeln kann jeder von ihnen imstande sein, etliches, sogar sehr Wesentliches, zur Argumentation beizutragen; aber ohne Beiträge und Herausforderung anderer Argumentationspartner, besonders derjenigen, deren Fachkenntnisse andere Wissensgebiete umfassen, läuft die Argumentation Gefahr, in bloße Bestätigungen der anfänglichen Standpunkte zu münden und Intransigenz zu züchten. Ihrem Wesen nach erfordern die großen Gegenwartsprobleme des menschlichen Lebens ein umfassendes argumentatives Engagement im Sinne des paraduktiven Begründens, durchgeführt von einem breiten Kreis der Fachleute auf allen einschlägigen Gebieten.

Es gibt keinen einzigen alleinmaßgebenden Faktor in diesem Unterfangen. Es besteht eine weitverbreitete naive Meinung, daß das Gewissen solch ein Faktor sei. Die Vertreter dieser Ansicht übersehen, daß das, was als Gewissen betrachtet wird, auch ausgelöscht und verdorben *(conscientia deleta et corrupta)* sein kann; es kann voreingenommen, pervertiert und eingeengt sein. Es kann dadurch z. B. das Fortdauern der Abscheulichkeiten der Bürgerkriege und des mit ihnen fast unvermeidlich verbundenen politischen Terrors fördern. Diejenigen, die aus Gewissengründen gegen die Geburtenkontrolle kämpfen, fördern durch ihren Kampf die Bevölkerungsexplosion und das damit verbundene Unheil. Andererseits fördern diejenigen, deren Gewissen es verlangt, daß die Geburtenkontrolle zugelassen oder sogar vorgeschrieben werden muß, das Überaltern der Bevölkerung und verhindern so den Prozeß der dauernden Verjüngung des Menschengeschlechts.

Die Argumentation über einschneidend wichtige Probleme des menschlichen Lebens bringt klar zum Vorschein, daß die Kriterien der materialen Gerechtigkeit als Leitsätze in der paraduktiven Begründung umstoßbar und gegeneinander abgrenzbar sind, daß sie Einschränkungen in verschiedenen Zusammenhängen unterworfen sind und daß sie eine Ergänzung im Licht aller einschlägigen Umstände erfordern. Diese Argumentation enthüllt auch, daß die Gerechtigkeit, obwohl sie ein Wert von einem sehr hohen Rang ist, nicht ein letzter Wert ist. So können die Erwägungen der Gerechtigkeit mit denen der Nützlichkeit, der Sicherheit, der Pietät oder der Barmherzigkeit in Konflikt geraten. Es ist zu bedenken, daß die Gerechtigkeit in ihrer allegorischen Gestalt nicht als eine sanfte Gottheit geschildert wurde; in ihrem Bildnis erscheint sie mit verbundenen Augen und hat einen strengen Gesichtsausdruck. Sie hatte Schwestern (d. h. Werte von gleichem Rang) und Eltern (d. h. Werte von höherem Rang). Ihre Tätigkeit entfaltete sich unter der Herrschaft von *Moira,* der Gottheit der Notwendigkeit. Trotz ihrer begrenzten und nicht endgültigen Natur spielte *Dike* eine wichtige Rolle in der Schaffung und in der Aufrechterhaltung einer guten menschlichen Ordnung. Obwohl sie keinen Lebensgefährten hatte, war sie nicht unfruchtbar: direkt aus ihrem Wesen wurde *Hesychia* geboren – die Gottheit der Gelassenheit, der in sich selbst ruhenden Stille. Die Idee dieser fast unbekannten oder vergessenen Gottheit weist darauf hin, daß ein dauernder und ruhiger Frieden nicht als Gerechtigkeit selbst erscheint, sondern aus der Gerechtigkeit hervorgeht. Somit ist die Gerechtigkeit der „Mutterwert" eines anderen noch nur erahnten Wertes, wonach vielleicht wir alle zutiefst streben und bei dem wir die letzte Geborgenheit zu finden hoffen.

Epilog:
Gerechtigkeit, Zweifel und Liebe

Ich habe nachgedacht über Kants Wort „Wenn die Gerechtigkeit untergeht, so hat es keinen Wert mehr, daß Menschen auf Erden leben", und über die Parole Ferdinands I. vor seiner Kaiserwahl *„Fiat justitia pereat mundus"* („Übe Gerechtigkeit – und sollte dabei auch die Welt untergehen"). Die in diesen Aussprüchen zum Ausdruck kommende Unbedingtheit ist erschreckend. Zur Zeit, als diese Gedanken formuliert wurden, hatte man keine Ahnung von der Gefahr, daß menschliche Tollheit unserer Welt ein Ende setzen könnte. Heute ist diese Möglichkeit zur unmittelbaren Drohung geworden. Angesichts dieser Gefahr wird jede Intransigenz – spreche sie auch im Namen der höchsten menschlichen Ideale – der Unvernunft und Widervernunft verdächtig, und deshalb muß man die reife Weisheit Ferdinands I. bewundern, der später, nachdem er Kaiser geworden war, ein Wörtchen im oben erwähnten Wahlspruch eingefügt haben soll, wodurch sich dessen Sinn völlig änderte: *„Fiat justitia ne pereat mundus"* („Übe Gerechtigkeit, damit die Welt nicht untergehe").

Die thermonukleare Massenvernichtung als stets drohende Gefahr in jedem künftigen Krieg zwischen Weltmächten versetzt uns nicht mehr in Panik. Wir haben gelernt, mit dieser Gefahr zu leben, sind fast abgestumpft dagegen. Trotz der Tatsache, daß der Fanatismus international überhandnimmt und Wahnwitz zunehmend den Verlauf politischer Betätigung auf allen

Ebenen bestimmt, empfinden viele es schon als abgedroschen, wenn man von den Konsequenzen der extremsten Kampfmittel spricht. Daß uns eine apokalyptische Weltkatastrophe noch nicht heimgesucht hat, scheint eher Glückssache zu sein als das Ergebnis menschlicher Bemühungen. Das Vertrauen ist unbegründet, daß die Übereinstimmung von gewissen zufälligen Fakten und Faktoren, die uns in den letzten Jahren eine Gnadenfrist in relativem Frieden und Sicherheit schenkte, unendlich andauern werde. Im Gegenteil, es ist zu befürchten, daß ohne entschlossene und vernunftgeleitete Bemühungen, die großen Gegenwartsprobleme des menschlichen Lebens zu lösen – mitinbegriffen die Errichtung einer praktikablen, der Mühe werten Ordnung der Welt, in der ein dauerhafter Friede gesichert ist –, die Welt in einem Zustand labilen Gleichgewichts am Rande der Vernichtung bleiben wird.

Wenn die Menschheit überleben soll, ist Intransigenz im Namen der Gerechtigkeit eine Haltung, die sie sich nicht mehr leisten kann. Die Leidenschaft für Gerechtigkeit fördert den sozialen Fortschritt, kann aber auch zu fragwürdiger Selbstaufopferung anderer Menschen führen. Unnachgiebig geforderte und erstrebte Gerechtigkeit ist nur in einem begrenzten und schließlich sogar perversen Sinn noch Gerechtigkeit. Wenn das Ringen um solche Gerechtigkeit gewaltsame Formen annimmt, kann zwar gegenüber dem Zustand, zu dessen Zerstörung Gewalt angewendet wurde, eine Besserung der sozialen Lage rascher herbeigeführt werden. Aber es hat sich oft genug erwiesen, daß im Verlauf eines solchen Kampfes selbst die Verfechter dieser Gerechtigkeit viel zu viel leiden müssen, abgesehen von den oft grauenhaften Leiden zahlloser unbeteiligter Opfer. Zumindest diesen letzteren wird in den schrecklichen Kriegen, die im Namen der Gerechtigkeit geführt werden, das ihnen gebührende Maß an Gerechtigkeit vorenthalten.

Gerechtigkeit kann nur dann als ein Wert von hohem Rang, als soziales Ideal gelten, wenn man sie als vernunftgemäßen sozialen Zustand betrachtet und wenn sie mit vernünftigen Mitteln angestrebt wird. Dies macht die Vernunft zu einem entscheidenden Faktor bei der Verwirklichung der Gerechtigkeit. Sogar in den drei vorangegangenen Abschnitten wurde ihre Bedeutung für die Gerechtigkeit klar, denn sie wiesen darauf hin, wie nötig es ist, die Formulierung der Kriterien der Gerechtigkeit durch den Begriff der Vernunft zu ergänzen. Überdies zeigte sich, daß dieser Begriff ein ausschlaggebender Faktor im Begründungsvorgang ist, durch welchen die Haltbarkeit von Urteilen über die Gerechtigkeit bestimmt wird.

Man pflegt die Vernunft als eine dem Menschen eigentümliche Fähigkeit anzusehen, als einen Vorzug, der es ihm ermöglicht, für seine Probleme wohlbegründete Lösungen zu finden, triftige Urteile zu fällen und seine Handlungen angemessen zu lenken. Die charakteristische Rolle der Vernunft für den Menschen liegt darin, daß sie ihm sowohl die richtigen Mittel zur Erreichung seiner Ziele wie auch die erstrebenswerten Ziele selbst anzeigt. Als geistiger Vorzug, der es dem Menschen ermöglicht, zu existieren und ein lebenswertes Leben zu führen, kann die Vernunft als ein *Wert* angesehen werden.

Als Wert, der sich auf die Beurteilung der Mittel wie der Ziele menschlicher Tätigkeit bezieht, hat die Vernunft ein Anwendungsgebiet, das so weit reicht, wie das Ausmaß der menschlichen Belange. Daher sind die Kriterien, auf Grund derer die Feststellung der Gültigkeit von Urteilen über die Vernünftigkeit von Mitteln und Zwecken

erfolgt, verschiedenartig und von den näheren Umständen bei Anwendung dieser Urteile abhängig. Die Gesamtheit der Situationen, die die „Vernunft" herausfordern, ist unübersehbar und so sind es auch die Kriterien, die auf die endlose Zahl und Mannigfaltigkeit der Situationen anwendbar sein sollen. Daraus ergibt sich, daß ein vollständiger Katalog der Kriterien der Vernunft nicht aufgestellt werden kann. Überdies sind die Kriterien, mit deren Hilfe der Stand der sozialen Verhältnisse als vernünftig beurteilt werden kann, je nach Raum und Zeit verschieden. Die Gesetze, nach denen die entsprechenden Verschiedenheiten zur Geltung kommen und verlaufen, sind wohl kaum hinreichend erfaßt. Schließlich sind die Kriterien der Vernunft selbst eine Sache der menschlichen Betroffenheit und daher von der Bewertung als vernünftig abhängig. Die Unmöglichkeit, einen vollständigen Katalog von Kriterien der Vernunft aufzustellen, weist nur hin auf die Offenheit des Bezugsuniversums der Vernunft. Das bedeutet aber keineswegs, daß nichts Bestimmtes über die Bedeutung von „Vernunft" ausgesagt werden kann. Es scheint einen Wesenskern der Vernunft zu geben, den man ausfindig machen und dessen Komponenten man identifizieren kann.
Die etymologische Grundlage des deutschen Wortes „Vernunft" ist das Wort „vernehmen", und zwar in dessen veralteter Bedeutung von „erfahren", „ergreifen", „auffassen". Auch der heutige Sinn von „Vernehmen" in der Bedeutung von „zuhören" gibt ein Wesensmerkmal der Vernunft ab, die eine ständige menschliche Kommunikation erfordert, und bei der das Vernehmen eine integrierende Rolle spielt. In der deutschen Philosophie wird dem Begriff der Vernunft häufig der Begriff des Verstandes gegenübergestellt. „Verstand" wird dann als die wahrnehmende, begriffsbildende und folgernde

Funktion des Geistes aufgefaßt, während Vernunft als diejenige Funktion des Geistes begriffen wird, die das Wahrgenommene, das Begriffene und das Erschlossene hinsichtlich ihrer umfassenden Zusammenhänge prüft und sie unter fundamentale und integrierende Prinzipien stellt, die auch den Verstand leiten. In der englischen Sprache entspricht dem Wort „Vernunft" das Wort *reason* und in der französischen Sprache das Wort *raison*, die beide auf die lateinische *ratio* zurückgehen. Diese ist die Basis aller der „Vernunft" entsprechenden Wörter in den romanischen Sprachen und auch den deutschen Fremdwörtern „rational" und „rationell". Auch wird „Vernunft" gelegentlich als deutsche Entsprechung für das lateinische Wort *intellectus* gebraucht.
Zum ursprünglichen Sinn von *intellectus* gehört Einsammeln oder Zusammenfassen. *Ratio* stammt etymologisch vom Zeitwort *reri*, zu dessen ursprünglichen Sinn „etwas für etwas halten", „denken" und „kalkulieren" gehört. Das mit dem letzteren verbundene Hauptwort ist *calculus*, der eine Marke bedeutete, die zum Rechnen oder auch zum Spielen, besonders beim Damespiel verwendet wurde. Der Begriff des Rechnens weist auf eine Tätigkeit hin, die im Suchen eines Ergebnisses nach bestimmten Regeln besteht. Dasselbe gilt für das Damespiel. Die Idee eines Spieles, verbunden mit dem Sinn von *reri* deutet hin auf Freiheit und dennoch Beschränkung, das ist eine begrenzte, geregelte Freiheit, die innerhalb der Begrenzung wirkt, welche ihr durch geistige Anstrengungen auferlegt wird. Mit dem Rechnen wie auch mit dem Damespiel sind die Ideen von Analyse, Folgerichtigkeit und Einsicht verbunden. Angesichts der Analogie von Spielregeln und Rechenregeln einerseits und Rechtsregeln andererseits ist es begreiflich, daß das Wort *ratio* ein weites Anwendungsgebiet in der juristischen und in

der politischen Sprache hat. Von den Römern wurde dieses Wort gebraucht, um das griechische Wort *logos* ins Latein zu übertragen. Ursprünglich bedeutete *logos* Sammeln, Vereinigen, Zusammenfassen. Durch seine Übersetzung ins Latein und, entweder unmittelbar oder über das Latein, in andere Sprachen, wirkten die hauptsächlichen und nebensächlichen Bedeutungen dieses Wortes auch auf den Sinn des Wortes „Vernunft".

Diese etymologische Skizze liefert Anhaltspunkte bei der Suche nach dem Kern der Bedeutung des Vernunftbegriffes und auch eine gewisse Grundlage für die Ermittlung dessen, was in der Tradition des philosophischen Denkens als Vernunft *par excellence* dargestellt wurde. Überblicken wir diese Tradition, so liegt der Gedanke nahe, daß die zentrale Idee der Vernunft auf den Gebieten der Logik und der wissenschaftlichen Methode liegt. Auf beiden Gebieten ist ein wohlorganisiertes und folgerichtiges Denken unerläßlich, ebenso ein prinzipiengerechtes Begründungsverfahren. In der Logik wie auch in der wissenschaftlichen Methode wurden Grundsätze entwickelt, die in ihrer Gesamtheit die Kriterien der Vernunft auf einem äußerst wichtigen Gebiet des modernen Lebens ausmachen.

Was oben über die Bedeutung des Wortes „Vernunft" gesagt wurde, hat eine objektivierte Grundlage in seiner jetzigen Anwendung und in der Ideengeschichte. Bei einer weiteren Bemühung, die Bedeutung dieses Wortes zu erfassen, geht diese Grundlage verloren. Es scheint unmöglich zu sein, klare begriffliche Grenzen rund um das restliche Bedeutungsgebiet des Begriffes „Vernunft" zu ziehen. Wenn man sich mit diesem immer noch bedeutenden Bereich des „Begriffshofes", der „Begriffspenumbra" befassen will, kann man nur gewisse Andeutungen machen, die wie Streiflichter „sichtbar"

werden lassen, was alles noch zur Vernunft gehören mag.
Wenn man sich vornimmt, so vorzugehen, kann man sagen, daß Vernunft ein arteigener menschlicher Wert ist – nicht, weil der Mensch (wie man zu denken pflegt) schlechthin als vernünftiges Wesen gelten kann, sondern weil er gewöhnlich ein der Vernunft fähiges Wesen ist, das heißt: ein Geschöpf, das die Fähigkeit hat, sich überlegt und nach Grundsätzen zu verhalten. Als ein der Vernunft fähiges Wesen ist er imstande, ein von der jeweiligen Situation „losgelöster Zuschauer" nicht nur der ihn umgebenden Welt, sondern auch seiner selbst zu werden. Er ist imstande, „von außen her" sogar jene Befindlichkeiten und Widerfahrnisse zu betrachten, in die er am innigsten verstrickt ist: seine Leidenschaften, seine Angst, seine Melancholie und so weiter. Indem er so seine jeweilige Lage transzendiert, kann der Mensch seinen Weg aus den Umständen finden, in deren Falle er geraten ist.
Vernunft leitet den Menschen, dieses „nicht-festgerückte" (Nietzsche) und „weltoffene" (Scheler) Wesen, in der für sein Leben unerläßlichen Entwicklung. Sie begleitet und unterstützt ihn, wenn er sich auf einem schwankenden und auf keiner Karte verzeichneten Boden bewegen muß – auf einer Wanderung durch weglose Gebiete, die außerhalb seines Gesichtsfeldes liegen, Zielen entgegen, die noch gar nicht festgesetzt sind. Im Gegensatz zur Mystik bezweckt Vernunft nicht Vollendung als „Wegende", sondern ein sicheres „Auf-dem-Wege-Sein". Um auf dem Weg zu sein, muß der *homo viator* auch ein *homo faber* sein, denn er muß oft Straßen in die Wildnis bauen, Brückenköpfe ins Unbekannte errichten und geeignete Fahrzeuge herstellen. Bei dieser Tätigkeit führt den Menschen die Vernunft, so daß er gute Aussicht hat,

unvorhergesehene Gefahren zu bestehen und unvorhersehbare Erwartungen zu erfüllen.

Da der Mensch ein Wesen ist, das nicht nur den Gefahren der uns umgebenden Welt ausgesetzt ist, sondern auch den Gefahren innerhalb seiner selbst, muß jeder einzelne auf das von anderen Errungene bauen, nicht nur um stärker den gemeinsamen Umweltgefahren entgegenzutreten und gemeinsame Unternehmungen durchzuführen, sondern auch um mit den Bedrohungen fertig zu werden, die jeder einzelne sich selbst bereitet. Auf dem Gipfel der Evolution angesiedelt, ist der Mensch dieser Höhe noch nicht angepaßt. Er ist ein schwaches und zugleich ein wildes Tier.

Man kann nicht so ohne weiteres behaupten, daß der Mensch von Natur aus gut ist und daß nur Bedingungen, unter denen er lebt, ihn böse machen. Es scheint, daß es in der Entwicklung des Menschen eine schwerwiegende Unausgeglichenheit gibt: Sein Wissensstand und damit sein Machtpotential hat sich zu schwindelnden Höhen entwickelt, während seine triebhaften Anlagen in einem vergleichsweise urtümlichen Stadium verblieben sind. Gegen ihr ungestümes Vordringen hat sich das Ich, sein eigenes Sein, täglich aufs neue zu behaupten. Daraus folgt für die Vernunft die Aufgabe, die Menschen zu gemeinsamen Bestrebungen aneinanderzubinden, um Ziele zu erreichen, die der einzelne, auf sich allein gestellt, nicht erreichen kann, die Beherrschung der eigenen Natur mit inbegriffen. So veranlaßt die Vernunft den Menschen, der Hüter seines Bruders zu sein.

Da der Mensch, im Gegensatz zu anderen Lebewesen, ein nicht festgestelltes, ein nicht etabliertes Wesen ist, ruft ihn die Vernunft zu ständigen Anstrengungen auf, sich den wechselnden Situationen, in die er gerät, anzupassen und in seiner Umgebung Bedingungen zu schaffen, die für sein Leben unerläßlich sind, und zwar nicht nur um zu überleben, sondern auch um sich selbst zu überschreiten. Es scheint, daß einige Probleme, die er sich selbst geschaffen hat, von ihm, so wie er heute existiert, überhaupt nicht gelöst werden können. Um diese Probleme zu bewältigen und ihn vor dem Untergang zu bewahren, könnte eine Umwandlung der geistigen Verfassung des Menschen nötig werden. Es ist schwer einzusehen, warum alle humanen Mittel und Wege, um diese Transformation zu bewirken, unannehmbar sein sollten – der Eingriff in die Struktur der Gene mit einbezogen; und was heute bloß eine wissenschaftliche Spekulation ist, braucht es in absehbarer Zeit nicht mehr zu sein. Heute ist hauptsächlich die Erziehung, und vor allem die Erziehung der Erzieher, der Weg zu einer Umwandlung der geistigen Struktur der Menschen. Dieser Weg allein erscheint nicht mehr hinreichend, um die Menschen zur Bewältigung ihrer großen Gegenwarts- und Zukunftsprobleme zu befähigen.

Um zu überleben und sich selbst zu überschreiten, muß der Mensch Vernunft entfalten, indem er nicht nur als ein rück- und sich umschauendes, sondern auch als ein vorausschauendes Wesen handelt – als ein Wesen, das nicht nur bloß lebt, sondern auch sein Leben in planvoller Übereinstimmung mit selbstgesetzten Zielen führt. Kein anderer könnte das für ihn tun. So veranlaßt die Vernunft den Menschen, die für seine Existenz und Koexistenz geeigneten Gesetze zu formen und zu fassen – Gesetze, die sowohl der „menschlichen Natur“ als auch der „Natur der Dinge“ angepaßt sind – und auch diese Gesetze zu befolgen.

Die Vernunft umfaßt das Gewahrwerden und Erkennen der Grenzen und Fähigkeiten des Menschen, darunter auch die Möglichkeit, vermittels eigenen geistigen Einsatzes sich selbst zu wandeln. Sie fordert, daß der Mensch die Zeitunterworfenheit seines Vorgehens bedenke, die Unbeständigkeit und Vergänglichkeit seiner Werke, die Wahrscheinlichkeit, daß nichts von absolutem Wert je vollendet werden kann, mit einbezogen die Gewißheit, daß er geplante Vorhaben nicht ausführen werde. Die Beschränkungen, die für den Menschen als sterbliches Wesen bestehen, haben ihm die Notwendigkeit auferlegt, sich ständig der Dinge, über die er verfügt, zu entledigen, daraus eine Auslese zu treffen oder sich auch ihres Gebrauches zu enthalten. Die Vernunft verlangt nicht nur ein Bewirken, sondern gelegentlich auch ein Rückgängigmachen, nicht nur Konstruktion, sondern auch Destruktion. Sie fordert vom Menschen ein ständiges Überlegen und Bedenken dessen, was er ist; was er sein und tun kann; was er benötigt; was er sein und tun soll. Sie verlangt von ihm, ein unentwegter „Revisionist" zu sein, der immer darauf gefaßt ist, alle seine Überzeugungen zu überprüfen, zu berichtigen und unter Umständen auch aufzugeben. Die Vernunft fordert vom Menschen, daß er ständig bemüht sei zu wissen, was er besitzt und wovon er besessen ist, worin er sich auszeichnet und worin er versagt.

Als positiver Wert steht die Vernunft in der Reihe anderer positiver Werte und gesellt sich zu Gerechtigkeit, Legalität, Nützlichkeit, Stabilität und Fortschritt, besonders aber zu Umsicht, Mäßigung und Weisheit. Als alles ordnendes und ausgleichendes Prinzip des Verhaltens kann sie sich anderen Werten verschließen und tut dies auch im Konfliktfall, wenn ein Wert in seinem Bereich beschränkt oder einem anderen geopfert werden muß. Die Rolle der Vernunft als Moderator, auch bei der Entscheidung zwischen Werten höchster Dignität, ist wichtig in den Fällen, wo Gerechtigkeit übereifrig verfochten oder Legalität kaltblütig durchgesetzt wird. Die Vernunft muß einschreiten, wo eine sterile Weisheit sich nur an frühere Erfahrung hält und zukunftsblind ist.

Unvernunft, der der Vernunft entgegengesetzte negative Wert, zeigt sich dort, wo das Verhalten des Menschen so weit hinter den anerkannten Normen der Vernünftigkeit zurückbleibt, daß es als widerwärtig empfunden wird. Unvernunft zeigt sich in der Perversität der erstrebten Ziele, im gedankenlosen Hinnehmen der überkommenen Richtlinien des Handelns und in der Auswahl ungeeigneter Mittel zur Erreichung gesetzter Ziele. Unvernunft kann sowohl in der Erdgebundenheit als auch in der Losgelöstheit von der Erde liegen, sie zeigt sich in politischen Utopien ebenso wie in der Weigerung, die jeweilige politische Lage anders als „realistisch" zu sehen. Der Mensch verhält sich unvernünftig, wenn er sich von hinterweltlichem oder weltfremdem Idealismus hinreißen läßt, aber auch, wenn er vergißt, daß vieles, was „ausgewogene" Denker für undurchführbar hielten, doch erreicht wurde und später als Markstein für den Fortschritt galt. Ob „idealistisch" oder „realistisch", der Mensch ist unvernünftig, wenn er unnachgiebig ist, wo Unnachgiebigkeit menschliches Überleben oder lebenswertes Dasein bedroht. Halsstarrigkeit angesichts der großen Gegenwartsprobleme des menschlichen Lebens, ob im Namen veralteter Auffassungen oder unverbürgter Ideale, ist eine Form der Unvernunft.

Wie oben gesagt, gilt Gerechtigkeit nicht als höchster Wert, sondern nur als einer der sozialen Werte von hohem Rang. Sie ist einer jener grundlegenden Werte, deren weitmögliche Verwirklichung die menschliche Welt zusammenhält, indem sie sie in ein Gleichgewicht bringt und gefahrvolle Ausschreitungen verhindert. Gerechtigkeit trägt zwar bei zum sozialen Wohl, zum sozialen Glück, bringt es jedoch nicht notwendig mit sich. Um der Gerechtigkeit willen kann in einer gerechten sozialen Ordnung auch Leid oder Unglück erfahren werden. Immerhin ist eine gerechte soziale Ordnung auch eine vernünftige soziale Ordnung, sofern sie gegen menschliches Elend ankämpft und zu einem Stand der sozialen Verhältnisse führt, bei dem sich gelegentlich auch Glück ereignen kann. Im großen und ganzen dient die Gerechtigkeit selbstverständlich auch dem, was man „Glücksstreben" nennt – ein Anliegen zweiten Ranges im Vergleich zu dem Streben nach Abschaffung des menschlichen Elends, das ein Anliegen ersten Ranges ist. Auf der Suche nach dem Gipfel der Pyramide von Werten (die sich anscheinend hierarchisch anordnen lassen) könnte die Vernunft nicht als allerhöchster Wert erscheinen, da sie nur ein instrumentaler Wert ist, – ein Wert im Dienste anderer Werte. Was ist aber dann der höchste Wert, der über allen anderen Werten steht?

Als eine Angelegenheit der realen Welt endet die Suche nach dem höchsten Wert nicht damit, daß wir zu einer Vision des Gipfels der Pyramide gelangen, sondern mit der Ankunft auf der Hochebene eines Pyramidenstumpfes, eines *frustum,* welche Ebene von verschiedenen Werten höchsten Ranges eingenommen wird, zu denen bestimmt auch das Überleben der Menschheit gehört. Nur auf dem Wege einer imaginativen Weiterführung, einer die Erfahrung überschreitenden Vergegenständlichung oder metaphysischen Mutmaßung kann das *summum bonum,* der höchste Wert, vorgestellt werden. Da es als etwas Unwißbares vorausgesetzt wird, ist es nicht möglich, es begrifflich zu erfassen und seine Merkmale zu benennen. Immerhin kann es zum Inhalt einer metaphysischen Ahnung werden, so in den verschiedenen

Formen religiöser, mystischer oder ästhetischer Erfahrungen und Darstellungen.

Ich kann nur zu sagen versuchen, worin ich ahnungsweise das *summum bonum* spüre, ohne daß ich wirklich einen Blick darauf geworfen hätte. Ich ahne das *summum bonum* als Endpunkt einer allumfassenden liebevollen Sorge um und für alles, was auch immer es sei – einer *cura infinita.* In diesem amorphen Sinn bedeutet mir Sorge eine liebende Zuwendung, eine umsichtige Besorgtheit, eine mutmaßliche Einheit der erahnten Erlebnisse höchster Liebe und Anteilnahme. Diese noumenale Vorstellung des *summum bonum,* was immer für eine unterschwellige Anziehungskraft sie auch für mich haben mag, setze ich nicht als ein Dogma. Ich stelle fest, daß ich an dem Wert dessen zweifle, was ich eben gesagt habe, und lasse sogar meine Meinung darüber offen, ob dieser Zweifel begründet ist. Die Abgründigkeit dieser radikalen Skepsis erschreckt mich irgendwie und doch kommt mir vor, daß es eben die sogar an sich selbst zweifelnde Skepsis ist, die es mir ermöglicht, mit mir selbst ziemlich gut auszukommen. Sie veranlaßt mich nicht, anderen und mir selbst gegenüber hart zu sein, noch schließt sie ein Gefühl der Demut aus. Sie ermöglicht es mir, geistig frei zu sein: nicht nur um zu bezweifeln, sondern auch um zu glauben – frei nicht nur zur Verzweiflung, sondern auch zur Hoffnung. Sie gestattet es mir auch, metaphysische Probleme, mit denen ich mich befassen sollte, beiseite zu schieben, aber meine geistige Neugier wachzuhalten und so teilzunehmen an dem immerwährenden Vorgang der Enthüllung des Seins.

Zweiter Teil:
Albigensische Begegnungen

Hingang: Der Begriff der menschlichen Kommunikation

Letzte Nacht hatte ich einen Albtraum oder eher eine Vision. Als ich – ein Albigenser – mit meinen Mitbrüdern zum Scheiterhaufen ging, hatte ich keine Angst, sondern eine fast freudige Erwartung hatte mich ergriffen. Und in der Tat: das Feuer, das meinen Körper verzehrte, bereitete mir keine Schmerzen, sondern es vernichtete den Kerker, in dem meine Seele gefangen war, und machte sie frei. Schwerelos konnte ich nun über dieser gräßlichen und doch schönen Welt schweben, die unter mir lag und in Gedankenschnelle konnte ich überall dort sein, wo ich wollte. Ich fand weder den Weg in den Himmel noch kam ich in die Hölle; ich blieb erdgebunden. Ich war nach wie vor ein denkendes Wesen und wann immer ich wollte, schlief ich auf grüner Wiese oder zwischen Blütenblättern ein. Ich kam nicht zu den Engeln ins Paradies, noch wurde ich ein Bewohner des Inferno. Ich hatte aufgehört Mensch zu sein, irgendwie wurde ich transhuman.

Jetzt bin ich wieder ganz wach und in den Alltag zurückversetzt, wo ich noch einmal Mensch sein muß. Das Leitmotiv meines Traumes, die „Transhumanität" beherrscht mich noch immer. Soll dieses Wort für die Zwecke dieses Buches aber eine Bedeutung gewinnen, dann kann es nur jenen Zustand meinen, den der Mensch dadurch erlangt, daß er über sich selbst hinauswächst, um so ein transformiertes Wesen zu werden – ein Wesen, das er werden kann, wenn er, von Vernunft geleitet, vollen Gebrauch von all seinen Fähigkeiten der Selbsterkenntnis und der Selbstschöpfung macht. Ich glaube nicht, daß die Vernunft, die erforderlich ist, um über uns selbst hinauszuwachsen, nur in Selbstgesprächen entfaltet werden kann. Es ist vielmehr zu erwarten, daß die Vernunft sich in menschlichen Begegnungen entwickelt, überall wo wirkliche menschliche Kommunikation stattfindet. Was aber ist Kommunikation? Die Antwort auf diese Frage ist das Hauptanliegen meiner folgenden Überlegungen.

Wir sind kommunikative Wesen. Unsere Kommunikation findet ohne Rücksicht, ob wir verstehen was wir tun oder wir dies nicht verstehen, statt, genauso wie unser Atmen, Lächeln, Trotzen und Denken. Ein wirkliches Verstehen dessen, was wir tun, kann lebensnotwendig für uns sein, wenn unsere „natürlichen" Aktivitäten aufhören, ordnungsgemäß zu funktionieren oder wenn sie Gefahren ausgesetzt sind. Und gerade das scheint heute auf die menschliche Kommunikation im derzeitigen Stand zuzutreffen.

Rationales Bemühen um die menschliche Kommunikation führt in eine paradoxe Situation, die selbst irrational scheint. Dieses Paradoxon kann man so fassen: Um ein wirkliches Verständnis der menschlichen Kommunikation zu finden, muß es uns zuerst möglich sein, miteinander wirklich in Verbindung zu treten. Wirkliche menschliche Kommunikation aber beruht auf dem wirklichen Verständnis des Phänomens der menschlichen Kommunikation. Und so bewegen wir uns in einem *circulus vitiosus*.

In der Darlegung einer Theorie ist dieses Paradoxon nur scheinbar vorhanden. Denn der Begründer einer Theorie mag sie im Detail kennen und hat nur seine Darlegung an einem ihm genehmen Punkt zu beginnen, wobei er sich bei jedem Gedankenschritt darüber klar ist, worauf dieser beruht und wozu er führt. Bei der Untersuchung eines Phänomens ist aber dieses Paradoxon mehr als scheinbar. Es ist da und muß also irgendwie weggeräumt werden. Um es zu beseitigen, scheint es notwendig zu sein, zu Konzeptionen wie „Intuition", „implizite Kenntnis", „direkte Wahrnehmung" und „unmittelbare Erfahrung" Zuflucht zu nehmen. Diese Notwendigkeit ergibt sich aus der Tatsache, daß dem rationalen Unterfangen Grenzen gesetzt sind. Es bewegt sich in einer Ideenwelt, in welcher das Denken in einen endlosen Regreß gerät oder im Kreis zu laufen beginnt, wenn man ihm nicht ein Ende setzt, indem man Konzeptionen wie die oben erwähnten heranzieht.

Aber auch Theorien, die zu einem endlosen Regreß führen, können ihren Vorteil haben. Sie können wenigstens zu Hilfsmitteln werden, die für die Entwicklung des Denkens vorläufige oder einstweilige Ausgangspositionen schaffen oder, um das Bild zu ändern, sie können Fixpunkte bieten, zu denen das Denken in Beziehung treten kann, ohne sich in einer Unendlichkeit von Möglichkeiten zu verlieren. In meinem Vorhaben, die menschliche Kommunikation zu analysieren, suche ich nicht nach einer absoluten Klarheit über sie. Für den gegenwärtigen Zweck mag eine relative Klärung genügen, die dazu führt, daß man das Problem der menschlichen Kommunikation artikulierter und daher besser sieht als dies geschieht, wenn man in ihr befangen ist.

Das erste Problem, das sich aus der gestellten Aufgabe ergibt, ist folgendes: Welches sind nun die geeigneten Termini, die wir bei der Analyse der menschlichen Kommunikation anwenden wollen? Um dem Sachverhalt möglichst gerecht zu werden, ist äußerste Präzision erforderlich. Solche Präzision kann aber nur durch eine

hochentwickelte Begriffsbildung und Terminologie, letztlich nur durch einen Kalkül erreicht werden. Selbst wenn dies nach dem heutigen Stand der Wissenschaft zu erreichen wäre, würde die Analyse der menschlichen Kommunikation dadurch außerordentlich kompliziert; für die meisten Menschen wäre sie unverständlich und für jeden erschreckend, der nicht völlig vertraut und an die besondere Denkweise des Analysierenden gewöhnt ist. Um nun nicht den Zweck einer Analyse der menschlichen Kommunikation zu verfehlen, bevor sie auch nur versucht wurde, ist es unbedingt notwendig, die Analyse soweit als möglich mit den Mitteln der vertrauten Umgangssprache durchzuführen und mit möglichst wenigen Fachausdrücken zu erarbeiten. Was ich beabsichtige, ist, eine Metatheorie der menschlichen Kommunikation anzubieten, d. h. eine Erörterung der Theorie der menschlichen Kommunikation.
Wie dies auch auf dem Gebiet der Logik zum Vorschein kommt, ermangelt es den Metatheorien an der Präzision, die von den eigentlichen Theorien selbst erwartet wird. Wenn wir nun die Wörter nach ihrem normalen Verständnis anwenden, dann entstehen Kombinationen von Bedeutungen, die einander gegenseitig korrigieren und sich auseinander entwickeln, indem sie sich irgendwie aneinander „anlehnen" und auf diese Weise Realitäten „einfangen", auf denen höher entwickelte Konzeptionen ruhen können. Diese Vorgänge können sehr wohl einem Zickzackmuster folgen. Dabei wird das, was später klar wird, zunächst als vorausgesetzt angenommen. Das, was in den ersten Stadien der Überlegungen noch vage ist und nur antizipiert wird, gewinnt später Klarheit und Deutlichkeit. So errichtet das rationale Unterfangen – weit davon entfernt, in allen Stadien Gedankenschlösser zu erbauen – in vielen wichtigen Punkten zumindest

vorläufige Unterkünfte mit dem uns jeweils zur Verfügung stehenden sprachlichen und gedanklichen Material. Für solche, die verfeinerte architektonische Modelle in ihrer Phantasie beherbergen, erscheint dieses Material dürftig. Aber es kann daraus, wenn es entsprechend behandelt, vorbereitet und zusammengesetzt wird, eine Heimstatt des Denkens entstehen, die solide genug ist, um die Anfänge eines angemessenen rationalen Unterfangens aufzunehmen.

In der Wendung „menschliche Kommunikation" bezieht sich das zweite Wort auf eine ganze Reihe von Phänomenen: So spricht man von der Kommunikation durch Nachrichten, der von Gefühlen, von Krankheiten, von Energie, von Wärme, von Bewegung usw. Wenn die Kommunikation in so weitem Sinne verstanden wird, so kann sie durch Worte, durch postalische Dienste, durch Zeichen, durch Telefon, durch Bahnen, durch Radiowellen, durch physischen Kontakt von Wesen usw. statthaben. Die Bedeutung der Kommunikation, die aus der gleichzeitigen Verwendung der Wörter „menschliche" und „Kommunikation" resultiert, bezieht sich primär auf eine Kommunikation, die zwischen zwei oder mehreren menschlichen Geschöpfen besteht und die für den Menschen charakteristisch ist, d. h. charakteristisch im Unterschied des Menschen von allen anderen miteinander in Verbindung stehenden Wesen. In zweiter Linie bezieht sich „Kommunikation" auch auf die Verbindung des Menschen mit anderen Wesen. Die Elemente in der menschlichen Kommunikation, die nicht spezifisch für den Menschen sind, wären z. B. die Übertragung von visuellen oder akustischen Eindrücken (dieses sind Fälle einer physikalischen Kommunikation) oder die Vermittlung primitiver Verhaltensweisen, Instinkte oder Impulse (solche findet man im Verhalten der Tiere untereinander). Wenn von einem Abbruch *menschlicher* Beziehungen gesprochen wird, meint man damit nicht den Abbruch *aller* Beziehungen zwischen Menschen überhaupt. Bei einem Abbruch der menschlichen Beziehungen können „infrahumane Beziehungen“ aufrechterhalten werden, also solche, die physikalischer Natur sind, oder Kommunikationsweisen, deren auch andere Lebewesen als der Mensch fähig sind.

Die oben unternommene Begriffsbestimmung stellt einen Versuch dar, die Phänomene menschlicher Kommunikation zu umschreiben und so eine Grundlage für eine strukturelle Analyse dieser Phänomene zu finden. Hier können die folgenden grundlegenden Elemente unterschieden werden:

(1) Die *Kommunikanten,* das sind Personen, die an einer menschlichen Kommunikation teilhaben, also entweder *Kommunikatoren,* das sind Personen, die sich an andere Personen wenden, oder *Kommunikationsadressaten,* das sind Personen, an die die Kommunikatoren sich wenden. (2) Das *Kommunikatum:* das ist die übermittelte oder empfangene Botschaft. (3) Die *Kommunikationsverbindung:* das ist die Kommunikationsbeziehung zwischen Kommunikator und dem Kommunikationsadressaten. (4) Das *Kommunikationsmittel:* das ist das Mittel, durch welches die Übertragung des Kommunikatum erfolgt. (5) Die *Kommunikationssituation:* das ist die Gesamtheit der Fakten und Faktoren, die für die Übertragung oder den Empfang des Kommunikatum erheblich sind.

Erstens hängt der Erfolg oder Mißerfolg menschlicher Kommunikation von Umständen ab, die bei den Kommunikanten liegen. Ihre Kommunikation wird durch geistige Abnormitäten, Eigentümlichkeiten der Persönlichkeit, Denkgewohnheiten, Verhaltensweisen, Geistesverwandtschaft, subjektive Verträglichkeit u. dgl. bestimmt. Zweitens hängt der Erfolg oder Mißerfolg dieser Kommunikation von Umständen ab, die am Kommunikatum liegen. Sie beziehen sich vor allem auf den qualitativen Aspekt des Kommunikatum (also vor allem auf seine Kohärenz, Klarheit und Deutlichkeit), und auf den quantitativen Aspekt des Kommunikatum (vor allem auf die Menge des Vermittelten und die Zeitspanne, in der sie vermittelt werden kann). Drittens hängt der Erfolg oder Mißerfolg menschlicher Kommunikation von Umständen ab, die an der Kommunikationsverbindung liegen, die wiederum einen physischen und einen psychischen Aspekt haben. Hier kann die Kommunikation durch ungünstige Übertragungsbedingungen beeinflußt werden, die eine physikalische Störung in der Vermittlung hervorrufen, oder die Kommunikation kann durch psychische Bedingungen beeinflußt werden, die das Verständnis der Mitteilung beeinträchtigen; z. B. Mangel an seelischem Rapport zwischen den Kommunikanten und verschiedene geistige Faktoren, die einem aufmerksamen Zuhören oder Lesen abträglich sind. Viertens hängt der Erfolg oder Mißerfolg menschlicher Kommunikation von Umständen ab, die in den Kommunikationsmitteln liegen. Auch hier bestimmen physische und psychische Faktoren, was einer Kommunikation förderlich ist oder nicht. Die physischen Faktoren schließen die technischen Mittel des Kommunikatum und auch die Qualität der Zeichen in sich, die bei der Übermittlung von Nachrichten verwendet werden. Die psychischen Faktoren umfassen die Ausdrucksweise und die Denkinhalte der jeweils verwendeten Sprache. Fünftens hängt der Erfolg oder Mißerfolg menschlicher Kommunikation von Umständen ab, die an der Kommunikationssituation liegen. Es gibt hier Faktoren, die dann nicht vorhanden sind, wenn man die einzelnen Elemente isoliert sieht; mit anderen Worten: Menschliche Kommunikation ist ein Ganzes, das mehr ist als eine Summe seiner Teile. Die fraglichen Faktoren beinhalten die Eignung oder Nicht-Eignung der gegebenen Kommunikationsmittel für die Kommunikanten, die Adäquanz oder Nicht-Adäquanz der gegebenen Kommunikationsverbindung für das gegebene Kommunikatum und schließlich die Bereitschaft der Kommunikanten, das gegebene Kommunikatum zu übermitteln oder zu empfangen.

Wichtige Faktoren, die zum Zusammenbruch menschlicher Kommunikation führen können, liegen in dem Umstand, daß der Mensch nicht genügend Gebrauch von seiner Vernunft macht, so wie es von ihm als einem potentiell rationalen Wesen zu erwarten ist. So ist die menschliche Kommunikation für das gesamte menschliche Streben von entscheidender Bedeutung. Denn die Anstrengungen des Menschen, seine Vernunftkräfte zu gebrauchen und sie zu entfalten, sind eigentlich ein Bemühen um Kommunikation auf menschliche Weise.

Das hauptsächliche Mittel menschlicher Kommunikation ist die Sprache. Sie besteht aus einem System von artikulierten Ausdrücken, die von den Menschen dazu benützt werden, ihre Gedanken, Gefühle und ihr Wollen mitzuteilen. Etwas, was man auch als Sprache in einem sehr weiten Sinne des Wortes bezeichnen könnte, ist beispielsweise bei der Kommunikation von Bienen, Delphinen und Affen zu beobachten; denn auch diese Geschöpfe gebrauchen artikulierte Laute oder andere Zeichen, um einander gewisse Auskünfte zu geben, um ihre Gefühle oder Begierden mitzuteilen. Die menschliche Sprache unterscheidet sich von diesen „Sprachen" vor allem durch den Reichtum und die Variationsmöglichkeiten ihrer Ausdrucksformen, durch ihre komplexe rationale Anordnung und durch ihre große Fähigkeit zur

Weiterentwicklung. Neben der Sprache gibt es aber auch noch andere Mittel menschlicher Kommunikation. Die Menschen teilen ihre momentanen Empfindungen sowie ihre Gedanken durch den Augen- und Gesichtsausdruck, durch ihre Körperhaltung, durch eine Stimmodulation und durch verschiedene andere, nicht näher spezifizier- und identifizierbare physische Manifestationen mit, die manche zu den Phänomenen der extrasensorischen Perzeption zählen.

Sprache im spezifischen und herkömmlichen Sinn ist ein Mittel menschlicher Kommunikation, das die gesprochenen oder geschriebenen Wörter, Wendungen oder Sätze als Ausdrucksformen benützt. Diese Ausdrucksformen vermitteln eine Bedeutung, was sie von Buchstaben oder Silben unterscheidet, die für sich allein keine Bedeutung vermitteln (obwohl sie unabdingbare Bestandteile jener Ausdrucksmittel sind). Was man unter „Bedeutung" versteht, ist nicht hinlänglich klar, trotz des häufigen Gebrauches dieses Wortes.

Erfolgt menschliche Kommunikation mittels der Sprache, so sind folgende Grundelemente des Kommunikationsvorganges zu unterscheiden: Erstens der Ausdruck, die Äußerung oder das Symbol. Mit einem Fachausdruck werden sie hier als *signum* bezeichnet. Zweitens der Inhalt des Übermittelten, der hier als *significatum* bezeichnet wird. Drittens das Objekt oder die Einheit, auf die sich das *significatum* bezieht; sie wird hier als *designatum* bezeichnet. Das *signum* besteht aus artikulierten Lauten oder schriftlichen Mitteilungen, welche in sprachliche Äußerungen, Diagramme, Zeichnungen oder in Musik gefaßt werden können. Kurz gesagt, es besteht aus physikalischen Erscheinungen, die von den Sinnen erfaßt werden können und die der menschlichen Kommunikation dienen sollen. Das *significatum* besteht aus übermittelten geistigen Inhalten, die Gedanken, Empfindungen, Wünsche, Eingebungen oder andere geistige Vorgänge sein können. Das *designatum* ist das, worauf sich diese Gedanken, Empfindungen, Wünsche oder Eingebungen beziehen.

Ist kein *signum* vorhanden, kommt es zu keiner menschlichen Kommunikation. Wohl aber kann es zu Situationen kommen, die einer Kommunikation ähneln. Situationen, in welchen zwei Personen über denselben Gegenstand nachdenken und dieselben Gedanken und Gefühle teilen, gleichen einer Kommunikation, sind jedoch keine. Tatsächlich kommt solange keine Kommunikation zustande, bis der eine oder der andere mittels eines *signum* den geistigen Vorgang mitteilt. Hier wäre noch die Introspektion oder das innere Begreifen des eigenen physischen oder psychischen Zustandes oder vielleicht auch die geistige Erarbeitung einer Idee zu erwähnen. Dies sind alles Vorgänge, durch die Erkenntnis erworben werden kann. Eine wesentliche Phase ist hierbei die Gestaltung eines *focus mentalis,* die man aber kaum als ein internes *signum* ansehen kann. Man könnte hier vielleicht sagen, daß ein Mensch mit sich selbst redet; dies ist jedoch keine Kommunikation, da es an einem *signum* fehlt.

Wenn ein *signum* vorhanden ist, kann es geschehen, daß es trotzdem zu keiner Kommunikation kommt. Tritt ein solcher Fall ein, mag es daran liegen, daß es an einem *significatum* oder *designatum* mangelt. Eine Kommunikation erfordert, daß etwas als *signum* vom potentiellen Kommunikator oder Kommunikationsadressaten behandelt wird. Ist der Versuch erfolglos, so sagt man, daß das vermeintliche *signum* „bedeutungsleer" sei. Aber obwohl eine erfolgreiche Kommunikation immer die Übermittlung eines Sinngehaltes bedeutet, braucht bei einer erfolglosen Kommunikation eine Bedeutung nicht fehlen. Es fragt sich, ob irgendein *signum* oder etwas, das bei einem Kommunikationsversuch als *signum* verwendet wird, tatsächlich völlig bedeutungsleer sein kann. Um diese Frage zu beantworten, muß erst der Begriff der „Bedeutungsleere" geklärt werden.

Bei einem Kommunikationsversuch bemüht sich jemand, die Rolle des Kommunikators zu spielen. Schlägt der Versuch fehl, liegt es oft daran, daß das verwendete *signum* für den Kommunikationsadressaten weder ein *significatum* noch ein *designatum* bezeichnet. Der Fehlschlag kann aber auch an einem Mangel im Beziehungsschema *signum-significatum-designatum* liegen, das vom Kommunikator angeboten wird.

Vor allem können *signa* mangelhaft sein. Sie können mehrdeutig sein (z. B. „Gericht", „Weise", „verschreiben"), indem sie mehr als ein *significatum* bezeichnen und sich auf mehr als auf ein *designatum* beziehen können. Es können aber auch Auslassungen, falsche Buchstabierung, Inversionen usw. vorkommen, die verschiedene Deutungen zulassen. Anders gesagt: Wörter oder Sätze werden entgegen den orthographischen, grammatikalischen oder syntaktischen Regeln gebildet. Weiterhin können *significata* mangelhaft sein: sie können so vage, verworren usw. sein, daß sie nur sehr unpräzise das erkennen lassen, worauf sie sich beziehen sollen. Drittens mag der Grund eines Kommunikationsfehlschlages an den *designata* liegen. Sie können Eigenschaften haben, die sie für eine Kommunikation unerfaßbar oder mangelhaft erfaßbar machen.

Die menschliche Kommunikation unterliegt ununterbrochen diesen drei Quellen des Fehlschlages. Normalerweise kommt es aber nicht zu einer *vollständigen* Blokkierung einer erfolgreichen Kommunikation. Es kommt

z. B. vor, daß zwischen der Mitteilung und ihrem erfolgreichen Empfang eine Zeitspanne liegt, während derer der Kommunikationsadressat sich über den Inhalt der Mitteilung klar werden kann. Es kommt auch vor, daß die Mitteilung zu einer Verwirrung führt. In keinem dieser Fälle aber kann behauptet werden, daß das Kommunikatum „bedeutungsleer“ wäre. Aber man behauptet dies dennoch. Was soll das eigentlich heißen?

Signa können in gewissen Fällen derart sein, daß sie nicht nur allen Regeln der Formulierung der gegebenen Sprache widersprechen, sondern überhaupt keinen Sinn vermitteln (z. B. „Ztnat“, „Werte nach in Veilchen“). Bezüglich der *significata* kann es in gewissen Fällen dazu kommen, daß sie so beschaffen sind, daß der Kommunikationsadressat sich nichts vorstellen kann (z. B. „viereckiger Kreis“, „trommelnde Stille“). In bezug auf die *designata* können Fälle vorkommen, wo das gemeinte Objekt nach dem Stand unseres Wissens überhaupt nicht existieren kann (z. B. ein Berg aus Gold, ein geflügeltes Pferd), obwohl es vorstellbar, sogar künstlerisch sehr wohl darstellbar wäre.

In allen diesen Fällen kann man von bedeutungsleeren Kommunikata sprechen. Da die oben angeführten Fälle sich entscheidend voneinander unterscheiden, empfiehlt sich auch eine terminologische Unterscheidung. Zu diesem Zweck stehen geeignete Ausdrücke zur Verfügung. Beispiele wie „Ztnat“ oder „Werte nach in Veilchen“ illustrieren, was als „unsinnig“ bezeichnet werden kann. Obwohl diese Ausdrücke die Erscheinung sprachlicher Symbole haben, deuten sie auf kein *significatum* hin. Die Haltung des Kommunikationsadressaten ist hier die vollständigen Unverständnisses. Beispiele wie „viereckiger Kreis“ oder „trommelnde Stille“ illustrieren, was als „widersinnig“ bezeichnet werden kann. Dem Kommunikationsadressaten wird hier zwar ein *significatum* angeboten, aber er steht ratlos davor. Sein Verstand mag gegen solch ein *significatum* sogar rebellieren. Beispiele wie „ein Berg aus Gold“ oder „ein geflügeltes Pferd“ illustrieren, was als „erfahrungswidrig“ bezeichnet werden kann. Hier liegt das *designatum,* auf das der Kommunikationsadressat hingewiesen wird, nicht nur jenseits der menschlichen Erfahrung, sondern ist sogar mit ihr unvereinbar.

Es scheint, daß das Wort „bedeutungsleer“ dort anwendbar ist, wo Unsinniges oder Widersinniges ein Kommunikatum ausmacht. Aber es ist auch anwendbar, um auf Erfahrungswidriges hinzuweisen. Das Wort „bedeutungsleer“ ist hingegen nicht anwendbar, um das zu bezeichnen, was nicht verifizierbar (z. B. „Menschen in anderen Sonnensystemen“) ist oder was sogar ohne weiteres falsifizierbar ist (z. B. „der Bart von Liz Taylor“). Solche Ausdrücke vermitteln dem Kommunikationsadressaten eine Bedeutung – würden sie bedeutungsleer sein, dann hätte eine Verifikation oder Falsifikation in den betreffenden Fällen keinen Sinn. Man kann natürlich die Behauptung „Es gibt (bzw. gibt nicht) Menschen in anderen Sonnensystemen“ oder die Behauptung „Liz Taylor hat (bzw. hat nicht) einen Bart“ als müßig oder als dumm verurteilen; dies ist aber etwas ganz anderes als sie als bedeutungsleer zu bezeichnen. Ferner ist das Wort „bedeutungsleer“ nicht anwendbar bei den sogenannten synkategorematischen Wörtern wie „und“, „für“, „oder“, „weil“ und „warum“, denen schon ihrem Wesen nach *designata* fehlen. Sie sind *signa,* die sich auf *significata* beziehen, welche zur Bildung von semantisch vollständigen Ausdruckseinheiten oder Gedanken beitragen. Dieser Beitrag erfolgt in jedem Fall auf besondere Weise, worin die Eigenart ihrer *significata* liegt.

Es ist zu überlegen, ob alle Wörter oder Sätze, die als unsinnig erscheinen, als bedeutungsleer bezeichnet werden dürfen. Wenn ein Kommunikationsadressat ein Wort oder einen Satz interpretiert, versucht er, sprachliche Einheiten zu einem verständlichen Ganzen zusammenzusetzen. Das geschieht auf die Weise, daß diese Einheiten in der entsprechenden Ordnung nach sprachlichen Regeln verbunden werden. Manchmal mißlingt dem Kommunikator seine Aufgabe, die notwendigen Konstruktionen zur Verfügung zu stellen, sei es durch Unwissenheit, Ungeschicklichkeit (etwa durch ein unleserliches Geschreibsel), durch Unaufmerksamkeit (wie bei Druck- oder Tipfehlern) oder durch beabsichtigt verkehrte Anordnung (wie bei Anagrammen oder Satzrätseln). In vielen dieser Fälle wird der Kommunikationsadressat doch in der Lage sein, das Richtige zu erarbeiten oder zu erraten. Wo ihm dies nicht gelingt, bleibt das Wort oder der Satz für ihn unverständlich. Hier macht es keinen Unterschied, ob es sich etwa um eine falsche Aneinanderreihung von Buchstaben oder um verdrehte Sätze handelt. So könnte auch ein ganzer Absatz unverständlich sein, wenn er zwar aus an und für sich verständlichen Sätzen besteht, diese sich aber mit völlig unzusammenhängenden Dingen befassen.

Es können Wörter oder Sätze vorkommen, die nicht als solche gebildet oder gedacht worden sind. Hier ist gar keine Kommunikation beabsichtigt und ist nur etwas entstanden, was wie ein *signum* aussieht. So z. B. wenn ein Affe über die Tasten einer Schreibmaschine fährt oder wenn ein Computer, der eine Schreibmaschine bedient, einen mechanischen Fehler hat und Buchstabenkombinationen, die doch Wörter oder Sätze darstellen, produziert. Eine ähnliche Situation besteht, wenn ein scheinbares *signum* von einem menschlichen Wesen wohl absichtlich, jedoch ohne jegliche Kommunikationsabsicht formuliert wurde. Das ist z. B. der Fall bei unsinnigen Versen oder einem literarischen Scherz oder Schwindel, wenn ein sinnloses Wortgefüge als moderne Dichtung ausgegeben wird. Für den Kommunikator sind diese Ausdrücke wirklich bedeutungsleer. Für jemanden, der sich als Kommunikationsadressat wähnt, kann indessen gleichwohl eine Bedeutung aufscheinen; sollte er etwa als Literaturkritiker zuständig sein, mag er hierbei sogar seinen Beruf ausüben.

Weiter seien die Situationen geprüft, wo jemand ein Kommunikator sein möchte, aber (weil er ein Analphabet ist, einen Sprachfehler hat oder an einer Gehirnverletzung leidet) etwas als beabsichtigtes *signum* von sich gibt, was ungeeignet ist, ein *significatum* zu bezeichnen. Von außen gesehen, erscheint das bezügliche *signum* als bedeutungsleer, vom Gesichtspunkt des sich um Kommunikation Bemühenden besteht aber hier doch eine Bedeutung. Es ist ja nur so, daß die Bedeutung des *signum* noch von keinem Kommunikationsadressaten entdeckt wurde, aber doch mit einiger Mühe von einem entdeckt werden könnte. Ein Leser, der hinlänglich mit den Produkten eines Analphabeten vertraut ist, könnte in der Lage sein, sein anscheinend nichtssagendes Gekritzel zu deuten. Wenn beim Maschinschreiben die Finger auf der Tastatur danebengleiten und dadurch ein Kauderwelsch herauskommt, so könnte ein Leser, der mit der Tastatur der Schreibmaschine und mit dem Fingersatz vertraut ist, durchaus in der Lage sein, den eigentlichen Sinn zu rekonstruieren und auf diese Weise die Bedeutung zu entdecken. Wenn man hier von Bedeutungsleere sprechen will, sollte man sie nicht Wörtern oder Sätzen anlasten, sondern eben lediglich Buchstaben- oder Wörterkombinationen, aus denen Wörter oder Sätze herauskonstruiert werden. Es sind ja nicht Wörter oder Sätze, die bedeutungsleer sind, sondern ihre Verdrehung oder Verzerrung.

Wenden wir uns jetzt den Anagrammen zu. Darunter sind alle Geheimschriften und verschlüsselten Schriften zu verstehen, bei welchen das Kommunikatum hinter einer Fassade von anscheinender Bedeutungsleere verborgen ist. In der Tat hier ist doch eine Bedeutung vorhanden; nur sind die normalen Regeln für die Deutung von *signa* geändert oder ersetzt durch andere Spezialregeln. Wenn der Kommunikationsadressat die *signa* hier als unsinnig empfindet, so ist dies nicht auf Mangelhaftigkeit der *signa* zurückzuführen; hier liegt es nur an einem Wissensmangel oder an einer unzureichenden Erfahrung bei Anwendung der Spezialregeln. Es ist eben dieser Wissensmangel, auf den der Kommunikator baut, denn er verwendet z. B. die Geheimschrift ja gerade darum, damit nicht jeder das Schriftstück verstehen kann. Er *will* keine Kommunikation mit jedem, sondern nur mit einem oder einigen. Für andere bietet er absichtlich bedeutungsleere Ausdrücke an.

Vom Fall der Geheimsprache oder verschlüsselten Sprache sind ungrammatikalische oder paradaktische Konstruktionen nur graduell verschieden. Sie verletzen grammatikalische bzw. syntaktische Sprachregeln. Bei einem solchen Sprachgebrauch verwendet der Kommunikator – wenn eine Kommunikation überhaupt beabsichtigt ist – eine abstruse, eine von ihm selbst geprägte oder eine archaische Sprache, die der Kommunikationsadressat entweder in die gebräuchliche Sprache oder in seine ihm eigene, vom normalen Gebrauch abweichende Sprache übersetzen kann. Wird von nur einem oder zwei Kommunikanten eine vom allgemeinen Gebrauch abweichende Sprache verwendet, so kann das, was normalerweise ungrammatikalisch oder paradaktisch wäre, innerhalb dieser Sprache durchaus zulässig sein. Soferne ungrammatikalische oder paradaktische Ausdrücke z. B. von Kindern oder Vorsokratikern trotzdem *einigen* Menschen den beabsichtigten Sinn vermitteln – z. B. den Eltern des in Frage kommenden Kindes oder einem Fachmann für das Griechisch des 7. vorchristlichen Jahrhunderts – kann man sie nicht als bedeutungsleer bezeichnen.

Weiter sei auch der Fall von isolierten abnormen Äußerungen betrachtet, die man manchmal in der normalen Sprache als seltsame Eindringlinge findet, Äußerungen etwa wie „das Wehen der Stille des leuchtenden Entzükkens" in einem Dialog von Martin Heidegger mit einem ehemaligen japanischen Schüler und „Are Cans Constitutionally Iffy" als Titel eines Aufsatzes von J. L. Austin. Auch hier könnte man solche Ausdrücke als bedeutungsleer bezeichnen, aber nur wenn sie aus dem Gedankenzusammenhang herausgerissen sind. Kennt man indessen die Absicht des Verfassers, so können solche Äußerungen eher zum Verständnis beitragen als ihm abträglich sein.

Schließlich sei noch der Fall der angeblichen Bedeutungsleere zu prüfen, wofür die von Al Cap in seinem *Comic Strip* „L'il Abner" vorgestellten imaginären Tiere wie *shmoos* und *iggles* als Beispiele gelten können. Ein anderes berühmtes Beispiel dieser Art ist Lewis Carroll's Phantasiegestalt *Snark,* der zunächst als düsteres Wesen erscheint, aber sich bei der letzten Begegnung zum größten Erstaunen als ein liebliches Wesen *Boojum* entpuppt. In diesen Fällen ist anscheinend der erdachte Name des imaginären Lebewesens oder der imaginären Art der Lebewesen ein Wort, das jeweils etwas meint, was in der Wirklichkeit tatsächlich gar nicht vorkommt. Das

Kommunikatum ist hier erfahrungswidrig. Jedoch bezeichnen solche *signa* hier in jedem Fall ein *significatum*, das sogar durch Zeichnungen oder Beschreibungen vortrefflich veranschaulicht wird. Übrigens deuten besonders die Namen der Phantasiegestalten von Lewis Carroll schon lautmalerisch an, um welche Wesen es sich handelt. Der Name „Snark“ läßt durch seine Lautqualität etwas Düsteres vermuten, während der Name „Boojum“ durch seinen Klang auf etwas Niedliches hinweist.

Die obige Erörterung verschiedener Fälle, in denen man geneigt ist, Bedeutungsleere anzutreffen, hat gezeigt, daß kaum ein Fall zu finden ist, wo man einem Ausdruck eine Bedeutung abstreiten kann. Dies heißt jedoch nicht, daß das Wort „bedeutungsleer“ überhaupt nicht gebraucht werden kann. Soweit eine beabsichtigte Kommunikation keine Bedeutung vermittelt, kann man durchaus sagen, daß dieser Kommunikation funktionell eine Bedeutung fehlt. Unter solchem funktionellen Aspekt sind die Kriterien der Bedeutung folgende:

Das Kriterium der Bedeutung eines *Wortes* liegt darin, ob es möglich ist, einen geistigen Inhalt mit ihm zu verbinden. Diese Möglichkeit ist stets vorhanden, wenn sich eine Laut- oder Buchstabengruppe überhaupt als Wort qualifiziert. Das Kriterium der Bedeutung eines *Satzes* besteht in der Möglichkeit, einen geistigen Inhalt mit einer Äußerung zu verbinden, die aus Wörtern besteht, welche miteinander nach den Prinzipien der Grammatik und der Syntax verbunden werden. Die Äußerung muß geeignet sein, eine vom Kommunikator erwartete Reaktion hervorzurufen. Im Falle von indikativen Sätzen ist diese Reaktion eine Bejahung oder eine Verneinung. Bei interrogativen Sätzen ist die Reaktion die Antwort auf eine Frage. Bei verschiedenen direktiven Sätzen, wie

Imperative oder Optative, besteht die Reaktion in einer Befolgung der Anweisung (eigentlich auch in einer bewußten Zuwiderhandlung). Auch im Falle von bedeutungsleeren Sätzen kann eine Absicht vorliegen, etwas mitzuteilen und so eine Reaktion hervorzurufen; jedoch macht es eine ungeeignete Verbindung der einzelnen Satzteile dem Kommunikationsadressaten unmöglich, diese Absicht zu verstehen. So kann man von ihm nicht erwarten, daß er eine entsprechende Reaktion auf die Absicht des Kommunikators zeigt. Für die Bedeutung eines Buchstabens gibt es, streng genommen, kein Kriterium der Bedeutung, es sei denn, daß dieser für ein Wort steht.

In dem von diesen Kriterien angezeigten Sinn kann das Wort „bedeutungsleer" doch auf verschiedene der oben erörterten Fälle angewendet werden, ja es muß dies sogar, wenn solche Kriterien verwendet werden. Denn gäbe es wirklich keine Bedeutungsleere, dann wäre es Unsinn, von Kriterien der Bedeutung zu sprechen. Der obige Überblick hat gezeigt, daß es Fälle gibt, in denen ein Kommunikationsversuch angestellt wird, aber im Ergebnis eine Kommunikation nicht zustande kommt. Alle diese Falltypen haben etwas Gemeinsames, das auf die „Bedeutungsleere" in einem gewissen Sinne hinweist; sie haben alle ihre besonderen Eigentümlichkeiten und es sind mit ihnen ihre besonderen Risiken für die Kommunikation verbunden.

Versuche, eine Bedeutung durch die Sprache zu vermitteln oder zu empfangen, schlagen nicht nur oder nicht einmal normalerweise deswegen fehl, weil keine Bedeutung vorhanden ist, sondern aus viel geringfügigeren Gründen. Sich dessen bewußt zu sein, daß jede Art von mangelhafter oder mißlungener Kommunikation eine eigene Art von Kommunikationsphänomen darstellt, ist bei weitem wichtiger als die Aufmerksamkeit ausschließlich auf einige künstlich erweiterte oder verhärtete Begriffe des Bedeutungsmangels zu richten. Wir müssen in erster Linie darauf achten, welches die Mängel sind, die eine Kommunikation verhindern oder beeinträchtigen. Nur im Fall von unsinnigen *signa* erreicht trotz der versuchten Kommunikation keine Mitteilung den Kommunikationsadressaten. Die gewöhnliche Sprache duldet weitgehende Verletzungen ihrer Regeln. Die üblichen Regeln der Wort- und Satzbildung sind wichtig, aber nicht allein wichtig. Desgleichen ist es nicht angängig, die Genauigkeit der Sprache als einziges Desideratum aufzustellen, was durch die Beseitigung aller Vagheit und Mehrdeutigkeit zu erreichen wäre, so daß jedes *signum* nur ein *significatum* bezeichnen und nur auf ein *designatum* hinweisen würde. Vagheit und Mehrdeutigkeit eröffnen die Möglichkeit, mit der Sprache zu spielen; sie können auch Äußerungen insofern eine Bedeutungsträchtigkeit verleihen, als sie mehrere Gedanken zugleich mitteilen, das Hauptthema eines Gedankens mit Obertönen von parallelen oder kollateralen Bedeutungen vorbringen oder der Erweiterung und weiteren Herausarbeitung der Gedanken Raum schaffen. Alle diese Möglichkeiten sind in der Dichtung wichtig, aber nicht nur in der Dichtung. Wo immer es zur Aufgabe der Sprache gehört, jemanden zu bewegen, in jemandem etwas hervorzurufen, etwas als erstrebenswert erscheinen zu lassen, Kompromisse zu schließen, zu beruhigen, zu versichern, zu versöhnen, zu überbrücken, zu beschwichtigen, auszugleichen oder dergleichen, überall dort liegt die Stärke, der Wert der gewöhnlichen Sprache gewissermaßen gerade in diesen Unzulänglichkeiten.

Erste Begegnung: Mensch, Recht und Kommunikation

Ich traf einen Mann, der behauptete, einer der Gründer einer Vereinigung zu sein, die daran war, weltweit zu werden und die es sich zum Ziel gesetzt hat, den Menschen zur vollkommenen Lebensfülle zu verhelfen. Das Manifest dieser Organisation, die sich „Internationale Befreiungsfront für Erfülltes Leben“ („IBEL“) nannte, forderte die Befreiung des Menschen von den „Ketten der Tradition und des Dogmas“ durch Beseitigung von Recht und politischer Ordnung. Die Grundanschauung der IBEL war, der Mensch sei von Natur aus gut und edel – Eigenschaften, die latent immer vorhanden und nur durch den verderblichen Druck der rechtlichen und politischen Institutionen nicht zur Geltung kommen könnten. Was Recht und politische Macht bei der Verwirklichung eines harmonischen menschlichen Zusammenlebens nicht zustande bringen konnten, würde die Menschenliebe erreichen, wenn man ihr gestatte, ihre Schwingen auszubreiten und den ihr gebührenden Platz einzunehmen, um die ihr zukommende Rolle zu spielen, nachdem der Mensch endgültig von den seiner Natur fremden Einflüssen befreit sei. „Werde du selbst und sei du selbst“ sei die oberste Maxime der IBEL.

Eine derartig inspirierte Vision der menschlichen Natur machte mich stutzig und ich versuchte, sie auf die Probe zu stellen, indem ich ihr meine eigenen, etwas pessimistischen Ansichten entgegensetzte. Aber der Ausdruck meiner Bedenken und meine Einwände vermochten nicht, die Überzeugungen des Mannes zu erschüttern. Er hatte für jedes meiner Argumente ein Gegenargument und tadelte mich, engherzig, altmodisch, blindgläubig und knechtisch zu sein. Als ich mich dann auf Bractons berühmten Ausspruch *„Non sub homine sed sub Deo et sub lege"* berief, sagte er zunächst, daß das Wort „Gott" hier mit *Occam's Razor* ausrasiert werden müsse: „Ein Unding kann nicht das höchste Wesen für den Menschen sein, vielmehr ist der Mensch selbst das höchste Wesen für den Menschen." Dann kehrte er den Rest des Ausspruchs um und bekannte sich zum Grundsatz: *Non sub lege enimvero sub homine.*

Ich konnte von ihm nicht herauskriegen, wie das so ins Auge gefaßte menschliche Zusammenleben funktionieren sollte, oder was wirklich geschehen würde, falls er und seine internationale Vereinigung sich durchsetzen sollten. Seine Antworten auf meine Fragen wurden immer rhetorischer und rhetorischer, und seine Augen begannen zu brennen. Ich fühlte, daß die Möglichkeit, mich mit ihm zu verständigen, am Zusammenbrechen war, und daß der Zeitpunkt gekommen sei, mich dieser Begegnung zu entziehen. Ich entschuldigte mich entsprechend und wir trennten uns. Die Ansichten des Mannes beeindruckten mich nicht, aber sie beunruhigten mich nichtsdestoweniger. So stellte ich mir die Frage nach der menschlichen Kommunikation, dem Recht und nach dem Menschen überhaupt.

Wo menschliche Kommunikation stattfindet, treten die Menschen in eine seelische Beziehung zueinander. Was man in diesem Zusammenhang „Seele" nennt, kann man als einen Komplex der Akte des „Denkens", „Fühlens" und „Wollens" ansehen – Akte, die sich als Reaktion eines Individuums auf verschiedene äußere und innere Reize ereignen. Diese Bezeichnungen dienen kaum mehr

als psychologische Fachausdrücke, aber sie eignen sich noch immer zur anfänglichen Verständigung über gewisse Aspekte des Menschen und der menschlichen Kommunikation. Die für diese Kommunikation wesentlichen Fähigkeiten und Neigungen des Menschen sind zum Teil angeboren, zum Teil bilden sie sich im Laufe des Lebens eines jeden einzelnen. Es gibt Menschen, deren Geist von Geburt an defekt ist, mit denen eine Verständigung nur sehr beschränkt sein kann; dann gibt es andere, die noch als normal gelten, aber stumpfsinnig geboren sind und deren geistige Trägheit durch keinerlei verfügbares Training überwunden werden kann. Auch diejenigen, die keinen solchen angeborenen Belastungen unterliegen, können an einer menschlichen Kommunikation verhindert sein, und zwar durch Störungen, die infolge böser Lebenserfahrungen in ihrer Seele eingetreten sind.
Die auffallendsten seelischen Umstände, die eine Behinderung der menschlichen Kommunikation herbeiführen, sind Geistes- oder Gemütsstörungen, die von Gehirnverletzungen oder -defekten herrühren, sowie jene Erkrankungen, die keine feststellbare physische Basis haben und verschiedene sogenannte psychotische Syndrome bilden. Die Anzeichen der Störungen beider Art umfassen Gedächtnisverlust, Gedankenverwirrung, verzerrte Wahrnehmung, Wahnideen, unbeherrschte Triebe, schwere dauernde Angstzustände, desgleichen abnormales körperliches Verhalten, das auch im sprachlichen Verhalten zum Ausdruck kommt. Auf diesem der Psychiatrie eigenen Gebiet hat das Recht, für das diese Zustände auch sehr erheblich sein können, seine eigenen Ansichten und Bezeichnungen entwickelt. Für die Psychiatrie gelten sie meistens als anachronistisch und manchmal sogar als völlig irreführend; für die praktischen Zwecke des Rechts sind sie gewöhnlich noch brauchbar.

Zwischen der Psychiatrie einerseits, die eine fortschrittliche und noch sich rasch entwickelnde Wissenschaft ist, und der Rechtswissenschaft andererseits, die konservativ in der Angleichung an die ständige wissenschaftliche Weiterentwicklung ist, besteht ein beträchtlicher Mangel an Übereinstimmung in den Ansichten bezüglich der Geistes- und Gemütsstörungen, die von den Psychiatern als Psychosen oder als Geistes- bzw. Gemütskrankheiten, von den Juristen als Wahnsinn, Blödsinn, Irrsinn oder Verrückung bezeichnet werden. Die Nichtübereinstimmung der Auffassungen der Psychiater und der Juristen hier und die unbefriedigende Verständigung zwischen ihnen ist zum Teil auf die verschiedene Art zurückzuführen, in der sie jeweils an dieselben Probleme herangehen, und auf die verschiedenen Aufgaben, mit denen die Psychiater und die Juristen auf dem Rechtsgebiet betraut sind. Für das Recht bedeutet die psychotische Störung gewöhnlich eine Begrenzung der Mitteilbarkeit, die zum völligen Zusammenbruch menschlicher Verständigung mit der betreffenden Person führen kann. Es gibt aber auch latente und unvermutete psychotische Leiden, die dem Recht sogar schwerere Kommunikationsprobleme aufgeben als die offenkundigen psychotischen Leiden; denn während im letzten Fall das Recht einfach davon absieht, sich an die leidenden Personen zu wenden und bestimmte Vorschriften zur Handhabung der Irren hat – Vorschriften, die an andere gerichtet sind, ist es im ersteren Fall noch immer für das Recht unvermeidlich, sich an geistesgestörte Personen zu wenden als wären sie normal. In letzterem Fall stoßen Rechtsvorschriften auf Nichtachtung oder Fehlverständnis oder Unverständnis, da es sich – wie schon gesagt – um geistesgestörte Personen handelt.

Abgesehen von den psychotischen Störungen gibt es

andersartige Störungen, die sich dennoch bei der Kommunikation des Rechts beeinträchtigend auswirken. Es sind die neurotischen und psychopathischen Störungen. Zu den neurotischen Syndromen gehören Phobien, fixe Ideen, Zwangsverhalten und hysterische Reaktionen (einschließlich abnormaler Funktionen von Organen, die an sich gesund sind). Neurotische Persönlichkeiten sind gekennzeichnet durch gehemmtes Verhalten, übertriebene Selbstverteidigungsmechanismen und abnormale Reaktionen auf die äußere Realität. In Zusammenhängen des Rechtslebens sind Neurotiker häufig als Zeugen äußerst unverläßlich, als Gesetzgeber in ihren Überlegungen erratisch, als Richter in ihren Entscheidungen unberechenbar. Ihr Verhalten ist für diejenigen, die nicht über Fachkenntnisse auf dem Gebiet der geistigen Abnormitäten verfügen, oft unverständlich und unvorhersehbar. Selbst jene, die über Kenntnisse und Technik in der Behandlung von Neurotikern verfügen, sind häufig nicht imstande, die Schranken der Verständigung zu durchbrechen oder zu überwinden, die zwischen dem Verständiger und dem zu verständigenden Neurotiker bestehen, oder abzuschätzen, wie weit das Kommunikatum durch die Neurose eines neurotischen Kommunikators beeinflußt wurde.

Psychopathie erweist sich in von gewöhnlichen Erwartungen stark abweichenden Stimmungen und Gewohnheiten, die in antisozialen Handlungsweisen offenkundig werden – sie wird daher oft „Soziopathie" genannt. In derartigen Fällen werden die moralischen Grundsätze, an die sich die Leute erwartungsgemäß halten sollten, ins Gegenteil verkehrt, vernünftiges Denken und Selbstbeherrschung sind sehr eingeschränkt, das Individuum erweist sich als unfähig, sich anständig und schicklich zu verhalten. Psychopathen schaffen ein besonderes Problem für den Gesetzgeber, denn bei wichtigen Anlässen ihres rechtlich bedeutsamen antisozialen Verhaltens nimmt das Recht ihre geistige Behinderung nicht zur Kenntnis und billigt ihnen keine verminderte Verantwortlichkeit zu. Die Rechtswissenschaft übersieht weithin, daß die Psychopathen durch Recht oder moralische Grundsätze nicht genügend beeinflußt werden können, sich so zu verhalten, wie es als sozial wünschenswert anerkannt wird. Dies vielleicht deshalb, weil die Juristen zuviel Gewicht auf den Umstand legen, daß die Psychopathen anscheinend verstehen, was das Recht erwartet, ja sogar dessen Erwünschtheit verstehen; sie übersehen aber, daß es den Psychopathen unmöglich ist, sich entsprechend zu verhalten.

Die besprochenen Störungen des Seelenlebens sind für viele Schwierigkeiten menschlicher Kommunikation, so auch für das Recht bedeutsam, nicht nur insofern sie eine beträchtliche Anzahl von Menschen betreffen, sondern auch weil sie Züge aufweisen, die mehr oder minder und in mancher Gestalt auch bei sogenannten normalen Personen anzutreffen sind. So wird es kaum jemandem gelingen, überhaupt irgendwann ein wirkliches geistiges Gleichgewicht zu erreichen, und es dürfte kaum jemand so großzügig vom Leben behandelt werden, daß er ganz ohne seelische Verwundung davonkommt. Seelische Wunden aber heilen nicht, ohne Narben zu hinterlassen und diese stören auf verschiedene Art die Verständigung. Allein schon insofern wir von unserer Lebenserfahrung abhängig sind, haben wir alle in gewissen Dingen unsere Unempfindlichkeiten und unsere Überempfindlichkeiten. Wir haben Vorurteile und blinde Flecken in unserer geistigen Sicht. In manchen Angelegenheiten sind wir zu willfährig, in anderen neigen wir zum Überkompensieren und sind allzu aggressiv. Wir haben oft unbegründete Befürchtungen und irrationale Hoffnungen. Wir sind manchmal übertrieben gewissenhaft und manchmal ist unser Gewissen getrübt. All dies zusammen macht das Spiel des Lebens aus, mit seiner Unvorhersehbarkeit und seinem Zauber, aber auch mit seinen Kommunikationshindernissen und -risiken, im alltäglichen Leben sowie im Rechtsleben.

Ein wichtiger Faktor, der die menschliche Kommunikation beeinträchtigt, besteht darin, daß unsere gefühlsmäßigen, triebhaften und sogar die vom Denken gelenkten Handlungen nicht immer gleichzeitig mit unserem Gewahrwerden oder vollen Bewußtwerden der Bedeutung dieser Handlungen stattfinden. Es gibt Grade der Klarheit und der Trübung dieser Bewußtheit, die bis zur völligen Unbewußtheit schwinden können – ein Phänomen, welches „das Unbewußte" genannt wird. Die verschiedenen Grade des Gewahrwerdens der Inhalte unseres Denkens, besonders das Vorhandensein des Nullgrades dieser Bewußtheit, werden herangezogen zur Erklärung der Motivationskonflikte, der Fälle von mehrfachen oder gespaltenen Persönlichkeiten, eines Verhaltens entgegen den eigenen, ausdrücklich erklärten Grundsätzen ohne offenkundige Täuschungsabsicht, der Behinderung im Zustandekommen und im Ausdruck der Gedanken und einer Menge anderer Erscheinungen, die zu verstehen geradezu eine Herausforderung selbst für die Fachleute der Psychologie des Unbewußten ist, und erst recht für den Juristen in seiner Arbeit am Recht und über das Recht.

Die menschlichen geistigen Fähigkeiten können durch die Kommunikation entfaltet und erweitert, aber auch vermindert oder eingeengt werden. Denn die menschliche Kommunikation ist nicht nur ein Mittel zur Erlangung von Wissen, ausgewogener Gemütsverfassung und

Willenskraft; sie ist auch ein Mittel, wodurch dies alles geraubt werden kann. Diese Beraubung ereignet sich in vielerlei Formen: sie variiert zwischen den verfeinertsten Formen der Indoktrination und den gröbsten Formen der Massenpropaganda. Die menschliche Kommunikation kann zur Auslösung von Massenhysterie und zu geistiger Manipulation dienen. Sie kann auch zu verblüffenden Wandlungen, manchmal zu „untermenschlichen" Verhaltensweisen führen.

Die vorerwähnten Zustände sind durch Medikamente und Instrumente nicht völlig rückgängig zu machen. Erforderlich ist außerdem ein bedachtsames und gewissenhaftes Bemühen um Kommunikation. Es unterstützt ein entschlossenes und dauerndes Bestreben jener denkenden Menschen, die gesund genug sind, um nicht nur anderer Leute geistige Krankheit, sondern auch ihre eigene zu erkennen, zu prüfen und zu meistern. Wenn wir uns in dieser Weise anstrengen, bekämpfen wir die Tendenz „untermenschlicher" Natur, das von den Menschen Geordnete zu verderben, das menschlich Gehaltvolle zu zerstören. Diese Natur scheint keinen besonderen Hang zur Ordnung auf höherer Ebene und zur geistigen Differenzierung zu haben; sie duldet, was von menschlichem Gesichtspunkt aus als Chaos oder Einförmigkeit erscheint. Damit die bestehende Ordnung der menschlichen Welt aufrechterhalten oder vielleicht erhöht werden kann, muß der Mensch eine aktive kommunikative Rolle spielen, indem er vor allem jene in der menschlichen Kommunikation liegenden Sachverhalte meistert, welche für unseren Kampf ums Überleben und für unsere Anstrengungen, unser Leben nach Wertgesichtspunkten zu führen, wesentlich sind.

Obgleich unsere Versuche zur Kommunikation oft über das konkret Gegebene und sogar über denkbare Erfahrungsobjekte hinausgehen, hat die menschliche Kommunikation immer eine Grundlage in der realen Welt, der Welt, die wir durch sinnliche Erfahrung wahrnehmen und die allen Menschen mehr oder weniger gemeinsam ist. Nur auf dieser Grundlage kann der Mensch seine Traumschlösser bauen, seine Mythen und seine Utopien; nur von da kann er ausgehen, um Abstraktionen und Phantasien zu bilden, Gedanken über das Erfahrungswidrige oder sogar über das Anschauungswidrige zu fassen. Das Gemeinsame in unserer Erfahrungswelt erlaubt uns auch, dies alles einigermaßen mitzuteilen. Es gibt dennoch gewiß auch etwas, das man nicht mitteilen kann. Aber das Unmitteilbare muß nicht etwas sein, das keinen Bezug auf das Erfahrbare hat; es kann auch durch die Unzulänglichkeit der verfügbaren Mittel der Kommunikation unmitteilbar sein.

Die Unzulänglichkeit der Mittel der Kommunikation, um das auszudrücken, was gemeint ist, läßt sich auf die Tatsache zurückführen, daß die geistigen Möglichkeiten, über die der Mensch verfügt, nicht dazu ausreichen, die Probleme zu meistern, die aus der ihn umgebenden Welt hervorgehen. Die Sachverhalte, die sich auf unser Streben beziehen, werden immer komplizierter, je weitreichender und verfeinerter unsere Bedürfnisse werden. Jeder Fortschritt der Zivilisation bringt eine Herausforderung der geistigen Kräfte des Menschen und seiner bestehenden Wege zu Formung und Ausdruck seiner Gedanken mit sich. Die Geometrie, die zur Vermessung des Landes im alten Ägypten geeignet war, reicht für die Zwecke der modernen Astronomie nicht aus. Die klassische Logik, die gut genug war für die antiken und mittelalterlichen Gelehrten (selbst noch für Kant), entspricht nicht mehr den Anforderungen, die durch die zunehmende Kompliziertheit des modernen Lebens entstehen, das weit leistungsfähigere Instrumente der Deduktion und des systematischen Denkens braucht.

In vielen Fällen menschlicher Kommunikation ist die mitgeteilte Wirklichkeit für den die Mitteilung Aufnehmenden unmittelbar gegenwärtig. Sie alle können gleichzeitig die übereinstimmenden Sinneseindrücke haben, so daß durch einfache Bezugsworte, wie „Schau dorthin!" oder „Hör zu!" darauf hingewiesen werden kann. Mit richtig gelenkter Aufmerksamkeit können Feststellungen über den Gegenstand der Mitteilung gemacht werden, welche gewöhnlich im beabsichtigten Sinn verstanden und entsprechend akzeptiert oder zurückgewiesen werden. Gleichwohl gibt es auch in anscheinend so einfachen Fällen objektive Fehlerquellen für die Verständigung. Die verschiedenen jeweiligen Entfernungen des die Mitteilung Aufnehmenden von dem betreffenden Gegenstand und ihre verschiedenen Positionen ihm gegenüber können zu Mißverständnissen führen, aber häufigere, subtilere und weitreichendere Mißverständnisse hängen wohl mit den verschiedenen Erfahrungen zusammen, die jeder die Mitteilung Aufnehmende mit den betreffenden Gegenständen hat. Dies zeigt sich sogar in Fällen, die sich auf Vorkommnisse alltäglicher Erfahrung beziehen, wie Feuer, Speisegerüche, Melodien – sie können in verschiedenen Leuten verschiedene Gedanken, Gefühle oder Handlungen hervorrufen, die das von dem Mitteilenden tatsächlich Gemeinte in verschiedener Weise betonen, unterdrücken oder verzerren. Kommunikationsmißverständnisse tauchen natürlich vermehrt und verstärkt dort auf, wo es sich um verhältnismäßig komplizierte Ganzheiten handelt, etwa um einen eben gehörten Vortrag oder eine soeben gehörte Symphonie.

Wenn der Gegenstand der Mitteilung dem die Mitteilung Aufnehmenden nicht unmittelbar gegenwärtig ist, bestehen weitere Kommunikationsschwierigkeiten. Das richtige Verstehen hängt jetzt auch davon ab, ob die erhaltene Mitteilung hinreichend war und ob der Empfänger imstande ist, eventuelle Lücken im Inhalt auszufüllen oder Bruchstücke zusammenzusetzen. Problematisch ist dies, wenn etwa Zustände in fernen Ländern geschildert oder historische Ereignisse berichtet werden. Jeder Empfänger einer Mitteilung bezieht das, was ihm gesagt wird, auf seine eigene Erfahrung und macht sich so eine Vorstellung von dem, was der Mitteilende meint. Das muß aber bei weitem nicht damit übereinstimmen.

Das, was dem eine Mitteilung Aufnehmenden nicht unmittelbar gegenwärtig ist, hat als Gegenstand einer Mitteilung heute sehr an Bedeutung gewonnen. Die Neugier und die Wißbegier des Menschen sind grenzenlos. Er will erkennen, was er nie sinnlich erfahren hat und niemals wird sinnlich erfahren können und kann dies stellvertretend durch visuelle oder akustische Reproduktion. Weithin muß er sich aber auf wörtliche Berichte oder Beschreibungen verlassen, die niemals die Wirklichkeit wiedergeben können und nur teilweise oder begrenzte Ausschnitte der Wirklichkeit vermitteln. Das Berichtete wird zudem so übermittelt, wie es durch den Mitteilenden bemerkt oder interpretiert wurde und unterliegt immer seinen persönlichen Auffassungen und seiner Möglichkeit, das auszudrücken, was er beobachtet hat. Besonders das sogenannte unstrukturierte Material, wie Wolken, Tintenkleckse oder Gemurmel wird von verschiedenen Menschen höchst verschieden aufgefaßt, auch wenn die mitgeteilte Wirklichkeit für Fachleute auf dem betreffenden Gebiet ein strukturiertes Gebilde ist. Hier liegt ein Grund für die verkehrten Ansichten, die die Menschen von politischen und sogar von wissenschaftlichen Berichten haben, desgleichen für Verdrehungen durch Gerüchte, Tratsch oder Ausdrücke der öffentlichen Meinung. Gegebenheiten, die nicht der Auffassungskraft entsprechend strukturiert sind, werden von unserem Geist übermäßig und fälschlich interpoliert, extrapoliert und synthetisiert. Auf diese Weise neigt man dazu, willkürlich auszuwählen, das unmittelbar Gegebene umzugestalten, also zu fabulieren. All dies verstärkt sich noch bei geistigen Störungen oder tiefverwurzelten Vorurteilen.

Der gemeinsame Nenner aller Vorurteile mag die Unwissenheit sein. Immerhin wäre es unberechtigt anzunehmen, daß die bloße Gegenüberstellung des Empfängers einer Mitteilung mit den „nackten Tatsachen" seine Ignoranz beheben könnte. Es gibt keine Tatsachen, die wahrheitstreu von Voreingenommenen erkannt werden, – von denen also, die darauf eingestellt sind, die Wirklichkeit in einer bestimmten Art und Weise zu sehen und zu deuten. Pawlows Experimente, zuerst mit Hunden, später mit Menschen, erbrachten zwar ausreichenden Nachweis für das Wirken bedingter Reaktionsmechanismen bei beiden Gruppen, aber beweisen natürlich nicht, daß alle Menschen an den ständigen Zwang gebunden sind, der ihnen biologisch und psychologisch von der Natur, von ihren Mitmenschen und von ihrer eigenen Lebensführung auferlegt wird. Aber sie lassen vermuten, daß es biologische und psychologische Faktoren gibt, die gewisse Zwänge für viele Menschen schaffen: Menschen, die von anderen Hilfe brauchen, um einzusehen, worum es sich handelt, und was mit ihnen los ist.

Aus dem Gesagten geht hervor, daß es dem Menschen selbst dort, wo sein Wissensdurst und sein Bedürfnis nach Kommunikation grenzenlos ist, tatsächlich nur gelingt, einen begrenzten Teil der Wirklichkeit mitzuteilen. Ein Gefühl der Verzweiflung über diesen Stand der

Dinge wäre gerechtfertigt, wenn es für den Menschen wesentlich wäre, völlig der Realität zu entsprechen oder eine vollständige geistige Vorstellung von ihr zu haben. Obgleich wir vielleicht wünschen, volle Kenntnis der Realität zu erlangen und dieses Wissen auch anderen vollständig mitzuteilen, ist dies nicht eigentlich nötig. Teilweise Kenntnis und teilweise Mitteilung dessen, was wir wissen, hat sich für das Überleben des Menschengeschlechts als ausreichend erwiesen, wie es auch für andere Lebewesen hinlänglich genügte.
Es ist für das menschliche Leben, sowohl für das individuelle als auch für das soziale, weitaus wichtiger, konstruktiv vorausschauend zu sein, als rekonstruktiv rückblickend. Gewiß, wir benötigen Erfahrungen aus der Vergangenheit, um uns in der Welt zu orientieren, so daß wir imstande sind, unsere gegenwärtigen Probleme zu meistern und uns mit den künftigen auseinanderzusetzen. Aber das Aufzeichnen und Berichten alles dessen, was sich ereignete, und das Streben nach vollständiger Kenntnis alles dessen, was den Menschen betrifft, wird uns in absehbarer Zeit in einen Zustand versetzen, in dem unser Intellekt nicht mehr die Masse der Erfahrungsdaten aufnehmen kann und von ihnen überwältigt wird. Die elektronische Datenverarbeitung vermag uns anscheinend nur eine begrenzte Erleichterung zu verschaffen. Nicht nur um sich des Lebens zu erfreuen, sondern um überhaupt zu leben, ist es wesentlich für uns, aus der Menge der Tatsachen jene auszuwählen, die für unsere Zwecke wichtig sind. Alles Wissen, alles Wahre, alles Mitgeteilte hat so nur pragmatischen Wert.
Die allgemeine Lage menschlicher Kommunikation gegenüber der uns betreffenden Wirklichkeit so zu sehen, bedeutet nicht, daß der Mensch seinen Blick von ihr abwenden oder seinen Eifer im Streben nach Wahrheit

erlahmen lassen soll. Gemeint ist, daß er in seinen Bestrebungen sich seiner Grenzen bewußt sein und so der Realität gegenüber eine realistische Haltung einnehmen sollte. Er muß wissen, daß er ein Gleichgewicht zwischen seinen verfügbaren geistigen Fähigkeiten, seinen Kommunikationsmöglichkeiten und den wißbaren und mitteilbaren Tatsachen anstreben muß, wenn er nicht in der Menge der Daten, die nur teilweise bekannt zu sein und mitgeteilt zu werden brauchen, zu einem Zusammenbruch des Denkens und der Kommunikation kommen soll.

Es gibt Realitäten, die der Mensch selbst, größtenteils durch seine zielbewußten und wohlüberlegten Anstrengungen, geschaffen hat. Daß diese Realitäten Menschenwerk sind, bedeutet nicht, daß sie, einmal geschaffen, nun leichter begreifbare und mitteilbare Tatsachen begründen als die nicht vom Menschen selbst geschaffenen Realitäten. Recht und politische Einrichtungen können selbst für ihre Schöpfer rätselhaft sein, sowohl weil diese Schöpfungen oft nicht einmal von ihrem Urheber verstanden werden, als auch, weil sie dazu neigen, sich von dem ihnen ursprünglich zugemessenen Sinn loszulösen und in der Wechselwirkung der Meinungen der Kommunikatoren und der Kommunikationsadressaten davon unabhängig Bedeutung zu gewinnen. So muß das Recht als ein Bereich der Wirklichkeit immer wieder von neuem durch Studium des vorliegenden rechtlichen Materials erarbeitet werden durch Überlegungen, Nachdenken und Integrierung der Denkergebnisse in Begriffen und Theorien, die der Rechtswirklichkeit entsprechen.

Wegen der Kommunikationsrisiken, die in der Unzulänglichkeit unseres Denkens für das Erfassen der Wirklichkeit und unserer Ausdrucksmöglichkeiten in der Übermittlung des Erfaßten liegen, ist Vorsicht erforderlich, um so weit wie möglich diesen Risiken vorzubeugen. Zu den Vorsichtsmaßnahmen gehört behutsame Vermeidung von übertriebenen Vereinfachungen und übertriebenen Verallgemeinerungen. Es ist beim gegenwärtigen Stand des Wissens unmöglich, alle Realitäten auf einfache, einheitliche und universelle Denkmuster zurückzuführen. Wir müssen einige Lücken in unserer Erfassung der Welt zugeben, weshalb ihre verschiedenen Aspekte oder Ebenen auch auf verschiedene Art und Weise gehandhabt werden müssen. Immerhin, für beschränkte Gebiete kann es manchmal der Mühe wert sein – dies zumindest als ontologische Übung – die Menge der mannigfaltigen Erfahrungsdaten in umfassende und doch einfache Schemata zu ordnen.

Das *caveat* gegen einen Reduktionismus gilt vorwiegend dem Erfassen des Phänomens „Mensch" selbst. Die Menschen unterscheiden sich bezüglich ihrer geistigen Ausstattung wie auch in den äußeren Umständen ihrer Persönlichkeit sehr stark von einander. Sie unterscheiden sich im Temperament, in der Art ihrer Wahrnehmung, in ihrer Aufmerksamkeit, in ihren Vorlieben, in ihrer Empfindlichkeit und Beeinflußbarkeit. Ihr Verhalten, mitinbegriffen ihr Verhalten in der Kommunikation, wird bestimmt durch ihre äußere Erscheinung, durch ihre körperlichen Vor- und Nachteile, durch soziale Umgebung, Familienverhältnisse, Alter und durch ihren nationalen, rassischen, religiösen und kulturellen Hintergrund. Je nach ihrer geistigen und körperlichen Verfassung und der Beeinflussung, der sie in ihrem Leben ausgesetzt waren, haben die Menschen verschiedenartige Assoziationen als Reaktion auf die durch die Kommunikation vermittelten Anreize.

Sei der Mensch auch ein noch so vielfältiges Wesen, so kann man dennoch von gewissen allgemeinen Eigenschaften und somit von dem Menschen im allgemeinen sprechen. Wie Pflanzen und Tiere, ist auch der Mensch ein Organismus und braucht daher bestimmte Bedingungen, um am Leben zu bleiben und sich fortzupflanzen. Immerhin, im Gegensatz zur übrigen belebten Natur scheint der Mensch ein Geschöpf zu sein, das noch nicht endgültig „etabliert" ist: er ist fähig, sich weitgehend neuen Situationen anzupassen und sogar für sich völlig neue Situationen zu schaffen, um zu leben und um sein Leben zu *führen.* Während die anderen Lebewesen fähig zu sein scheinen, nur zum Gewahrwerden ihrer Umwelt und ihrer eigenen Identität zu gelangen, ist der Mensch darüber hinaus auch fähig, ein Bewußtsein seines eigenen Bewußt-Seins zu erreichen. Ungleich den anderen Lebewesen gibt es für ihn nicht bloß das Hier und Jetzt: Es ist ihm lebenswichtig, die Grenzen seiner augenblicklichen Lage sprengen zu können und bewußt im Hinblick auf sogar weite zeitliche und räumliche Entfernungen handeln zu können. Als ein vorausblickendes und vorsorgendes Geschöpf kann der Mensch es sich nicht leisten, nur auf die Gaben und Kräfte der Natur zu vertrauen, er muß sich weitgehend auf sich selbst verlassen – und ist daher ein „prometheisches" Wesen, auch ein den anderen Lebewesen unbekannten Leiden ausgesetztes Wesen.

Obgleich der Mensch die Fähigkeit hat, seine eigenen Lebensumstände zu gestalten, indem er schöpferisch auch auf sich selbst einwirkt, ist er doch auch ein Teil der Natur und daher ein determiniertes Wesen. Nicht nur ist sein Körper als biologische Erscheinung den Gesetzen der physikalischen und organischen Natur unterworfen, sondern auch sein Geist unterliegt den besonderen Gesetzen, nach denen geistige Prozesse verlaufen. Die Umstände, die des Menschen geistiges Verhalten bestimmen,

hängen nicht nur von seiner Umgebung ab, sondern auch von seinem Innenleben. Dieses Innenleben des Menschen besteht auch aus vegetativen und emotionalen Lebensfunktionen, die eine relativ stabile Struktur der „Tiefenperson“ im Gegensatz zur relativ labilen Struktur der „Kortikalperson“ bewirken, welche sich im Überlegen, Planen und Entschließen kund tut.
Im Vergleich mit der übrigen belebten Natur ist der Mensch ein in hohem Grade „geschichtetes“ Wesen. Denn sein ganzer Aufbau ist nicht nur physikalischer, chemischer oder biologischer Natur, sondern, wie die der höher organisierten Tiere, auch psychologischer und darüber hinaus noch noetischer (geistiger) Natur, bestehend aus Vorgängen des Denkens. Auf dieser Tatsache beruhen nicht nur positive Möglichkeiten für den Menschen, sondern auch negative Möglichkeiten – Gefahren verschiedener Art. So ist er nicht nur der zerstörenden Wirkung der Elemente und den Krankheiten, sondern auch den zerstörenden Kräften der Emotionen und darüber hinaus den zerstörenden Kräften der Vorstellungen und Begriffe, die er selbst erdacht und zum Ausdruck gebracht hat, ausgesetzt. Um sein Leben zu sichern, muß er alles meistern, was seine Existenz bedroht – sich selbst, als den Schöpfer seiner Schöpfungen, mitinbegriffen. Denn das bloße Dahinleben, sein Leben einfach gemäß seinen natürlichen Anlagen und Neigungen (einschließlich dessen, was man Gewissen und Glaube nennt) genügt einfach nicht für seine *humane* Existenz. Diese Anlagen und Neigungen müssen durch menschlichen Erfahrungsaustausch überprüft und durch verschiedene Mittel individueller und sozialer Kontrolle beherrscht werden. Die wichtigsten Mittel individueller Kontrolle sind Selbsterkenntnis und Selbstdisziplin, die wichtigsten Mittel sozialer Kontrolle sind das positive Recht

und die eingebürgerte Moral. Zum Austausch menschlicher Erfahrungen, der für die Entwicklung und Handhabung all dieser Mittel der Kontrolle wesentlich ist, ist Kommunikation nötig, und zwar eine wirksame *menschliche* Kommunikation.

Um vom Menschen in allgemeinen Begriffen denken zu können, muß man Eigenschaften, die den Menschen individuell sind, als unwesentlich außer acht lassen und die übrigen Eigenschaften zusammenfassen. Ein Weg dazu ist die Klassifikation, die zu den Klassenbegriffen führt. Eine Klasse ist ein Denkgebilde und ein Denkbehelf, bestehend aus der Gesamtheit jener Merkmale, die den Eigenschaften entsprechen, welche die erfaßten Gegenstände gemeinsam haben. Wenn eine Person *alle* diese Eigenschaften besitzt, wird sie der bezüglichen Klasse *zugezählt,* wenn nicht, wird sie von dieser Klasse ausgeschlossen und einer anderen Klasse *zugezählt.* Zum Beispiel: wenn eine Person die Eigenschaften „Mensch", „männlich" und „verheiratet" hat, gehört sie zur Klasse „Ehemänner"; hat sie die Eigenschaften „Mensch", „männlich", aber nicht „verheiratet", gehört sie zur Klasse der „Junggesellen".

Es gibt Zwecke, für welche Klassenbegriffe, die durch starre begriffliche Grenzen gekennzeichnet sind, nicht geeignet sind. Zum Beispiel könnten wir von einem „vernünftigen Menschen" sprechen wollen, worunter wir eine Person verstehen, die mit vorbildlicher Einsicht, Umsicht und Takt in der Führung ihrer Angelegenheiten begabt ist. Solch ein Mensch ist kaum zu finden, und wenn „vernünftiger Mensch" als Klassenbegriff aufgefaßt würde, wäre die betreffende Klasse leer. Nichtsdestoweniger ist der Begriff „vernünftiger Mensch" nützlich als Denkbehelf, wenn er auf einem geeigneten methodologischen Prinzip beruhen würde. Ein solches

Prinzip kann man etwa in der Bildung von Begriffskonstruktionen, die man „Typen“ nennt, finden, denen die Gegebenheiten nicht zugezählt, sondern *zugeordnet* werden. Wenn es heißt, daß eine Gegebenheit einem Typus angehört, bedeutet dies, es treffen auf sie *mehr* charakteristische Merkmale des betreffenden Typenbegriffs zu als irgendeines anderen Typenbegriffs in dem gleichen Typensystem. Um einem Typ zuzugehören, ist es nicht nötig, daß eine Gegebenheit alle Eigenschaften aufweist, die den Merkmalen des bezüglichen Typenbegriffs entsprechen. Es ist sogar möglich, daß es nichts gibt, das den betreffenden Typus verkörpert. In diesem Fall ist der in Frage stehende Typus ein nichtempirischer Typus. Wenn mindestens eine solche Gegebenheit existiert, ist der in Frage stehende Typus ein empirischer Typus. Die „vollkommen gerechte Rechtsordnung“ ist ein Beispiel für jenen, der „Rechtsstaat“ für diesen.
Von besonderer Bedeutung für die menschliche Kommunikation und für das Recht sind die als „Persönlichkeitstypen“ bezeichneten Begriffskonstruktionen. Die Grundlage ihrer Gestaltung sind die persönlichen Eigenarten der Menschen. Selbst dort, wo die körperliche Formung der Ausgangspunkt dieser Systeme ist (wie bei der Unterscheidung von leptosomen, pyknischen und athletischen Typen), sind es die mit der körperlichen Konstitution verbundenen geistigen Eigenschaften, auf die es ankommt. Der Unterschied zwischen Introvertierten und Extrovertierten beruht auf rein geistigen Zügen. Ein rechtlich wichtiger Unterschied ist der zwischen „normalen“ und „abnormalen“ Personen. Den Typus „normaler Mensch“ kann man durch das Fehlen aller psychopathologischen Züge charakterisieren, während der Typus „abnormaler Mensch“ durch das Vorhandensein aller solcher Züge gekennzeichnet wird.

Da es wohl keinen von psychopathologischen Zügen völlig freien Menschen gibt, auch keinen, der alle psychopathologischen Charakterzüge besitzt, kann die Unterscheidung zwischen normalen und abnormalen Menschen folgendermaßen gemacht werden: entweder man macht ein Zugeständnis an das Vorhandensein psychopathologischer Züge bei konkreten Personen, die noch als normal gelten, und für das Nichtvorhandensein einiger solcher Eigenschaften bei konkreten Personen, die als abnormal gelten, oder man betrachtet „normale Person“ und „abnormale Person“ als nicht-empirische Typen, denen tatsächlich niemand völlig entspricht. In diesem Fall sind beide Typen polare Begriffskonstruktionen, zwischen denen ein Kontinuum sich ausbreitet, in dem sich individuelle Persönlichkeiten befinden, und welche die Kriterien für die Beurteilung des Grades von Normalität oder Abnormalität jedes einzelnen Menschen liefern. Tatsächlich wirkt die Unterscheidung nach beiden Richtungen. Für theoretische Erörterungen werden beide Typen als nicht-empirisch, für praktische Erörterungen als empirische Typen betrachtet. In letzterem Fall werden irgendwo im Kontinuum zwischen den beiden Polen Teilungslinien zwischen Normalität und Abnormalität gezogen. Diese Teilungslinien können nicht nur für verschiedene Rechtssysteme verschieden sein, sondern sogar für verschiedene Gebiete des gleichen Rechtssystems (z. B. für Vertragsrecht und für Strafrecht). Sie sind auch verschieden für das Recht und für die heutige Psychiatrie. Damit lassen sich manche Schwierigkeiten in der Kommunikation zwischen Juristen und Psychiatern erklären.

Die Theorien von Persönlichkeitstypen weiter zu verfolgen, würde in die Fülle und in die Vielfalt psychiatrischer und psychologischer Gelehrsamkeit und Gegensätzlichkeit führen. Ohne Zweifel können auf diesem Gebiet höchst wichtige Einsichten für die Erörterung von Recht und menschlicher Kommunikation in Verbindung mit den großen Gegenwartsproblemen des menschlichen Lebens erreicht werden. Denn es scheint ein wesentlicher Zusammenhang zwischen den Kommunikationsschwierigkeiten, die das Recht betreffen und den Eigenschaften der Persönlichkeiten von Gesetzgebern sowie ihren Normadressaten zu bestehen. Anscheinend unterliegen geistige Störungen der Panik gegenüber diesen Problemen, aber auch der Unempfindlichkeit ihnen gegenüber.

Zweite Begegnung: Kommunikation und Rollentreue

Es war an einem Samstagnachmittag und ich arbeitete in meinem Garten, als ein junger Mann und eine junge Frau zu mir kamen und mir eine internationale religiöse Broschüre anboten. Ich wußte in etwa, was diese Zeitschrift enthielt, und hatte kein Verlangen, sie mir zu kaufen. Aber während ich nach einer einfachen und freundlichen Möglichkeit suchte, sie abzuweisen, wurde ich einer warmen Schönheit in ihren Augen gewahr, die Frieden, Glauben und Hingabe ausstrahlten. So fragte ich, ob sie ein wenig Zeit erübrigen könnten, um etwas zu plaudern.

Es stellte sich heraus, daß sie seit dem frühen Morgen in vielen Häusern meines Viertels Besuche gemacht hatten, aber nirgendwo willkommen waren. Die Leute waren eifrig bestrebt, sie loszuwerden, und einige waren sogar schroff abweisend. Ich versuchte, etwas über den jungen Mann zu erfahren; er schien mir intelligent und ich erfuhr, daß er ein akademisches naturwissenschaftliches Studium abgeschlossen hatte und sodann für die Erwerbung des Doktorgrades arbeitete, mit der Absicht, akademischer Lehrer auf diesem Gebiet zu werden. Während er intensiv damit befaßt war, dieses Ziel zu erreichen, wurde er sich mehr und mehr der entseelenden Wirkungen der Wissenschaft und Technologie bewußt. Die gesamte wissenschaftliche Anschauung begann ihn anzuekeln und der Geist der Wissenschaft, dem er zu dienen hatte, erschien ihm gesichtslos und hohl. Er sehnte sich nach einer festen Grundlage, den aber die Wissenschaft in seiner Suche nach *ihrer* Wahrheit nicht bieten konnte.

Dann sagte er mir, daß einige Aussprüche der Heiligen Schrift ihn nicht mehr losließen. Er war von dem Gedanken gefesselt, daß das Himmelreich nicht in der äußeren Welt zu suchen ist, sondern im Inneren des Menschen. Er war tief davon ergriffen, daß das Himmelreich es sei, nach dem es vor allen Dingen zu trachten gilt, und daß alles andere demgegenüber geringfügig sei. Das Lesen der Bibel brachte ihm Seelenruhe und spornte ihn an, während die theologische Literatur ihn mehr als kalt ließ. In den theologischen Auseinandersetzungen fand er, daß die gleiche Vernunft, die die Grundlage der Wissenschaft ist, auch hier eine zerstörerische Rolle spielt. Sie hebt die Reinheit und die Sicherheit der ursprünglichen biblischen Aussprüche auf und löst endlose doktrinelle Streitereien und Feindseligkeiten im Namen der „Vernunft" und sogar „Gottes" aus. Nach einer Periode, in der er schwankte und seine Seele auf der Suche war, gab er seine wissenschaftliche Laufbahn auf und wurde Mitglied einer strengen fundamentalistischen Sekte und war nun dabei, sich auf eine Missionstätigkeit vorzubereiten.

Als ich bemerkte, wie fest er von seiner Berufung ergriffen war, hielt ich es für zwecklos, mich in eine Auseinandersetzung mit ihm über die Haltbarkeit seiner gegenwärtigen Überzeugung einzulassen. Aber ich war neugierig zu erfahren, wie eine Person, die sichtlich eine strenge wissenschaftliche Ausbildung erfahren hatte, so völlig ihren Intellekt opfern und so gänzlich die Erhellung, die eine solche Ausbildung vermittelt, beiseite schieben konnte. Als ich mich erkundigte, wie er die buchstäbliche Fassung der Schöpfung, wie sie im Alten Testament steht, akzeptieren konnte, antwortete er, daß er sie deshalb akzeptiere, weil sie durch das Wort Gottes mitgeteilt wurde. Da die Wissenschaft nicht Anspruch erhebt, etwas Unwiderlegbares zu bieten, kann sie das nicht außer Geltung setzen, was die Bibel klar sagt. Als ich ihn fragte, wie er das vom Zorn Gottes ausgelöste Leid der Unschuldigen mit dem Erbarmen und der Güte Gottes in Einklang bringen könnte, antwortete er, daß das, was Gott angeordnet hat, ein Teil der göttlichen Ordnung und als solches notwendig gut sei. Nur weil wir immer wieder versuchen, das Wesen Gottes und die göttliche Ordnung, wie sie uns durch die Heilige Schrift geoffenbart sind, an unseren Maßstäben des Guten, des Gerechten und des Wahren zu beurteilen, können wir dagegen Einwände erheben.

Nach einer Weile erreichten wir den Punkt, an dem ich fühlte, daß wir einander nichts Lohnenswertes mehr zu sagen hatten. Ich kaufte die Broschüre, die mir meine Besucher angeboten hatten und sie gingen fort. Am Abend blätterte ich sie durch und versuchte, einige Teile daraus zu lesen. Sie ließen mich aber unberührt und auch weiterhin wurde ich noch von meinen früheren Gefühlen der Unruhe und Ängstlichkeit darüber beherrscht, was ringsherum in der Welt und in mir selbst vorging. Ich konnte mir vorstellen, daß diese Gefühle, wenn man sich völlig aufgibt für etwas, was als erhaben erfahren wird, weggefegt werden und Seelenruhe einkehrt. Aber es gelang mir selbst nicht, etwas zu finden oder zu schaffen, das mir Geborgenheit in einem zweifelhaften Glauben zu geben vermochte.

Die Hoffnung, daß die Vernunft, wenn sie nur ordentlich angestrengt wird, zur Lösung des Problems führen wird, wie man das Überleben der Menschheit sichern kann, wechselte in mir mit Hoffnungslosigkeit. Ich geriet in Verzweiflung über die Aussicht, nicht nur des

Durchschnittsmenschen, sondern sogar der Menschen mit außergewöhnlichen sittlichen und geistigen Eigenschaften, entscheidende Beiträge zur Lösung dieser Probleme zu leisten. So gibt es eine ganze Menge von Gründen, die es müßig erscheinen lassen, zu versuchen, das Problem des Überlebens gehörig anzupacken. Diese Gründe liegen unter anderem in den großen Bildungsunterschieden, in den verschiedenen Denkgewohnheiten und in den Grundeinstellungen zum Vermögen, zur Macht, zum Leben und sogar zum Tod. Selbst auf einem sehr hohen geistigen Niveau finden wir radikal auseinanderklaffende Einstellungen, z. B. einen übernüchternen Realismus einerseits und einen unnüchternen Romantizismus andererseits. Der Realismus und der Romantizismus haben beide zum menschlichen Fortschritt beigetragen, aber ihre Auswüchse oder ihre perversen Erscheinungsformen haben ihn behindert. Sie erscheinen oft in der Gestalt intellektueller und moralischer Redlichkeit und werden manchmal von hervorragenden Geistern vertreten, die zu täuschenden Ideen, manchmal in Verbindung mit anderen hervorragenden Geistern, gelangt sind und an diese Ideen jetzt ehrlich glauben. So haben die entsprechenden Einstellungen Kommunikationshindernisse aufgestellt, die die Protagonisten und Antagonisten verschiedener ernstzunehmender und nicht ernstzunehmender Überzeugungen in der Gesellschaft von Gleichgesinnten bleiben ließ.

Was wir als aufrichtige Überzeugungen hegen, bildet eine Grundlage für intellektuelle und moralische Bindungen. Nur die Entschlossenheit, nicht an einen besonderen Gesichtspunkt oder Standpunkt gebunden zu sein, ist völlig mit einer ungestörten menschlichen Kommunikation vereinbar, insbesondere mit der im Denken, die im paraduktiven Verfahren stattfindet. Unvoreingenommene Denker sind selten zu finden; das Bekenntnis als solches zum offenen Denken bedeutet nicht, daß einer, der vorgibt, denkoffen zu sein, es auch tatsächlich zu sein vermag, wenn er an einer Argumentation beteiligt ist, in der tief eingewurzelte Überzeugungen oder Vorlieben im Spiel sind. Bei den Bemühungen um die Lösung der gegenwärtigen großen Probleme der Menschheit spielen nicht nur unnachgiebige ideologische Meinungen, sondern auch unnachgiebig aufrechterhaltene religiöse Überzeugungen eine auffallende Rolle. Auch die Standpunkte, die von einer nationalen Zugehörigkeit bestimmt sind, sind hier bedeutsam. Während es für die Ideologien und positiven Religionen typisch ist, daß sie für ihre Inhalte Universalität und exklusive Geltung beanspruchen, gilt für Nationalismen, daß sie typischerweise Überheblichkeit, Hochmut und Verachtung erzeugen. Alle diese Haltungen berauben die beteiligten Denker der genügenden Fähigkeit des Gebens und Nehmens bei Auseinandersetzungen, in denen ihre empfindlichsten Stellen berührt werden. Allzuoft bestimmen sie ihre Verfechter zu feindseligem Schweigen oder zu beißender Beredsamkeit.

Es gibt keine Möglichkeit, daß ideologische, religiöse oder nationale Eiferer die Kommunikation fördern können, die nötig ist, um die Lösungen der oben erwähnten Probleme herauszuarbeiten – Probleme, die das Schicksal der vorhandenen politischen Institutionen, der sozialen Wohlfahrt, des individuellen menschlichen Lebens oder die Organisation der Welt betreffen –, es sei denn, daß sie zur wirklichen geistigen Elite gehören. In allen diesen Fällen bedeutet dies, daß sie (oft leidenschaftlich) verschiedene besondere Ansichten in der einschlägigen Argumentation vertreten mögen, aber daß ihre letzte Bindung nicht zu den Ursprüngen dieser Ansichten gehören, sondern der Autorität der Vernunft, die sich im

Laufe der Argumentation entfaltet. Sogar, wenn sie aus irgendwelchen Gründen nicht in der Lage sein sollten, bekanntzugeben, wodurch ihre Meinung im Grunde bestimmt worden ist, mag ihr Beitrag zur Argumentation doch wertvoll sein. Die Bindungen, die das Versagen ihrer Zustimmung etwa bestimmt haben, brauchen den Begründungsvorgang nicht wesentlich zu beeinträchtigen.

Unter den „überdurchschnittlichen" Menschen, von denen man wirkliche Beiträge zur Lösung der gegenwärtigen großen Probleme der Menschheit vor allen Dingen erwartet, befinden sich unter anderen Juristen und Politiker. Die Personen, die zu den Typen gehören, die hier „der Jurist" und „der Politiker" genannt werden, können Bindungen haben, die auf ideologischer, religiöser oder nationaler Zugehörigkeit fußen. Aber neben diesen Bindungen bestimmt die genaue Rolle, die sie beruflich spielen, spezifisch ihre weiteren Bindungen, desgleichen ihr spezifisch kommunikatives Verhalten. Um ihre aktuelle und potentielle Rolle in der Argumentation klarzulegen, die die Begründung der Werturteile über Grundprobleme des menschlichen Lebens betrifft, sollen einige Umstände, die für ihre kommunikativen Begegnungen von Bedeutung sind, erörtert werden.

Die spezifische Verpflichtung des Juristen ist, dem Recht zu dienen. Der Wert, nach dem seine Tätigkeit ausgerichtet ist, ist die Legalität, d. h. er ist verpflichtet, die Lebenssachverhalte in Entsprechung zu den Ideen zu verwirklichen, welche in seiner Rechtsordnung verkörpert sind. Um Rechtsprobleme richtig zu lösen und um sicherzustellen, daß solche Lösungen auch eine richterliche Anerkennung finden oder anders in der Rechtsanwendung zur Geltung kommen, muß der Jurist hervorragende intellektuelle Eigenschaften besitzen. Lange und anspruchsvolle Studien, die erforderlich sind, um Fachkenntnisse im Recht zu erlangen, bringen ein intensives Training des Intellekts mit sich und liefern eine große Menge an Information und erzeugen die Fähigkeit, davon einen praktischen Gebrauch zu machen.

Der Jurist erwirbt die Fähigkeit, sich wirksam zu äußern, als Teil seiner beruflichen Ausbildung. Im Laufe seiner beruflichen Tätigkeit lernt er, das Wesentliche aus der Fülle der einschlägigen Tatsachen herauszulesen und seine Argumente dem Richter, den Geschworenen und seinen Kollegen klar vorzutragen. Im Laufe seiner Berufstätigkeit erwirbt der Jurist auch die Fähigkeit, sich in die jeweilige Situation des Rechtsstreites einzufühlen, und die Fähigkeit, mit allerlei Leuten in emotionellen Kontakt zu treten. Diese letztere Fähigkeit ist für ihn notwendig, damit er seine Rechtsfälle von innen heraus zu verstehen und die erforderlichen rechtlichen Schritte mit größerer Überzeugungskraft vornehmen kann. Diese Fähigkeit ist auch wichtig für ihn, um denjenigen, mit denen er umzugehen hat, die geistige Kraft seiner Argumente zu eröffnen. Es liegt im Wesen der juristischen Arbeit, daß der Jurist ein „guter Verlierer" zu sein vermag. Rechtsstreitigkeiten, die nicht einvernehmlich beigelegt werden, bedeuten unvermeidlich den Prozeßverlust für eine Partei. So hat der Jurist häufig die Enttäuschungen eines solchen Verlustes zu erleben und muß die innere Kraft aufbringen, um das mit ruhigem Gemüt und würdevoll zu akzeptieren – sowohl persönlich als auch gegenüber dem enttäuschten Klienten.

In nicht-totalitären Staaten erfreut sich eine Anzahl von Juristen beträchtlicher politischer Sicherheit: ihr Beruf ist entweder ein wirklich freier oder wenigstens soweit frei, daß es dem Juristen möglich ist, nach seinem eigenen Urteil zu handeln. Hier sind die Juristen sowohl individuell als auch als soziale Gruppe in der Lage, ohne ihre persönliche wirtschaftliche Sicherheit allzusehr zu gefährden, von außen kommendem Druck zu widerstehen, mit dem versucht wird, die Art und Richtung ihrer Tätigkeit zu beeinflussen. Eine potentielle ökonomische Sicherheit besteht sogar für viele jener Juristen, die in einem privaten oder öffentlichen Dienstverhältnis stehen. Wenn sie eine genügend vielseitige juristische Ausbildung erfahren haben, können sie in den meisten Fällen ihren Lebensunterhalt durch eine private juristische Praxis sicherstellen; dies dann, wenn ihnen die abhängige Arbeit nicht liegt oder sie denjenigen nicht liegen, von denen sie abhängig sind. In nicht-totalitären Staaten genießen die Richter, obwohl sie Staatsbeamte sind, eine weitgehende Unabhängigkeit, die hier als wesentlich betrachtet wird, um die Objektivität ihrer Rechtsprechung zu gewährleisten.

In seinem eigenen Land ist der Jurist ein Mitglied einer wohl-integrierten Gruppe, in der günstige Bedingungen für eine erfolgreiche menschliche Kommunikation vorhanden sind. Die Fachsprache und die professionellen Denkgewohnheiten fördern beträchtlich die gegenseitige Verständigung der Juristen in innerstaatlich sich abspielenden Angelegenheiten. Verschiedene besondere Schulen des juristischen Denkens, die in einigen Ländern bestehen, können für Meinungsverschiedenheiten über die Lösungen gewisser rechtlicher Probleme verantwortlich sein, aber sie stören selten das Verständnis dessen, was die Angehörigen der jeweiligen Schulen sagen. Die Kommunikation der Juristen mit Nicht-Juristen in innerstaatlichen rechtlichen und nicht-rechtlichen Angelegenheiten begegnet ebenso keinen besonderen Schwierigkeiten, weil die Juristen eine beträchtliche Erfahrung in öffentlichen Angelegenheiten haben; sie sind gut mit

Kenntnissen und mit Können ausgestattet, um mit Widrigkeiten in Kommunikationssituationen fertig zu werden. Der Jurist gilt gewöhnlich als ein Prototyp des „vernünftigen Menschen"; und in der Tat, um seine verantwortungs- und anspruchsvollen Aufgaben zu meistern, ist es auch gewöhnlich so, d. h., daß er meistens frei ist von Geistesstörungen erheblicher Art, desgleichen von Exzentrizität und Extravaganz, was er sich alles bei der Ausübung seines Berufes nicht gut leisten kann.

Aber trotz des vorher Gesagten stößt die Kommunikation der Juristen sogar in ihren innerstaatlichen Belangen auf erhebliche Schranken. Der Jurist hat nicht nur ein begrenztes Wissen auf vielen Gebieten menschlichen Unterfangens, er ist auch – wie alle anderen Menschen – in seinen Versuchen behindert, sie geistig so zu durchdringen, daß er sie genügend verstehen kann. Das Recht selbst wirft oft Probleme auf, deren angemessene Lösung, außer den speziellen Rechtskenntnissen, ein fast universales Wissen erfordert. Mehr noch, die Komplexität des modernen Lebens macht auch das Recht immer komplexer und vergrößert die Masse dessen, was der Jurist zu kennen hat. Es ist kaum nötig hervorzuheben, daß die Komplexität und die enorme Fülle des Rechts, die die Rechtsordnungen der hochentwickelten Länder bergen, es für jeden Juristen unmöglich machen, eine direkte und adäquate Kenntnis des gesamten Rechts seines Staates zu haben. Spezialisierung im Recht ist unvermeidlich und damit sind auch die Grenzen abgesteckt, die zu einer Spezialisierung der menschlichen Kommunikation nötigen. Die intensive und extensive Arbeit, die das juristische Studium und die juristische Praxis erfordern, absorbiert einen beträchtlichen Teil der geistigen Energie, die für eine allseitige menschliche Verständigung notwendig wäre. Studium und Praxis können außerdem dazu führen, daß der Jurist in eingefahrene Denkbahnen gerät, auf denen man sich zwar bequem bewegt, von denen man aber nur schwer abzuweichen vermag, wenn dies erforderlich ist.

Die Unfähigkeit vieler Juristen, die Bedeutung der Rechtserneuerung zu verstehen oder anzuerkennen, ruft intellektuelle und emotionelle Bedingungen hervor, die den Juristen mitunter daran hindern, mit Überzeugungskraft zu sprechen oder ein guter Zuhörer zu sein. Während das moderne Recht ein höchst institutionalisiertes System der Werte darstellt, ein System, das durch die etablierten Grundsätze für die Rechtsinhalte und das Rechtsverfahren beherrscht ist, sind Juristen, die unflexibel an diesem System haften, daran gehindert, den Werten zu dienen, die nicht in der für sie erheblichen Rechtsordnung enthalten sind. Die Billigkeit, die Gerechtigkeit und andere soziale Werte sind vielen Juristen nur insoweit wesentlich, als sie in den Normen des positiven Rechts enthalten sind. Die Maxime, nach der die Juristen nur allzuoft zu handeln geneigt sind, lautet: *dura lex sed lex.* Um die Härte dieser Maxime abzuschwächen, jedoch entschieden gesetzestreu bleiben zu können, greifen Juristen oft nach pseudologischen Denkweisen, als ob diese eine spezifische „juristische Logik" ausmachen würden. Ein gewisses sittliches Risiko ist mit dem sog. Advokatismus des juristischen Berufes verbunden. Es kommt in der Freude zum Vorschein, die erlebt wird, wenn für oder gegen was immer für einen Standpunkt argumentiert wird, und äußert sich in der Bereitschaft, sich in den Dienst jeder Sache zu stellen.

Vieles von dem Aktivum, das der Jurist für die menschliche Kommunikation in seinen eigenen Staat einbringt, ist auf seine internationale Kommunikation übertragbar. So erleichtern die intellektuellen Fähigkeiten und die emotionellen Eigenschaften, die für den Juristen typisch sind, den Gedankenaustausch über die Staatsgrenzen. Aber auch das Passivum, das der Jurist im innerstaatlichen Bereich zeigt, wirkt sich auf seine internationale Kommunikation aus, ja das Negative gewinnt dort nicht unerheblich an Gewicht und an Zahl. Zu den Umständen, die hier eine negative Wirkung ausüben, gehört das Fehlen einer Einheitlichkeit des Rechts in der Welt. Selbst rezipiertes Recht entwickelt sich zumeist mehr oder weniger unabhängig von seiner ursprünglichen Quelle. So ist keine staatliche Rechtsordnung ein Ebenbild der Rechtsordnung eines anderen Staates. So ist die Kenntnis der Rechtsordnung des einen Staates dem Juristen nicht immer für die Kenntnis des Rechts eines anderen Staates behilflich. Selbst im Falle einer weitgehenden Ähnlichkeit zweier Rechtsordnungen kann die Kenntnis der einen den Erwerb der Kenntnisse der anderen nicht nur nicht förderlich sein, sondern diese sogar stören. Außer den intellektuellen Faktoren, die die übernationale Kommunikation beeinträchtigen, gibt es auch emotionelle Faktoren, die in demselben Sinne wirken. In der Geschichte eines jeden Rechtssystems gibt es vieles, das einem Rechtsbeflissenen ans Herz wächst und ihn mit Stolz erfüllt. So ist es kein Wunder, daß es Juristen gibt, die wie Patrioten bereit sind, das Eindringen fremder Rechtsgedanken entschieden zu bekämpfen, auch wenn die geistigen Waffen längst versagt haben.

Die emotionelle Haltung, die Juristen sowohl den fremden Rechtssystemen als auch ihren eigenen entgegenbringen, macht sie oft zu schlechten Fürsprechern oder Zuhörern, wenn die Vor- und Nachteile dieser Systeme in Frage stehen, ganz abgesehen davon, daß die juristische Fachsprache vielfach unnötig schwerfällig ist. Die Interpretation, die Gerichte gewissen rechtlichen Ausdrücken geben – wie schwerfällig und unschön diese Ausdrücke auch ausfallen mögen – veranlassen die Juristen, solche Ausdrücke eher beizubehalten als das Risiko einzugehen, das ein Rechtsstreit mit zwar eleganten, aber unerprobten Ausdrücken mit sich bringen kann. Diese Umstände erschweren die intellektuelle Bürde beträchtlich, die der Jurist auf sich nehmen muß, um sich mit den Eigentümlichkeiten des ihm nicht bekannten Rechtssystems vertraut zu machen. Sie erzeugt Ungeduld, Trotz und Oberflächlichkeit in seiner übernationalen Kommunikation über das Recht, das nicht sein eigenes ist.

In internationalen argumentativen Begegnungen, die nicht-rechtliche Angelegenheiten betreffen – egal, ob mit Juristen oder mit Nicht-Juristen – ist der Jurist ersichtlich besser dran als der durchschnittliche Mensch, und zwar aus den Gründen, die oben hinsichtlich seines intellektuellen und emotionellen Aktivums angegeben wurden. Aber in diesem Gebiet der Kommunikation ist die Rolle des Juristen in seiner professionellen Eigenschaft nicht sehr wesentlich, es sei denn, er wird als Politiker tätig.

Die charakteristische Bindung des Politikers besteht im Dienst am Gemeinwohl, was auch immer dessen besondere Fassung sein mag. Um der Idee des Gemeinwohls zu dienen, engagiert sich der Politiker im politischen Kampf, indem er seine persönliche und wirtschaftliche Sicherheit und Bequemlichkeit aufs Spiel setzt: Dieser Kampf ist kein sicherer Weg, materiellen Erfolg oder sittliche Belohnung zu erlangen. Wahrheit, auf die hin sich der Wissenschaftler engagiert, wird in einem gewissen Ausmaß in den politischen Auseinandersetzungen geopfert, wo immer es tunlich ist, diese Auseinandersetzungen um der besseren Erfolgsaussichten willen mit

Halbwahrheiten, unterdrückten Wahrheiten oder reinen Lügen zu führen. Um die Chancen dessen zu vergrößern, was er unter Gemeinwohl versteht, ist der Politiker bereit, auch den Weg des folgerichtigen Denkens aufzugeben. So bedienen sich Politiker in politischen Auseinandersetzungen oft monströser Deduktionen und schockierender Paraduktionen. Diejenigen unter ihnen, die Revolutionäre sind, haben auch keine Hemmungen, den Wert der Legalität den Verwirklichungsaussichten ihrer Idee vom Gemeinwohl zum Opfer zu bringen; und sogar die, die von revolutionären Umtrieben nichts wissen wollen, haben häufig keine Skrupel hinsichtlich der Legalität. Sie mögen ihre politische Tätigkeit zwar im Rahmen des rechtlich Zulässigen halten, weil sie dies für zweckmäßig erachten, aber sie tun es mit Unwillen, wenn dies ihre politischen Ziele durchkreuzt. Zusammen mit dem Politiker finden sich im politischen Kampf auch solche Personen, deren Tätigkeit und Haltung nicht auf das Gemeinwohl oder überhaupt einen höherrangigen Wert ausgerichtet ist. Diese Personen sind Demagogen, Opportunisten und dergleichen und sind für Politiker atypisch.

Die Tatsache, daß die Kommunikation des Politikers nicht in erster Linie auf die Wahrheit ausgerichtet ist, bedeutet nicht, daß es keine Möglichkeit einer geistigen Verständigung unter oder mit ihnen gäbe. In den konkreten Zusammenhängen der Äußerungen von Politikern wird immer etwas mitgeteilt, obwohl es sich dabei um verzerrte Ausdrucksweisen handeln kann. Diese können den richtigen Weg darstellen, um die Vorurteile der Adressaten für seine Zwecke einzuspannen. Die Äußerungen in politischen Auseinandersetzungen können durchgehend eine Aussageform haben – als Aussage können sie gänzlich falsch sein –, aber unter der Verkleidung dieser Form sind sie darauf angelegt, Forderungen mitzuteilen, hinsichtlich derer die Frage der Wahrheit überhaupt nicht entstehen kann. Hinter der indikativen Verkleidung der Äußerungen des kämpfenden Politikers ist manchmal kein Denkinhalt vorhanden. Diese kommunikativen Vorgänge zielen häufig auf nichts anderes als Gefühlswallungen wie Zorn, Habgier, Furcht und Widerwillen zu erwecken.

In Anbetracht dessen, daß die Wahrheit und das folgerichtige Denken keine bestimmenden Leitgesichtspunkte für den Politiker sind, gibt es keine Gewähr dafür, daß seine Äußerungen von den Adressaten immer auf dieselbe Weise verstanden werden. Intersubjektivität und Objektivität spielen in der in Frage stehenden Kommunikation nur eine untergeordnete Rolle. So können in den Parlamentsdebatten die Angriffe der Opposition auf die Mitglieder der Regierungspartei von diesen ganz anders verstanden werden, als es die Menschen tun, die diesen Debatten in Rundfunk und Fernsehen folgen. Die Reden der Opposition sind oft nur einem äußeren Anschein nach an die Adresse der Regierung gerichtet. Die Redner sind sich gewöhnlich sehr wohl des Umstandes bewußt, daß sich ihre unmittelbaren Adressaten von dem, was sie sagen, keineswegs bewegen lassen, denn einerseits sind sich diese in aller Regel wohl der Falschheiten in den Behauptungen des Redners bewußt und andererseits läßt sie die Wahrheit von Behauptungen völlig kalt. Die wirklichen Adressaten jedoch, die indirekt angesprochen werden – d. h. die Menschen, um deren Sympathie sich die Opposition bei den nächsten Wahlen bewirbt –, mögen die Behauptungen in einer ganz unterschiedlichen Weise verstehen, nämlich abhängig von ihrer Kenntnis oder Unkenntnis der in Frage stehenden Angelegenheiten, von ihrer Anfälligkeit gegenüber der politischen Propaganda und von ihrer Leichtgläubigkeit sowie abhängig von ihren vorherigen Bindungen in politischen Dingen.

Bei seiner Teilnahme an der menschlichen Kommunikation ist der Politiker sehr auf die Umstände angewiesen, die außerhalb seiner Vernunft liegen. Ein selbständiger Politiker, frei von allen vorgegebenen Bindungen, würde beinahe einen Selbstwiderspruch darstellen. Solch ein Mensch ist eher ein einsamer Michael Kohlhaas, ein bloßer politischer Träumer, ein politischer Prophet, ein politischer Wissenschaftler oder Philosoph – jedenfalls ein politisches Paradoxon. Zur Erreichung politischer Ziele ist eine koordinierte Aktion mit vielen anderen menschlichen Wesen auf einer einheitlichen Bezugsbasis notwendig, wie sie ein Parteiprogramm bietet. Der Politiker vertritt immer die Ideen, die er verkündet; ob er selbst wirklich daran glaubt oder nicht, ist eine ganz andere Frage. Um eine Partei zu organisieren und um sich auf ein Parteiprogramm zu einigen, muß man oft von seinem eigenen individuellen Urteil erheblich abweichen.

Die Kommunikation des Politikers innerhalb seiner Partei, in der das Parteiprogramm und die politischen Aktionen diskutiert und formuliert werden, stellt häufig eine Kommunikation von einer wiederum gänzlich anderen Art gegenüber der dar, die stattfindet, wenn die Wählerschaft oder die politischen Gegner angesprochen werden. In der Kommunikation innerhalb der Partei brauchen sich die Personen, die auf das Ideengut, das das Parteiprogramm trägt, Einfluß nehmen wollen, überhaupt nicht als typische Politiker zu verhalten, sondern als Personen, die echt um wahre Sachverhalte und um zwingendes Denken bemüht sind. Nur wenn innerhalb einer Partei ein Fraktionskampf aufflackert, wird

das kommunikative Verhalten der an diesem Kampf teilnehmenden Personen den Kommunikationsmustern des typischen Politikers folgen.
Da der Politiker ein Mensch mit beträchtlichen vorgegebenen Bindungen ist, ein Mensch, der in dieser Kommunikation nur eine begrenzte geistige Freiheit entfalten kann, kann die Vernunft in seiner Argumentation nur eine untergeordnete Rolle spielen. So wird ihm nie zugemutet, daß er seine intellektuelle Niederlage in bezug auf die Ideen, deren Verteidigung seine Partei oder seine Regierung von ihm erwartet, eingesteht. Um offene intellektuelle Niederlagen in politischen Auseinandersetzungen zu vermeiden, stellt er alle Vorkehrungen an, sein Gesicht zu wahren, oder bedient sich aller zur Verfügung stehenden Mittel, die geeignet sind, Emotionen in sich selbst und in seinen Adressaten in Gang zu setzen, dies alles, um Seelenkräfte wirksam werden zu lassen, die in ihrer unmittelbaren Auswirkung zwar primitiver, aber mächtiger sind als die Kräfte des Intellekts. Die Tatsache, daß die Vernunft in der Kommunikation des Politikers nur eine untergeordnete Rolle spielen kann, bringt Ideen und Verhaltensweisen hervor, deren Wesen und Eigenschaften nicht voraussehbar oder kontrollierbar sind. Ihre Auswirkungen sind „tychisch“ – eine Sache des undurchdringbaren, unbekannten Schicksals.
Die internationale Kommunikation in politischen Angelegenheiten spielt sich in einer Sonderform zwischen Diplomaten ab. Der Diplomat ist nicht in erster Linie Vertreter einer politischen Partei, sondern eines Staates. In den meisten Fällen kommt er nicht aus den Reihen jener, die innenpolitische Aktivitäten entfalten, sondern aus den Reihen der Juristen oder anderer Leute, die eine Berufsausbildung und Fertigkeiten für eine diplomatische Laufbahn erworben haben. Beides prägt das Verhalten

des Diplomaten in der internationalen politischen Kommunikation und nähert ihn dem Kommunikationstyp des Juristen an. Die traditionellen Ausdrucksformen des Diplomaten sind so beschaffen, daß sie von Emotionalität frei sind, sogar, wenn sie einen höchst explosiven Inhalt haben. Einen Nicht-Diplomaten mögen die diplomatischen Ausdrucksformen nur schwer verständlich, mehrdeutig und künstlich anmuten. Gleichwohl zeichnen sie sich durch ein hohes Ausmaß an Klarheit und Präzision für diejenigen aus, die mit der Kunst der Diplomatie vertraut sind. In der konventionellen heutigen diplomatischen Kommunikation bezweckt der Sprecher in der Regel nicht, den Angesprochenen in Emotion zu versetzen – dies würde sich nicht schicken, weil in unserer Zeit der Adressat dieser Kommunikation fast nie eine Person ist, die selbst die politischen Handlungen setzen kann, sondern lediglich die Botschaft anderen Personen zu übermitteln hat, die dann die Entscheidung (mit oder – gewöhnlich – ohne ihn) zu treffen hat.
Die klassischen Züge der diplomatischen Kommunikation haben sich in letzter Zeit dadurch verändert, daß sich die führenden Politiker leichter gegenseitig erreichen können und zwar durch die ausgezeichneten Möglichkeiten der modernen physischen Kommunikation. Diese Leute sind oft überhaupt nicht in der Kunst der Diplomatie ausgebildet, besitzen manchmal kaum etwas, das als Eigenschaft eines guten Diplomaten im klassischen Sinne zählen könnte; sie verletzen auch mitunter tatsächlich die festgelegten Regeln des diplomatischen Verhaltens gröblich. Sie stehen der Autorität nahe oder sind mit ihr identisch, die die international erheblichen politischen Entscheidungen trifft. Durch den persönlichen Kontakt solcher Politiker haben sich die Formen der traditionellen diplomatischen Kommunikation gelockert

und es treten durch diesen Kontakt Formen eines Kommunikationsverhaltens auf, wie sie den innenpolitischen sehr ähnlich sind. Dies ist besonders dann der Fall, wenn der Zweck der Kommunikation eines reisenden Politikers darin besteht, die Volksmassen über die Köpfe der direkten Adressaten hinweg aufzurütteln. Die Massenmedien, wie Presse, Rundfunk, Film und Fernsehen machen die Kommunikation der Politiker einer großen Zahl von Menschen sichtbar und hörbar. Für diese mögen die mitgeteilten Inhalte etwas völlig anderes darstellen als für diejenigen, an die sie direkt gerichtet sind.

In Anbetracht der Tatsache, daß der Unvernunft eine solche Rolle in der Kommunikation des Politikers, in innerstaatlichen wie internationalen Begegnungen zukommt, mag es uns verwunderlich erscheinen, wie es möglich war, daß sich die Staaten als lebensfähige politische Wesen erwiesen haben und sie überhaupt einem guten Zweck dienen können. Die Antwort auf den ersten Teil dieser Frager lautet, daß die Unvernunft mit dem politischen wie mit dem individuellen Leben vereinbar ist, vorausgesetzt, daß sie nicht bestimmte Grenzen überschreitet. Diese Grenzen sind gewöhnlich eingehalten worden. Die Antwort auf den zweiten Teil der Frage ist, daß es nicht ausgeschlossen ist, daß politische Einrichtungen, einschließlich Staaten, nicht einem guten Endzweck dienen. Es ist denkbar, daß alle oder einige davon nur als Formen des sozialen Lebens funktionieren, die keine Wegbereiter großer politischer Visionen sind, sondern einer eisigen Stille, die sich durch Abwesenheit jedes Geistes auszeichnet. Andererseits gibt es noch keinen hinreichenden Grund für eine solche Prophezeiung. Denn, unter den vielen anderen Faktoren, die unauffällig für das Überleben des Menschengeschlechts wirken, spielt sogar das Wechselspiel der Unvernunft seitens der Politiker in ihren kommunikativen Begegnungen eine Rolle, die nicht gänzlich negativ zu sein braucht. Dieses Wechselspiel bleibt für das Volk nicht immer unerkannt. Es entwickelt eine ziemliche Unempfindlichkeit gegenüber der Propaganda, es erlernt die Gewohnheit des Nicht-Zuhörens und bleibt unberührt und passiv, was oft dazu führt, daß die Politiker sich sogar gezwungen sehen, dem Volk nicht nur das zu versprechen, sondern auch das auszuführen, was vernünftig ist. Im Versagen der Kommunikation, zu dem die Entfaltung der Unvernunft im Wechselspiel der Politiker führt, kann auch eine Ruhepause gesehen werden, in der die Vernunft Gelegenheit hat, neue und gesündere kommunikative Begegnungen herbeizuführen.

Dritte Begegnung: Wissenschaft, Kommunikation und politische Macht

Ein Student kam ganz niedergeschlagen zu mir. Er wollte sich von mir einen Rat in einer kritischen Lebenssituation holen, in der er eine Entscheidung „in gutem Gewissen“ zu treffen hatte. Er sagte, er hätte den Glauben an alles verloren und könne nichts finden, das ihm Halt böte. „Gewissen“ war für ihn ein Wort, das lediglich verworrene und seichte religiöse, moralische und politische Ideen vermittelte, und das qualifizierende Wort „gut“ vergrößerte nur die Verwirrung. Ich machte ihn auf verschiedene klassische und gegenwärtige Konzeptionen aufmerksam, die dieser Wendung eine passable Bedeutung verleihen würden, aber keine davon beeindruckte ihn.

Als ich sah, daß ein direktes Angehen seines Problems zu keinem Ergebnis führen würde, ermutigte ich ihn, frei über sich selbst zu sprechen. Es stellte sich heraus, daß er Philosophie, Politikwissenschaft und Rechtswissenschaft studierte und daß er die Prüfungen in diesen Fächern bislang erfolgreich bestanden hatte. Er sagte jedoch, daß er, je mehr er sich in sein Studium vertiefte, um so mehr das Interesse an dem verlor, was er studierte, und schließlich sei er all dessen, mit dem er sich befaßt habe, überdrüssig geworden. Ständig sei er von dem Gefühl begleitet, daß alles verdorben, verseucht wäre – nicht nur die Dinge, mit denen er körperlich in Berührung komme, sondern auch die der Ideenwelt. So empfand er die Luft, die er atmete, und das Wasser, das er trank, als unsauber und die Gedanken anderer wie auch seine eigenen als unrein. Er fühlte sogar, daß sein physisches und geistiges Sein ein Produkt von kontaminierten Substanzen sei – Substanzen, die im Kessel der Hölle gebraut wurden.

Er versuchte, die widrigen Gefüge politischer Ideen und aller Ideologien, mit denen er in Berührung kam, zu analysieren, zu katalysieren und zu resynthetisieren, aber das Ergebnis aller dieser Versuche waren immer wirklichkeitsfremde und unglaubwürdige Konstruktionen, die auf ihn keinerlei Anziehungskraft hatten. Hinter allem, was er sah oder herausarbeiten konnte, gähnte eine Leere: ein Dasein ohne Sinn, Zweck oder Wert – ein Nichts, das ihn erschrecken und erschauern ließ. Er versuchte, aus der geistigen Sackgasse, in die er geraten war, herauszufinden, indem er sich auf psychische Experimente und psychedelische Drogen einließ; aber diese Versuche gewährten ihm nur kurze Ausflüge in ein künstliches Paradies und bereiteten ihm nachher lange Aufenthalte in einer künstlichen Hölle. Er kam von diesen Wanderungen mit einem immer stärker werdenden Gefühl zurück, die Welt sei eine ungeheure Müllgrube für Seele und Körper, in der jeder Mensch für den anderen ein Abfallstück bedeutet – eine Müllgrube, in der es dauernd gärte und die dazu verurteilt sei, ein noch grausigerer Ort zu werden, als sie es ohnehin schon sei.

Nachdem ich dies angehört hatte, dachte ich nicht, daß ich für ihn der geeignete Ratgeber sein könnte. Ich versuchte, ihm einen zeitweiligen Trost zu bieten, indem ich sagte, daß kein menschliches Urteil endgültig und unfehlbar ist und daß es für unsere Gedanken nie eine Sackgasse ohne Auswege gibt und daß jeder Tiefstand unserer Gefühle nur ein Wendepunkt sein kann, von dem es wieder aufwärts geht. Bevor er mich verließ, gab ich ihm den Namen und die Telefonnummer eines meiner Kollegen, den ich ihm aufzusuchen riet.

Was mein Student mir gesagt hatte, war für mich befremdlich, aber doch auch nicht so verschieden vom Inhalt meiner eigenen Grübeleien. Auch ich war geneigt, die Welt eher durch die weinenden Augen von Heraklit als durch die lachenden Augen von Demokrit zu sehen; Schopenhauer war mir viel näher als Leibniz; und ich fand es einfacher, mich in den Prediger Salomon einzufühlen als in den König Salomon. Aber auch wenn ich Hoffnungslosigkeit spürte, erfuhr ich Trost in dem Gedanken, daß es keinen hinreichenden Grund gibt zu glauben, es gäbe überhaupt keine Hoffnung. Ich bin geneigt zu glauben, daß im Geist, im inneren Kern der modernen Wissenschaft doch wenigstens eine gewisse Hoffnung für die Menschheit im allgemeinen liegt, was auch immer das von der Wissenschaft bedingte Schicksal vieler Menschen sein mag. Und dann zweifelte ich auch daran.

Um die besonderen Zwecke der wissenschaftlichen Tätigkeit zu erreichen, muß der Wissenschaftler oder – um einen umfassenderen Begriff zu verwenden – der Gelehrte, die Freiheit und die Bereitschaft haben, die Wahrheit anzustreben. Um dazu in der Lage zu sein, muß er eine genügend hohe Bildung haben, die ihn zu diszipliniertem Denken, zu Klarheit und Präzision im Ausdruck seiner Gedanken befähigt. Er muß fähig sein, aufmerksam und intelligent seinen Fachkollegen zuzuhören, er muß die Kenntnisse, die Fertigkeit und das Feingefühl besitzen, folgerichtig und sachlich zu argumentieren; und er darf kein Fanatiker, kein Phantast sein oder eitel in seiner beruflichen Tätigkeit. Alles in allem, der „wahre“ Gelehrte muß einen trainierten, erfahrenen, selbständigen, redlichen und behenden Geist haben.

Andere Werte als die Idee der Wahrheit haben für den Gelehrten gewöhnlich eine untergeordnete Bedeutung. So finden wir, daß Gelehrte nach Wahrheit sogar rücksichtslos streben, indem sie alle anderen Werterwägungen, die dieses Streben verhindern würden, beiseite stellen, – mögen sie Erwägungen der Nützlichkeit, der Schönheit, der Gerechtigkeit, der persönlichen Sicherheit oder des Gemeinwohls sein. Deswegen erweisen sich die Gelehrten manchmal als moralisch unverantwortlich oder als „wertblind". In der Abhängigkeit von den Tätigkeiten, auf die sie sich einließen, läßt die strikte Befolgung der für einen Gelehrten typischen Maßstäbe sie manchmal als wirkliche Helden unserer Zeit und manchmal als richtige Ungeheuer erscheinen.
Es ist die landläufige Meinung, daß wenigstens in einigen Ländern die Gelehrten eine weitgehende geistige Freiheit genießen, die für eine unbehinderte Wahrheitssuche für notwendig erachtet wird. Diese Meinung ist nicht wohlbegründet. Die überragende Mehrheit der Gelehrten ist überall von den finanziellen Mitteln, sowie von politischen und sittlichen Überzeugungen der sozialen Gruppen abhängig, denen sie angehören. Die akademische Forschung und Lehre wird von Staaten oder Privatstiftungen getragen. Sogar wo sich diese nicht direkt in die Belange der Forschung oder Lehre einmengen, bedeutet die Abhängigkeit der Gelehrten in ihrem Lebensunterhalt und ihrem Fortkommen, daß ihrer Denk- und Ausdrucksweise gewisse Hemmnisse auferlegt werden. In einigen Fällen führt dies zu einer Sklavenmentalität und knechtischen Gesinnung. Das ist besonders im Bereich der Sozial-, Moral- und Politikwissenschaften, sowie den entsprechenden Philosophien der Fall.
Die Kommunikation der Gelehrten über die Staatsgrenzen hängt weitgehend vom Grad der knechtischen

Gesinnung des Gelehrten ab. Die Faktoren, die die Freiheit des Ausdrucks und Denkens der Gelehrten einschränken, schränken auch sein Verständnisvermögen und seine Fähigkeiten ein, sich selbst verständlich zu machen. Außer der Abhängigkeit des gelehrten Geistes von den ökonomischen und politischen Umständen seiner Umgebung besteht eine besondere Abhängigkeit seines Geistes von den Faktoren, die aus seiner Berufsbildung und aus der Natur seines Arbeitsgebietes herrühren. Keine Disziplin des Denkens ist absolut neu geschaffen und keine ist aus einer geistigen Leere heraus oder einem einzelnen Gehirn entsprungen. Sie ist das Ergebnis des angestrengten Schaffens von Gelehrtengenerationen, die entweder direkt zu einer gegebenen Disziplin beigetragen haben oder zu den Disziplinen, die ihr systematisch voran- oder historisch vorausgehen.

Die Lehrer übertragen den Schülern nicht nur die Substanz ihrer Kenntnisse, sondern auch die Problemstellungen, ihre Blickwinkel, aus denen sie die Wirklichkeit betrachten, ihre Denk- und Ausdrucksweise und ihre Annahmen in jenen Punkten, in denen die Erkenntnis unsicher ist. Obwohl in jedem fähigen Schüler ein starker Drang zur Emanzipation vom Einfluß seines Lehrers wahrzunehmen ist, sind die ehemaligen Schüler – sogar lange nach ihrer Emanzipation in eine reife, eigene Gelehrsamkeit – geprägt von der Denkart ihrer Lehrer, so daß die Teilung der Gelehrtenwelt ganz auffallend ist. Die so geschaffenen Grenzen in der Gelehrtenwelt können mit denen der Staaten, Völker oder Zivilisationen mehr oder weniger zusammenfallen. Daraus entsteht das Problem der Kommunikation zwischen Gelehrten als Problem der internationalen menschlichen Kommunikation. Da verschiedenen Nationalitäten oder verschiedenen Zivilisationen anzugehören meist auch bedeutet, verschiedenen Staaten anzugehören, kann die störende und isolierende Wirkung, die der Staat auf die menschliche Kommunikation ausübt, auch in der internationalen Kommunikation der Gelehrten beobachtet werden.

Auf vielen Gebieten der Gelehrsamkeit haben sich Schulen des Denkens gebildet, die durch ein starkes Zusammengehörigkeitsgefühl gegenüber ihrer eigenen Schule und einer starken Abneigung gegenüber rivalisierenden Schulen gekennzeichnet sind. Das Denken, das einer solchen Schule eigentümlich ist, wird gewöhnlich von ihren Anhängern und Gegnern als ein „-ismus" bezeichnet, z. B. „Positivismus", „Realismus", „Idealismus", „Behaviorismus" usw. Es gibt Ismen in der Wissenschaft und in der Philosophie, wie es Ismen in der Kunst und in der Politik gibt. Die positiven oder negativen Emotionen, die ein Ismus in gelehrten Geistern zu inspirieren pflegt – davon abhängig, ob die Protagonisten oder Antagonisten gemeint sind – verhindern die angemessenen Anstrengungen zum Verstehen dessen, was das so artikulierte Denken wirklich meint oder was seine Ausdrücke tatsächlich bedeuten. Jeder Ismus, der eine Anzahl von Anhängern hat und sich mit einer geschichtlichen Tradition verbindet, neigt dazu, ein Parochialismus zu einer gegebenen Zeit und an einem gegebenen Ort zu werden.

Der Parochialismus unter den Gelehrten ist besonders auffallend auf den Gebieten der Sozial-, Moral- und politischen Wissenschaften. Aber auch in der Philosophie gibt es Beispiele dafür. Ein Grund für diese Erscheinung ist, daß auf diesem Gebiet das relevante empirische Material äußerst umfangreich, komplex und ungriffig ist, so daß zahlreiche Ausgangspunkte, mannigfaltige Einstiegsarten und Forschungsweisen, sowie viele Methoden der Systematisierung des gesammelten Materials möglich sind. Jeder individuelle Charakterzug des Denkens auf diesen Erkenntnisgebieten bringt die Gefahr mit sich, zu einer wesentlichen Sache erhoben zu werden, die dann veranlaßt, andere Erkenntnisse und Erkenntniswege als unbedeutsam zu betrachten. Manchmal geht dies sogar so weit, daß ein globaler Anspruch auf Höherrangigkeit erhoben wird, z. B. historische Erkenntnis über systematische Erkenntnis (und umgekehrt) oder die rationale Methode über die empirische Methode (und umgekehrt). Solche Einstellungen entspringen unter anderem einer geistigen Müdigkeit, die aus einer Überlastung mit weitverzweigten Aufgaben herrührt, einer Müdigkeit, die wie die körperliche Müdigkeit zu Ungeduld führt.

Zum Parochialismus führt auch ein besonderer Mangel in der menschlichen Kommunikation zwischen gelehrten Geistern; nicht einmal *sie* sind in der Lage, die wesentlichen Gründe und Ziele ihrer Arbeit zu verstehen und verstehen zu machen, die sehr wohl einander ergänzen anstatt einander widersprechen können. Der Parochialismus unter den Gelehrten gedeiht besonders, wo politische Leidenschaften oder der lokale Geist und die religiösen oder philosophischen Anschauungen von tief eingewurzelten geschichtlichen Traditionen die Seele der Menschen in Bann halten. Es gibt Ismen in der Gelehrten-Welt, die eng verwandt mit den politischen Ismen sind; beide lassen sich von den Ideologien verleiten, so daß die Lösungen der gegebenen Probleme nicht von den tatsächlichen Forderungen des sozialen Lebens beherrscht sind. Beide bewirken ein Scheitern der menschlichen Kommunikation mit denjenigen, die nicht geistesverwandt sind.

Die Versuche, Ismen zu überwinden, führen zu einem Eklektizismus oder zu einem weiteren besonderen Ismus, der nicht unter der Fahne eines schon bestehenden Ismus

segelt. Der Eklektizismus bedeutet ein lockeres Denken, ein Denken, das von akademischen oder nicht- akademischen Vorlieben bestimmt wird, wobei der innere Zusammenhang der Gedanken und der Zusammenhang mit benachbarten Denkgefügen vernachlässigt wird. Die Anti-Ismen weisen, wenn sie nur folgerichtig vertreten und gut integriert sind, alle Merkmale der Ismen selbst auf. Die den Anti-Ismen eigenen Haltungen bedeuten oft ein erbarmungsloses Bestreiten des geistigen Grundes des verachteten Ismus; manchmal ist ihre negative Einstellung so radikal, daß sie selbst-widerlegend wirkt. Die angesprochenen Anti-Ismen erzeugen geistige Verwirrung und entfremden Gelehrte einander, die einander doch wesentliches zu sagen hätten und fruchtbar zusammenarbeiten könnten.
Speziell in den Geistes- und Sozialwissenschaften bewirken die geschichtliche Tradition, die nationalen Eigenschaften, die politischen Interessen und dergleichen eine Isolation der einzelnen Gelehrtenschulen voneinander. Die Kommunikation unter Gelehrten und sogar die menschliche Kommunikation im allgemeinen ist dadurch schwer beeinträchtigt, daß der Gelehrte innerhalb der besonderen Schulen oder innerhalb der besonderen Nationen oder Zivilisationen die Tendenz zeigt, sich um eine Achse von festgesetzten Ideen zu drehen und sich nicht von außerhalb befruchten zu lassen. Das Gefühl der Gruppenzugehörigkeit, das unvermeidlich auch innerhalb der Gelehrtenschulen, sowie in umfassenden Einheiten des gelehrten Denkens sich entwickelt und durch gemeinsame geschichtliche, sprachliche oder andersartige Bindungen entsteht, bewirkt gewöhnlich Glaubensgemeinschaften, in denen die Kommunikation der Gelehrten nur im Rahmen dieser Einheiten befriedigend stattfinden kann. Es scheint fast hoffnungslos zu sein, trag-

fähige Brücken zwischen verschiedenen Standpunkten der Gelehrsamkeit in der ganzen Welt zu errichten, bevor ein Gefühl der weltweiten Gemeinsamkeit der Gelehrten erreicht werden kann.

Die Umstände, die für die Kommunikation der Gelehrten zwischen ihren verschiedenen Schulen maßgeblich sind, wirken gewissermaßen auch in der interdisziplinären Kommunikation. Dies ist zum Teil dadurch zu erklären, daß die Disziplinen des Denkens vielfach ihren Ursprung in verschiedenen Gelehrtenschulen fanden, die jeweils besondere Interessen, Forschungsrichtungen und Forschungsmethoden entwickelt haben. Die interdisziplinäre Kommunikation ist vor allem auch für die Juristen von Bedeutung, weil sie öfters in ihrer Tätigkeit auf Meinungen angewiesen sind, die von Fachleuten anderer Erkenntnisgebiete vertreten werden. Um diese Fachleute fragen zu können, muß der Jurist imstande sein zu entscheiden, wer genau diese Fachleute sein sollen, welche Fragen an sie zu richten sind und wie die von ihnen gegebene Auskunft zu verwerten ist. Dies aber bedeutet, daß für die Juristen eine *gewisse* Orientierung in den einschlägigen Gebieten erforderlich ist, wenn sie davon genügend Nutzen haben wollen, was die um Gutachten gebetenen Fachleute zu sagen haben. Aber sogar das ist für die Juristen sehr schwer. Nicht nur, daß diese Disziplinen ihre eigenen Denkmuster und Nomenklaturen entwickelt haben, die zu lernen Außenstehende kaum Zeit haben; dazu tritt noch hinzu, daß einige Disziplinen hinsichtlich ihrer Problemstellungen, der Lösungen dieser Probleme, sowie der Lösungsmethoden von Kontroversen durchsetzt sind. Mit einer solchen Situation ist der Jurist beispielsweise konfrontiert, wenn er bei Psychiatern oder Psychologen zur Aufklärung einiger höchst wesentlicher Rechtsfragen Rat sucht.

Alle diese verschiedenartigen Umstände, die die Kommunikation unter Gelehrten beeinträchtigen, sind zum Teil auf ein übereifriges Wahrheitsstreben der Gelehrten zurückzuführen; es ist nicht zu bestreiten, daß in vielen Fällen das Scheitern der Kommunikation unter den Gelehrten durch Überanstrengungen in der Erreichung zu hoch gesteckter Ziele zu erklären ist. Vielleicht der wichtigste Grund für die immer größer werdenden Schwierigkeiten in der Kommunikation der Gelehrten liegt darin, daß der Turm von Babel des menschlichen Wissens so hoch und so weitläufig geworden ist, daß die Gelehrten in ihm ihre Orientierung verloren haben. Sie wissen noch nicht, wie sie die Auskunft über die Spezialgebiete speichern sollen und wie sie in gemeinsamer Anstrengung ein gewisses Verständnis vom Ganzen bekommen können. Und abgesehen von allen anderen besonderen Umständen, die die Kommunikation zwischen den Gelehrten beeinträchtigen, erfließen aus der Tatsache, daß auch die Gelehrten Menschen sind, viele Faktoren, die diese Kommunikation stören oder scheitern lassen. Auch die Gelehrten sind für die menschlichen Schwächen anfällig, wie Neid, Mangel an Mut, geringe Widerstandsfähigkeit gegen geistige (einschließlich ideologische) Infektion, Autoritätsbindung gegenüber Älteren oder Vorgesetzten, emotionelle Instabilität, geistige Trägheit und begrenzten Vorrat an Willenskraft. Ihr geistiges Verhalten ist nicht gerade gering von den Gesetzen der unbewußten Motivation beherrscht. Sogar ihre intellektuelle *libido* wird gewöhnlich nicht nur auf die Personen übertragen, mit denen sie zusammenarbeiten, sondern auch auf die Gegenstände ihrer Beschäftigung, so daß fetischhafte Bindungen an Probleme und Methoden ihres unmittelbaren Beschäftigungsbereichs erzeugt werden. Die „menschliche Natur“ der Gelehrten kommt besonders auf dem Gebiet ihrer Arbeit zum Vorschein, das eng mit politischen Situationen und Ereignissen verknüpft ist. Hier kommt es auch vor, daß das Forschungsobjekt den Forscher stört und daß die Forscher einander gegenseitig in ihren Forschungen stören. Die Kommunikation unter den Gelehrten zeitigt auf diesem Gebiet nur ab und zu Erfolg. In der gegenwärtigen Lage der menschlichen Angelegenheiten scheint es unmöglich zu sein, sich „wahren“ Maßstäben der Gelehrsamkeit anzunähern.

All dies führt zum Ergebnis, daß sogar der Gelehrte gegen große Widrigkeiten in der menschlichen Kommunikation anzukämpfen hat und daß die Hoffnungen, der Gelehrte könne diese Kommunikation meistern, wo der Politiker und der praktische Jurist scheitert, nicht ganz begründet sind. Jedoch, der menschliche Geist besitzt die Fähigkeit, die zentripetalen Kräfte zu überwinden, die ihn in Kreisbewegung halten. Diese Fähigkeit ist im gelehrten Geist bestimmt mehr entwickelt als im durchschnittlichen Geist. Der Gelehrte, der in seiner Tätigkeit dem Dienst an der Wahrheit verpflichtet ist, ist zu umgreifenderen Ansichten über die Wirklichkeit in der Lage als es diejenigen sind, die nur in der Staatskunst oder Rechtspraxis bewandert sind. Der Gelehrte ist auch fähig, die Realität der Situation zu erfassen, in der er sich selbst befindet, und eine gewisse emotionelle Losgelöstheit von dieser Realität durch Objektivierung von sich selbst zu verwirklichen. Er sollte auf diese Weise seine eigenen irrationalen Abneigungen und Vorlieben entdecken und überwinden können, sogar wenn er mit jenen Problemen des menschlichen Lebens konfrontiert ist, die tief das menschliche Sein berühren und deren Lösung viele Opfer verlangen und viel Leid verursachen können. Aber dürfen wir wirklich diese Erwartungen hegen? Auf welche Weise und in welchem Sinn ist der Gelehrte eine Person, deren Obsorge die Regierung und die Zukunft des Menschen anvertraut werden kann?

In Anbetracht des oben besprochenen Aktivums und Passivums der Gelehrten ist es verständlich, daß die Errungenschaften der modernen Wissenschaft Ehrfurcht wie Furcht, Bewunderung wie auch Angst erwecken. Das aus der Wissenschaft erworbene Wissen und das von der Technologie erworbene Können läßt sich nicht länger als reiner Segen für die Menschheit betrachten; es ist mehr und mehr offensichtlich geworden, daß sie auch einen Fluch bedeuten. Die Wissenschaft hat viele für den Menschen beunruhigende Probleme gelöst, aber damit viele weitere geschaffen. Ihre Errungenschaften für die Rettung und Verlängerung des menschlichen Lebens durch medizinische Kenntnisse und Techniken haben zum Bevölkerungsüberschuß wesentlich beigetragen. Sie haben auch dazu geführt, Leben von fraglichem Wert zu verlängern, Leben, das weitgehend physisch oder geistig in Verfall geraten ist. Die Wissenschaft hat sehr wenig zur Beseitigung der Kriegsgeißel erreicht. Die irrationalen Kräfte, die die Waffengewalt hervorbringen und aufrechterhalten, hat die moderne Wissenschaft vielleicht wohl durchschaut, sie hat aber keine Wege gezeigt, sie in Zaum zu halten. Es ist in der Hauptsache von den wissenschaftlichen Entwicklungen bedingt, daß die heutigen Kriege verheerender und fürchterlicher sind, als sie es jemals früher waren. Die Wissenschaft führte zur Enthumanisierung der Kriegsführung durch technische Vorrichtungen, deren Anwendung eine direkte Beziehung zwischen den Tötenden und den Opfern ausschließt und beide außerhalb des Bereichs der gegenseitigen Wahrnehmung und menschlichen Hemmungen bleiben läßt.

Die soziale und politische Unruhe in der gegenwärtigen Welt, der äußerliche Zerfall und der innerliche Verfall der Staaten haben ihre Wurzeln auch in Entwicklungen der modernen Wissenschaft. Die Bequemlichkeiten des Lebens, die die von der Wissenschaft genährte Zivilisation den Menschen gebracht hat, hat nicht ihre Zufriedenheit erhöht, sondern eher das Verlangen nach immer besseren und besseren Annehmlichkeiten erzeugt. Durch Massenmedien der Kommunikation und wissenschaftliche Werbemethoden wird eine Lust nach Erwerb materieller Güter dauernd geschürt und angefacht. Bei immer mehr Menschen rückt das in den Mittelpunkt, was sie nicht haben, und sie verlangen einen immer größeren Anteil an den verteilbaren Gütern. Um den von wissenschaftlichen Methoden bewirkten oder aufgeblähten Forderungen nachkommen zu können, wurde eine erhöhte Produktion und eine erweiterte Industrialisierung notwendig – mit ihren Begleitübeln, deren Bewältigung die Wissenschaft noch nicht erlernt hat.

Die moderne Wissenschaft ist ein Ergebnis der menschlichen Evolution. Die Evolution ist eine Bestimmung des Menschen und anscheinend kann ihr Verlauf nicht rückgängig gemacht oder aufgehalten werden. Alles, was vielleicht gegen das durch die moderne Wissenschaft angerichtete Unheil getan werden kann, ist durch Wissenschaft weitere Kenntnisse dafür zu erwerben, was diesem Unheil entgegenwirken und es überwinden lassen kann. Ist es Aufgabe der Wissenschaft, die Mittel für diesen Zweck herauszufinden, so könnte man eigentlich erwarten (wenn man die Gefahren, die im Fachidiotentum liegen, vermeiden kann), daß den Gelehrten genügend politische Macht zugestanden wird, die erforderlichen Maßnahmen einzuleiten und auch durchzuführen.

Überall in der Welt verbreitet sich eine gewisse Enttäuschung und ein gewisses Befremden hinsichtlich der politischen Institutionen. Die sie anpreisende politische Propaganda klingt falsch und hohl. Es herrscht das Gefühl vor, daß sie zwar unter den gegebenen Umständen zur Aufrechterhaltung eines *modus vivendi* als das immer noch kleinste politische Übel, gelten können, daß sie aber den großen Ideen, die sie einst hervorriefen und beseelten, keine Ehre mehr bereiten. Dieses Gefühl ist in Anbetracht dessen verständlich, daß ja alle heutigen politischen Systeme und Institutionen auf dogmatisierten Ideologien beruhen, die in vergangenen Zeiten geformt wurden, in denen das, was die moderne Technologie ausrichten kann, noch nicht sichtbar war. In ihrem sklerotischen Zustand vermögen sie keine den gegenwärtigen politischen Ereignissen angemessene Antwort zu geben. Die Wissenschaft hat noch keine zuverlässigen und im einzelnen ausgearbeiteten Pläne für die politischen Systeme und Institutionen entwickelt, die für unser Zeitalter geeignet wären.

Trotz des Scheiterns und der Enttäuschungen, die die Errungenschaften der modernen Wissenschaft gebracht haben, gibt es Gründe zur Annahme, daß sie den Schlüssel für alle großen Probleme der Menschheit einschließlich der großen politischen Probleme unserer Zeit in der Hand hält. Es scheint, daß die Gelehrten am kompetentesten sind, diesen Schlüssel zu verwalten, und daraus kann man entnehmen, daß ihnen die Regierung anvertraut werden soll. Aber es scheint eine grundsätzliche Unverträglichkeit zwischen dem Gelehrten-Sein und dem Staatsmann-Sein zu bestehen. Vom Gelehrten wird bei der Durchführung seiner Untersuchungen und bei der Erzielung seiner Ergebnisse erwartet, daß er ausschließlich im Dienst der Idee der Wahrheit steht. Demgegenüber wird vom Staatsmann, d. h. vom Politiker, der mit Regierungsgeschäften befaßt ist, erwartet, daß er im Dienst der Idee des Gemeinwohls steht. Für die Erreichung dieses Zieles spielt das Wahrheitsstreben keine ausschließliche oder überwiegende Rolle. Außerdem kann der Staatsmann nichts anderes sein als Politiker; er ist immer in die Fäden der politischen Situation seiner Zeit und seines Ortes verwickelt und steht mit gebundenen Händen (oder sogar mit geschlossenen Augen) immer unter dem Druck verschiedener irrationaler Kräfte, die nicht nur auf seine Handlungsfreiheit, sondern auch auf seine Urteilsfreiheit nachteilige Wirkung haben. Um eine wichtige Regierungsposition erlangen zu können, muß er sich in politische Schulden gegenüber den Wählern oder anderen unsichtbaren oder im Hintergrund wirkenden politischen Größen begeben – Schulden, von denen er sich nicht leisten kann, sie unbeglichen zu lassen. Darüber hinaus gehören Vorurteile, Denkträgheit, emotionelle Wallungen, eine gewisse Bevorzugung unmittelbar wirkender Vorteile gegenüber langfristig zu erwartenden zu den Faktoren, die das politische Verhalten des Staatsmannes bestimmen. Um das zu erreichen, was gangbar und unter den gegebenen politischen Umständen das politisch Beste ist, muß er oft Zugeständnisse an die Unwahrheit machen und die Wahrhaftigkeit als Leitwert aufgeben.

In der den Gelehrten zugedachten Rolle als Herrscher, die die Staatsgeschäfte nach wissenschaftlichen Prinzipien und Erfindungen führen, müßten sie die Freiheit haben, alle vernünftigen Mittel anwenden zu können, sogar wenn sich diese als unpopulär erweisen sollten, wenn sie politische Ziele erreichen sollen, die als wesentlich und gerechtfertigt gelten können. Eine volle Ausübung dieser Freiheit ist nicht ohne eine Fülle politischer Macht möglich. Aber in dieser Machtfülle liegt die Neigung zur Korruption, die die Gefahr mit sich bringt, sogar die edelsten Ziele zu verderben und sittliche Eigenschaften sogar der feinsten Geister zu zerfressen. Die Anwendung der unpopulären Maßnahmen, die zur Durchführung von auf wissenschaftlichen Ergebnissen beruhenden Entscheidungen notwendig sind, läuft Gefahr, unter der Bevölkerung Widerstand hervorzurufen. Zur Überwindung dieses Widerstandes können energische und beschwerende Maßnahmen nötig werden. Derartige Aktionen widerstreiten dem Geist der Wissenschaft und der Philosophie, die das Diktat scheuen und nur ein auf Einsicht beruhendes Überzeugen zuläßt, was aber in den gegenwärtigen politischen Gemeinschaften nicht erreichbar ist. So scheint es, daß die Gelehrten, die politische Macht in Händen halten, vielfach aufhören müssen, sich so zu verhalten, wie es von einem Gelehrten zu erwarten ist.

Trotz allem neige ich zur Auffassung, daß unter den modernen Umständen die Gelehrten eher als andere Leute die geeignetsten Herrscher sein würden. Politisches und soziales Unheil wurde manchmal sicher durch Dummheit von Staatsmännern verursacht. Im allgemeinen darf man aber wohl von Gelehrten am wenigsten erwarten, daß sie dumm sind. Ferner neige ich zur Auffassung, daß die Menschen von wissenschaftlicher Gesinnung am ehesten über die geistigen Mittel verfügen, die als Schamanen handelnden Politiker zu überspielen und den Kräften zu widerstehen, die sie als jene auftreten lassen. In Anbetracht dessen, daß heute die hochentwickelte Wissenschaft und Technologie solch eine große Rolle in der Staatsführung spielt, ist zu bedenken, daß die aus geschichtlicher Erfahrung erwachsenen Bedenken, welche gegen eine Übertragung der Herrschaft auf die Gelehrten sprechen, nicht mehr das ehemalige

Gewicht haben. Die moderne Wissenschaft dürfte nicht nur fähig sein zu zeigen, wie die Realitäten zu meistern sind, denen die Gelehrten gegenüberstehen, sondern auch wie sie mit der Realität ihrer selbst in ihrer politischen Rolle fertig werden können. Besonders sollten sie zeigen können, wie die praktische Vernunft in der Staatsführung zur Geltung kommen kann, unter anderem wie die Kontrolle über den Machtmißbrauch ausgeübt werden kann. Daß jemand sich als Gelehrter ausweist, bedeutet natürlich bei weitem nicht, daß er auch die Eigenschaften hat, die zur Ausübung der politischen Macht erforderlich sind. Es ist aber zu erwarten, daß die moderne Wissenschaft fähig ist, die daraus sich ergebenden Probleme zu lösen. Es bleibt freilich die Frage, ob der heutige Stand der Wissenschaft wirklich diese Erwartungen verbürgt.
Im klassischen Altertum und sogar im Mittelalter gab es ein weitgehend einheitliches Gefüge der Gelehrsamkeit, eine Protowissenschaft, die in einigen Fällen angeblich in ihrer Gesamtheit von einzelnen Gelehrten beherrscht wurde. Im Gegensatz dazu besteht die heutige Gelehrsamkeit nur in Gestalt verschiedener Spezialwissenschaften, die häufig nur locker miteinander verknüpft sind. Dementsprechend bezeichnet „Wissenschaft" heute nicht ein festes Gefüge der Gelehrsamkeit, sondern ist nur ein Sammelname für die verschiedenartigen Disziplinen, die durch eine systematische und methodische Forschung gekennzeichnet sind und die die strengen Verfahren der Verifikation und Falsifikation ihrer Ergebnisse verwenden. In diesem weiten Sinne umfaßt die Bedeutung des Wortes „Wissenschaft" nicht nur Naturwissenschaften, Geisteswissenschaften und Sozialwissenschaften, sondern auch nüchterne Philosophie. Unter dem Schirm des Ansehens der Wissenschaft in diesem Sinn gedeihen verschiedene Pseudowissenschaften; ihre Jünger beanspru-

chen manchmal ganz ernsthaft den Status der Wissenschaft für ihre Beschäftigung. Einige davon sind ganz einfach in ihrer wirklichen Eigenschaft erkennbar (z. B. Astrologie); anderen ist es aber gelungen, dermaßen Ansehen und Achtung zu erlangen, daß sie sogar das Bildungswesen und darüber hinaus die soziale und politische Tätigkeit beeinflussen konnten (z. B. die klassische, dogmatische Psychoanalyse). Dies war zum Teil deshalb möglich, weil Pseudowissenschaften oft echte Wissenschaften mit wertvollen Arbeitshypothesen, Teilwahrheiten oder Halbeinsichten und vor allem mit vielem nützlichen empirischen Rohmaterial versahen (z. B. die Alchimie die Chemie und die Astrologie die Astronomie). Auch die pseudowissenschaftliche Psychoanalyse hat unbestritten Teilerfolge erzielt (so aber auch die Medizin des Woodoo-Zauberers) und auch sie hat zur Entwicklung einer wissenschaftlich vertretbaren Psychotherapie beigetragen.
Die heutigen Gelehrten besitzen keine Allzuständigkeit; sie können sogar völlige Laien außerhalb ihres eigenen Gebietes sein. Die besonderen Kenntnisse eines Gelehrten auf seinem eigenen Spezialgebiet kann sogar ein Grund für seine Unzuständigkeit in anderen Angelegenheiten sein – oft ist gerade die eigene Arbeit eines Gelehrten, die er zur Erlangung besonderer Fachkenntnisse auf seinem Gebiet leisten muß, der Grund für ein begrenztes Gesichtsfeld und einen begrenzten Geist. Es sei erwähnt, daß es hervorragende Wissenschaftler und Philosophen gegeben hat, die gleichzeitig Jünger verschiedener Pseudowissenschaften waren. In Anbetracht dessen ist es verständlich, daß die Meinungen über die Vorgänge in der Welt, die sogar von den angesehendsten Wissenschaftlern außerhalb ihres eigenen Gebietes geäußert wurden, manchmal ganz schief erscheinen und

mit einem gewissen Argwohn betrachtet werden müssen. So gibt es Gründe für die Furcht, daß *bloße* Gelehrte nicht geeignet sind, politische Macht zu besitzen.

Diese Befürchtung mag insofern unbegründet erscheinen, als sie die politische Wissenschaft angeht – eine Wissenschaft, gestaltet durch systematische und methodische Untersuchungen über alle bedeutenden Erscheinungen des politischen Lebens – eine Wissenschaft, die auf verschiedenen vorgeordneten Disziplinen beruht, darunter Psychologie, Anthropologie, Soziologie, Ökonomie, Staatslehre und verschiedene philosophische Disziplinen und regionale Philosophien. Obwohl auch die politische Wissenschaft dabei ist, sich zu einer reifen Disziplin zu entwickeln, ist sie noch keine exakte Wissenschaft: sie hat noch keine Verfahren, um ihre Behauptungen zwingend zu verifizieren oder zu falsifizieren und sie ist voll von Kontroversen auf all ihren Ebenen, die die Objektivität und den zwingenden Charakter ihrer Ergebnisse beeinträchtigen. Für einen Politikwissenschaftler ist es sehr schwer, die politische Situation, in der er sich befindet, zu transzendieren, eine Situation, die er mit der Neutralität und Integrität des Gelehrten erforschen und bewerten soll. Die Vergangenheit seiner Persönlichkeit, einschließlich seiner Grundausbildung, ist ein Teil dieser Situation und zeigt sich in den Vorgangsweisen und Einstellungen zum Gegenstand seiner Forschung. Es ist kein Wunder, daß die Politikwissenschaftler in einem besonderen Maße die Neigung haben, ihre wissenschaftlichen Auseinandersetzungen als Verfechter von verschiedenen Denkschulen zu führen und nicht als ausschließlich der Wahrheit verpflichtete Sucher. Der in ihren Auseinandersetzungen zum Vorschein kommende Eifer ist oft nichts anderes als ein politischer Kampf, der auf einer anscheinend höheren Ebene geführt wird.

Das Streben nach Wahrheit als höchstes Trachten der Gelehrten ist von großer sittlicher Bedeutung. Dieses Streben ist jedoch kein Selbstwert, sondern ein Mittel zur Erreichung eines moralischen Zieles. Die Bestrebungen, die auf die Vermeidung des menschlichen Elends und auf die Schaffung von Bedingungen gerichtet sind, unter denen die Menschen ein gewisses Glück finden können, erfordern gewöhnlich bestimmte Abweichungen vom Pfad der Wahrheit um der Bequemlichkeit und Zweckmäßigkeit willen. Solche Abweichungen können sogar notwendig sein, um sozial erwünschte und berechtigte Ziele zu erreichen. Darüber hinaus kann die letzte Wahrheit über das Dasein und Schicksal des Menschen erschreckend sein und ihre Bekanntmachung nur Verzweiflung oder Kleinmut hervorbringen. Die Wahrheit selbst kann in bezug auf gewisse Vorkommnisse des menschlichen Lebens derart sein, daß es unmenschlich ist, sie zu verkünden. Daher kann vom Gelehrten nicht erwartet werden, daß er in seiner ihm zugedachten Rolle des Besitzes und der Ausübung der politischen Macht nur mit der radikalen sokratischen Entschlossenheit auftritt, der Wahrheit und der Verkündung der erworbenen Erkenntnisse zu dienen. Seine Einstellung und sein Umgang mit menschlichen Angelegenheiten muß auch hippokratisch sein – in vielen Fällen wird von ihm das Verhalten eines Arztes erwartet, der getreu seinem hippokratischen Eid, versucht, die Leiden seiner Patienten zu lindern, ihre Ängste zu zerstreuen und Heilung zu bewirken, indem er geschickt von der Wahrheit oder Unwahrheit Gebrauch macht, er also Ermutigung gibt, die oft auf ungenügenden Gründen fußt, oder Trost spendet, der falsche Hoffnungen erweckt.

In unserem Zeitalter der Wissenschaft und Technologie können es sich die Staaten nicht leisten, die zur Verfügung stehende wissenschaftliche Auskunft als Grundlage für die Vorhaben und Aktionen der Regierung auszuschlagen. Dementsprechend ziehen die Regierungen immer mehr wissenschaftliche Experten als Ratgeber bei. Um zu wissen, an wen sie sich wenden können, und um imstande zu sein, die erhaltene Auskunft zu verwenden, müssen die Staatsmänner nicht nur auf den wissenschaftlichen Geist eingestimmt sein, sondern auch selbst eine wissenschaftliche Eignung besitzen. Es nehmen besonders in hochentwickelten Ländern Menschen mit einer soliden wissenschaftlichen Ausbildung hohe Regierungsämter ein. Aber die Berufung des Staatsmannes geht über die Berufung des Gelehrten hinaus. Die Staatsführung war immer wesentlich eine Kunst, wie es die medizinische Praxis auch immer war. Von einem idealen Staatsmann wird erwartet, daß er die Eigenschaften eines Gelehrten mit denen eines Managers, eines Weisen und eines Heiligen kombiniert. Wenn es in der Umgangssprache ein einziges Wort gibt, das alle geistigen und moralischen Forderungen bezeichnet, die ein moderner Staatsmann erfüllen sollte, so ist es „Humanismus" in einem nicht bereits usurpierten, umfassenden, ursprünglichen Sinn. Wie es leider auch mit den Worten „Demokratie" und „Freiheit" geschehen ist, erweckt das Wort „Humanismus" ebenso (wegen seines Gebrauchs und Mißbrauchs für verschiedene politische Zwecke) Gedanken, die für die gegebenen Zwecke nicht gedacht sind. Es ist aber doch geeignet, als Ableitungsgrundlage für „Transhumanismus" zu dienen, dessen Präfix auf die Notwendigkeit hinweist, daß der moderne Mensch die landläufigen politischen Ideen und Institutionen und sogar sich selbst transzendieren soll.

Der Transhumanismus hat seine Grundlage in den Erkenntnissen, die die Wissenschaft von den hauptsächlichen Eigenschaften und Grundbedürfnissen des Menschen erlangt hat. Es ist aber nicht einfach eine Wissenschaft, sondern etwas, das man vielleicht als „Ultrawissenschaft“ bezeichnen darf, die als Geistestätigkeit begriffen werden kann, welche an einer integrierten Schau aller jener Werte orientiert ist, die für das individuelle und soziale Leben als grundlegend angesehen werden können. Die höchste Aufgabe des Transhumanismus liegt in einem Überdenken und einer Rekonstruktion der Grundlagen unserer Gemeinschaften, um unsere politischen Systeme in Institutionen menschlicher Art auf eine humane Weise umzugestalten. Die Zeit, um eine solche (oder sogar andersartige) Umgestaltung zu erzielen, mag sehr beschränkt sein, und entschlossene Maßnahmen können unvermeidlich werden, wenn notwendige Änderungen zu Wege gebracht werden sollen. Gewiß werden nicht alle diese Maßnahmen Beifall finden, insbesondere bei Idealisten sentimentaler Gemütsverfassung. Aber können diese Maßnahmen überhaupt human sein? Der Mensch ist ein von Natur nicht eindeutig gutartiges Wesen; er ist unverkennbar auch ein bösartiges Wesen. Ist er nicht ein Geschöpf mit Raubtierinstinkten, die sich schwer im Zaume halten lassen, und hat er nicht die Neigung, sich in gefährliche Spiele einzulassen? Sein hochentwickeltes Gehirn ist dem ständigen Risiko von Störungen ausgesetzt, die Verrücktheit mit ernsthaften sozialen Konsequenzen bedingen kann. Grausamkeit, um Grausamkeit zu bekämpfen, und andere Formen der Bosheit werden beinahe überall praktiziert. Nicht nur Politiker, sondern auch Wissenschaftler sind nicht davor gefeit, verrückt zu sein oder verrückt zu werden. Manche verrückte Politiker und Wissenschaftler schaffen es, daß sie lange ihren Geschäften auf die ihrem Geisteszustand eigene Weise nachgehen.

Indessen, die Wissenschaft bearbeitete oft unedle Stoffe und vermochte sie in edle zu transformieren. Sie konnte manchmal sogar das erreichen, was nur von denen als möglich angesehen wurde, die als Toren galten. So wird, vielleicht bevor es zu spät ist, die Wissenschaft auch erkennen, wie man eine Unterwerfung dieses Teils der Natur des Menschen ohne Gewalt erreichen kann, der keine Bewunderung oder Respekt verdient – des Teiles seines Wesens, der ihn zum Feind und Henker seiner selbst macht, indem sie alle Grundlagen der politischen Institutionen, die für unsere Zeit geeignet sind, herausarbeitet. Ein wie erbärmliches Geschöpf der Mensch auch sein mag, man braucht nicht an ihm zu verzweifeln oder ihn als unter- oder übermenschlichen Kräften ausgeliefert zu betrachten. Ein wie verächtliches Wesen der Mensch auch sein mag, gibt es doch etwas mit ihm Verbundenes, das uns beseelen kann – einen Wert, der „Menschenwürde" genannt werden kann, einen „Anwert", der zuallererst in seiner Fähigkeit, sich selbst zu transzendieren, d. h. sich selbst zu überprüfen und sich selbst zu übersteigen, begründet ist.

Abgang: Gerechtigkeit, Kommunikation und Weltordnung

Jemand rief mich an und bat mich um eine Aussprache. Seinen Namen wollte er nicht nennen. Als ich fragte, worum es sich handle, sagte er, daß er eine Arbeit von mir gelesen hatte und so manche Fragen zum Thema mit mir erörtern möchte. Da ich spürte, daß der Unbekannte intelligent war und weil er anscheinend ein echtes Interesse an in meinem Werk behandelten Problemen hatte, schlug ich ihm vor, mich aufzusuchen.

Er traf pünktlich zur verabredeten Zeit ein. Als ich ihn sah, erkannte ich, daß der Mann vor einigen Jahren viel Aufsehen durch einen fehlgeschlagenen Terroranschlag erregt hatte, in dem – wäre der Versuch gelungen – viele unschuldige Menschen, darunter viele Frauen und Kinder, ums Leben gekommen wären. Er wollte durch seine Greueltat die Aufmerksamkeit der Welt auf die Unterdrückung seines, der Freiheit beraubten kleinen Volkes lenken und ihm zur Gerechtigkeit verhelfen. Vor Gericht wurde er wegen einer Geistesstörung für unzurechnungsfähig erklärt und in eine psychiatrische Klinik überwiesen. Vor kurzem wurde er als geheilt entlassen.

Der Besucher sagte mir, daß er meine Schrift *Justice and Doubt* gelesen habe und jetzt von verschiedenen Zweifeln bezüglich seiner tiefsten Überzeugungen geplagt sei. Nach wie vor war er bereit, sein Leben für die Gerechtigkeit aufzuopfern. Aber jetzt war er nicht mehr sicher, was die Gerechtigkeit eigentlich bedeute und was sogar in einem ganz konkreten Fall gerecht oder ungerecht sei.

Früher war er der Meinung, daß die Befreiung seines Volkes jedes Opfer wert sei und alle Mittel heilige. Jetzt aber fragte er sich, was für einen Wert diese Befreiung haben würde. Früher oder später würde eine benachbarte Großmacht sein Volk wieder verschlingen, und wenn es auch seine Freiheit behaupten könnte, würde es selbst eine der miteinander ringenden, einander anfeindenden Mächte werden. Was würde die sittliche Höhe seines heißgeliebten Volkes für alle Zeiten verbürgen? Was würde es vor dem Verderben bewahren?
Er war jetzt geneigt zu denken, daß nur eine allumfassende Ordnung der Welt mit aller erforderlichen Machtfülle es sei, um derentwillen es sich lohne, mit allen Mitteln zu kämpfen. Nur diese Weltordnung würde in der Lage sein, den Völkern, Volksstämmen und schließlich den Einzelmenschen wenigstens das ihnen zustehende Minimum an Gerechtigkeit zukommen zu lassen. Aber obwohl allem Anschein nach die Menschheit verzweifelt nach Einheit strebt, vermag sie dies doch nicht zu erreichen. Diesem Ziel stehen diejenigen, die die Politik in der Welt bestimmen, im Wege. Es gilt, diese zu beseitigen, und dazu muß der Terrorismus in der ganzen Welt, der sich bisher nur zur Lösung von Teilproblemen entschlossen hatte und sich nur mit Nebensachen befaßt hatte, nunmehr für eine wirklich große Sache, den gerechten und dauerhaften Weltfrieden einsetzen. Die Terroristen überall in der Welt sollen sich für die Verwirklichung dieser Idee vereinigen! Sie müssen vor allem die Staatsmänner vernichten, die einander zulächeln, umarmen und küssen, aber doch ihre Gegenpartei verachten.
Als ich dies hörte, wurde mir unheimlich zumute und ich wußte eigentlich nicht, was ich dem Mann sagen sollte. Es fiel mir nur die Bemerkung ein, daß die Staats-

männer, von denen er sprach, durch anonyme und wahrscheinlich mit keinem besonderen Menschen gleichzusetzende Kräfte gezwungen sind, ihre Rolle zu spielen, und daß sie in diesem Sinne ganz mitleidsbedürftige Geschöpfe sind. Da es nicht auf individuelle Staatsmänner ankommt, sondern auf Personen in gewissen Rollen, können sie auch durch höchsten und zähesten Heldenmut ebensowenig abgeschafft werden wie die Terroristen selbst.

Diese Worte ließen meinen Besucher anscheinend kalt. Er selbst wechselte plötzlich das Thema der Unterhaltung und sagte, daß der heilige Augustinus, der ja auch ein Zweifler war, die schönen Worte geprägt habe, daß das Herz des Menschen solange unruhig bleibt, bis es in Gottes Du seine Ruhe fände. Ich bemerkte, daß derselbe Augustinus gesagt hatte, daß der Mensch eigentlich nur in seinem Inneren die Wahrheit suchen kann, was vermuten läßt, daß er auch gemeint hat, daß das Du der Seele jedes Menschen in seinem tiefsten Grunde auch Gottes Du birgt. Des Menschen Suche nach Gott ist daher die Suche nach seinem eigenen eigentlichen Selbst. Der Weg zum gerechten und dauerhaften Weltfrieden, der nicht auf Verlogenheit beruht und in dem Gewalt nicht mehr notwendig ist, kann nur durch eine Verinnerlichung der Menschen erreicht werden.

Als mein Besucher im Begriff war, mich zu verlassen, sagte er, daß er manchmal auch selbst gedacht habe, daß nicht der Weg der Güterproduktion, sondern der innere Weg des Menschen zur Rettung der Welt führen kann, und so sind die Kapitalisten in ihrer Ideologielosigkeit und die Kommunisten in ihrer Ideologiebefangenheit beide eifrig daran, die Vernichtung der Menschheit herbeizuführen.

Als ich die Tür hinter ihm geschlossen hatte, versank ich

in Gedanken, die ich zuerst nicht zu sammeln vermochte. Als sie wieder begannen, in eine Richtung zu fließen, kam ich dazu, folgendes über die Gerechtigkeit, Kommunikation und Weltordnung zu denken.

Die Gegenwartsprobleme des menschlichen Lebens, die als verschiedene aktuelle Probleme erscheinen, weisen alle auf ein grundlegendes oder umfassendes Problem hin – das der Qualität gegen die Quantität des menschlichen Lebens. Das beständige Wachsen der Quantität des menschlichen Lebens durch seine Vermehrung oder durch die Erhöhung des Durchschnittsalters hat schon die Grenze erreicht, die wir zu überschreiten uns nicht mehr leisten können. Der Kampf um die Lebenserhaltung und um die Verlängerung der Lebensdauer wird schließlich gegen die Kräfte der Natur verloren werden, die das zu geben verweigern, was zur Erhaltung des menschlichen Lebens erforderlich ist. Das werden Verheerungen in der Form von Krankheiten oder anderen Naturkatastrophen bewirken, darunter der Wahn des gegenseitigen Ausrottens der Menschen.

Wenn die Quantität des menschlichen Lebens durch die Vernunft in Zaum gehalten werden soll, muß seine Qualität das beherrschende Kriterium werden. Aber wenn der Begriff der Qualität als dieses Kriterium berufen wird, dann entsteht die Frage nach ihrem genauen Inhalt. Verschiedene Werte müssen herangezogen werden, um den Begriff des menschlichen Lebens zu konkretisieren. Aber diese Werte stehen miteinander in keiner inneren Harmonie. Sie befinden sich auf verschiedene Weise in Konflikt miteinander, der sogar sehr tragisch sein mag. Um diese Konflikte zu bereinigen, ist eine bei weitem größere Fähigkeit, die Vernunft zu entfalten, erforderlich, z. B. eine bei weitem größere Losgelöstheit von den Situationen, in denen wir uns befinden. Wir müssen imstande sein, uns von einem großen Teil unseres geschichtlichen Erbes an Ideen zu trennen, vor allem werden wir vieles aufgeben müssen, was wir für teuer hielten. Das bedeutet, daß wir aufhören müssen, nur menschlich zu sein, und irgendwie übermenschlich werden müssen.

Die meisten großen Gegenwartsprobleme des menschlichen Lebens können anscheinend keine lokale Lösung finden, sondern können nur im Rahmen einer geeigneten Weltorganisation bewältigt werden. So können die Versuche, die Luft- und Wasserverschmutzung in einem Lande zu beseitigen, nur dann erfolgreich sein, wenn auch in den Nachbarstaaten und weltweit die gleichen Maßnahmen getroffen werden. Die Geburtenkontrolle zeitigt nur dann die erwünschten Ergebnisse, wenn sie auf einheitlichen Prinzipien gründet, die man weltweit einhält. Die Erschöpfung der Rohstoffe ist ein Problem, das in allen Ländern der Welt auf koordinierte Weise angegriffen werden muß. Es gibt einige Gegenwartsprobleme des menschlichen Lebens, im besonderen der Friedenssicherung, die einer rationalen Lösung fähig zu sein scheinen. Was in Richtung der Lösung dieses Problems zu tun ist, ist entweder schon gut bekannt oder es kann ohne weiteres in weiteren Einzelheiten erarbeitet werden. Um die Lösungen dieser Probleme in die Tat umzusetzen, ist es notwendig, daß die Staaten zu einer Übereinstimmung kommen. Aber das Problem, wie dies zu erreichen ist, bleibt nach wie vor ungelöst, und zwar in Anbetracht der politischen Spaltung der Welt und anderer Umstände, die unverrückbare ideologische und andere Bindungen hervorbringen.

Seitdem die Menschen ihre Aufmerksamkeit auf die Weltorganisation gerichtet haben, sind sie mit ihren rechtlichen und politischen Einrichtungen unzufrieden gewesen. Wenn die Diskrepanzen zwischen den von ihnen gewünschten und den tatsächlichen Institutionen besonders groß gewesen sind, hat man von Weltkrisen gesprochen. Daß unsere Zeit durch solch eine Krise gekennzeichnet ist, wird im allgemeinen akut empfunden. Es besteht ein universell erlebtes Bedürfnis nach einer Ordnung der Welt, in der Frieden und Sicherheit, Gerechtigkeit und vor allem das Fortbestehen der Menschheit gesichert sind. Begabung, Fertigkeiten und Können mögen unmittelbar verfügbar sein, um Projekte für solch eine Ordnung der Welt herauszuarbeiten. Es mögen sogar mehrere Alternativprojekte bestehen, aber eben nur als Projekte. Es ist schwer vorzustellen, daß irgendeines von diesen eine Billigung von allen erhalten wird, die in der Lage sind, die gegenwärtige rechtliche und politische Struktur der Welt zu ändern. Auch ist es schwer vorstellbar, daß irgendeines von diesen Projekten eine reale Chance hätte, auch nur Grundlage einer Übereinstimmung zu werden, aus der dann eine lohnende und funktionierende Weltordnung entstehen könnte. Was wenigstens als eine Alternative für eine solche Ordnung in einem Weltteil in Betracht käme, wird als eine abschreckende Aussicht in einem anderen betrachtet. Es liegt wohl in jedermanns wahrem Selbstinteresse, die Welt sicher zu machen, da jedermann eigentlich darum besorgt ist, einer größeren Weltkatastrophe zu entgehen. Aber wie alle Menschen handeln Staatsmänner selten auf Grund eines wahren Selbstinteresses. Normalerweise verfolgen sie naheliegende Ziele, die Werte darstellen, welche auf unmittelbaren und unkontrollierten Bedürfnissen von Heute oder von Morgen beruhen. Um dem wahren Selbstinteresse und den allgemeinen Interessen der Menschheit zur Herrschaft zu verhelfen, ist es erforderlich, den hohen Maßstäben des Denkens zu folgen, die für ihre Entdeckung und Anerkennung erforderlich sind. Dieses Befolgen allgemein zu sichern, vor allem zunächst dort, wo es äußerst dringend war, ist eine große, aber immer noch ungemeisterte Aufgabe. Wenn bei internationalen juristischen oder politischen Begegnungen ein zwingendes Denken geradezu zum Hohn seiner selbst gemacht wird, so ist das nicht immer die Schuld der Unterhändler oder der beschlußfassenden Individuen. Es geschieht oft, daß sie stellvertretend argumentieren *müssen,* wobei jeder einzelne den „Willen" seines politischen Gemeinwesens repräsentiert, eines Gebildes, das in Wirklichkeit weder einen Willen noch einen Verstand besitzt, sondern nur als ein Komplex der sozialen Machtprozesse aufzufassen ist. Auch wenn diese aus individuellem Willen und individuellem Verstand resultieren, so bringen sie doch das Ungewollte und das Unbedachte hervor.

Die Faktoren, die das Ungewollte und Unbedachte überall in den politischen Beziehungen hervorbringen, gewinnen in den internationalen Beziehungen an Gewicht. So ist es natürlich, daß man meint, daß rationales Denken beim Schreiten über den internationalen Sumpf nicht am Platz ist und daß hier die verschiedenen Ausflüchte und eristische Kunstgriffe die einzigen Mittel sind, weiterzukommen. So ist es kein Wunder, daß das, was auf diesem Gebiet geschieht, wie ein Versuch aussieht, die Teilnehmer einer Argumentation mit Gewalt und List zur Vernunft zu bringen. Und es ist kein Wunder, daß bei internationalen Streitfragen die Unterhändler und die Entscheidenden sich nicht wie denkende Subjekte benehmen, sondern wie Objekte eines Spiels der politischen Kräfte.

Die verschiedenen Sachen, für die Menschen im politischen Leben einstehen und kämpfen, erklären die große

Unwahrscheinlichkeit, daß die Vernunft durch Denk- und Argumentationsverfahren die Angelegenheiten der Welt beherrschen werde. So scheint es keine andere Chance für die Errichtung einer Weltordnung zu geben, welche die Welt für die Menschheit sicher machen würde, als eine grausame und entschiedene Eroberung durch eine Großmacht mittels einer entscheidenden technologischen Überlegenheit oder mittels Verrat. Es ist nicht zu erwarten, daß solch ein Welt-Eroberer sich sofort und überall populär machen könnte, aber die moderne Technologie kann Methoden und Mittel liefern, um mit der Unruhe der Eroberten und anderer feindseliger Elemente fertig zu werden. Tatsächlich brauchen diese Methoden nicht allzusehr gefürchtet werden. Politische und sittliche Verhältnisse, die man unter der Herrschaft dieses Welt-Eroberers sich vorstellen kann, brauchen nicht darüber hinauszugehen, was die Menschen ertragen können. Es ist wahrscheinlich, daß nach anfänglichen Leiden an der Niederlage und an anderen Abträglichkeiten, eine gemeinsame politische Gesinnung sich entwickeln würde, die die Weltregierung dann ohne übermäßige Unterdrückungsmaßnahmen wirken lassen würde. Es ist durchaus möglich, daß durch Massenindoktrination und Massenbekehrung es der siegreichen Macht gelingen könnte, die sich sträubenden Menschenmassen überall in der Welt nach ihren eigenen politischen Vorstellungen „weltgesinnt“ zu machen.

Wenn der Gedanke der Welteroberung abstoßend ist, kann man sich auf folgende Weise trösten: Die Geschichte der Menschheit legt den Gedanken nahe, daß die Evolution auch im politischen Leben nie aufhört. Kein Regime hat sich als dauerhaft erwiesen und keine Ungerechtigkeit und Unterdrückung hat sich verewigt. Die Dinge werden sich ändern, und man darf zu hoffen wagen, daß auf lange Sicht eine Änderung zum Besseren eintreten wird wegen der tief verwurzelten Unruhe des Menschen darüber, was er ist, was er hat und wegen des ständigen Strebens, über seinen ihm nachschleichenden Schatten – seine Unfähigkeit, ungeteiltes Glück zu empfinden – zu springen. Und alle diese Dinge können ungeachtet der Wechselfälle und Rückschläge sich zum Guten wenden, weil die an der Macht Befindlichen nicht immer an der Macht bleiben und von besseren Leuten abgelöst werden können. Darüber hinaus kann den Herrschenden, die wirklich gemein sind, ihre eigene Gemeinheit zuwider werden, oder sie können dieser Gemeinheit überdrüssig und von ihr verängstigt werden. Im Verlauf der Zeit würde dies alles die Unterdrückung unterhöhlen und eine Verbesserung und Verfeinerung der Regierungsmethoden zustande bringen.

Aber wenn all dies zutrifft, ist das Trachten nach einer Weltordnung, die die Welt sicher für das Menschengeschlecht machen würde, ein Unterfangen, das Beunruhigung hervorruft. Vor allem ist keineswegs sicher, daß ein entscheidender Versuch einer Welteroberung nicht zum Ende des Menschengeschlechts oder zu seiner erschreckenden Dezimierung führen würde. Weiter hat es den Anschein, daß eine Welteroberung nur mit Anwendung einiger teuflischer Mittel unternommen werden könnte, die es den Besiegten nicht erlauben, ihre Niederlage in Resignation und Ruhe zu tragen. Der Gedanke der Erniedrigung, die wenigstens ein Teil der Menschheit erfahren würde, indem er zu angepaßten Untertanen einer neuen Weltordnung gemacht würde, ist abstoßend. Es ist kaum denkbar, daß eine erstrebenswerte und funktionierende Weltordnung einfach aus der „Gerechtigkeit" hervorgehen würde. Es ist durchaus zu befürchten, daß eine Weltordnung, die nach objektiven

Kriterien als gerecht bezeichnet werden kann, subjektiv von sehr vielen Menschen als ungerecht empfunden wird.

Es ist nicht schwer, sich selbst und vielen anderen den Kleinmut über die Aussichten einer angemessenen Weltorganisation einzureden. Diese Haltung ist weitverbreitet, besonders unter Menschen, die sich als angesehene Denker etabliert haben und die wegen ihrer Ansichten sich und anderen mit den Worten „nüchtern", „reif" und „realistisch" Komplimente machen. Es ist schwer, diese Haltung zu bekämpfen, nicht nur, weil sie auf einer ganz soliden Grundlage beruht, sondern auch, weil die geistigen und sittlichen Kräfte, ihr entgegenzutreten, noch ziemlich schwach sind. Das mag bedauerlich sein. Solange noch keine eindrucksvollen Gründe vorgebracht werden können, um diese eigentümliche Haltung zu bestreiten, kann die Reaktion auf sie einfach im Ausdruck der Verwunderung bestehen, ob solch ein „Realismus" über die Situation der Welt nicht eigentlich von einer allzu dinglichen Auffassung des Menschen getragen wird, einer Auffassung, die auf einem Vergessen der Möglichkeiten des Selbst-Transzendierens des Menschen beruht. Es ist auch zu überlegen, ob die angebliche „Reife" dieser Haltung nicht eigentlich eine „Überreife" des Geistes darstellt, der nicht mehr fähig ist, in angemessener Weise wirklichen Herausforderungen zu begegnen. Nach historischer Erfahrung geht solche Überreife dem Untergang der Zivilisation voraus. Man fragt sich, ob die Maßstäbe der Gelehrsamkeit es wirklich erfordern, daß die Denker sich enthalten sollen, entschieden den Menschen und seine Einrichtungen zu ergründen, und ob es ihnen entspricht, nur die ausgetretenen Pfade des Denkens zu benützen, ihre „Ergründungen" nur auf das Offensichtliche, Unbestrittene und Herkömmliche zu beschränken

– und in diesem Sinn „ausgewogen“ oder „nüchtern“ zu sein.
Es scheint keinen Weg zu geben, um nachzuweisen, daß diese Haltung und Vorgangsweise der „übernüchternen“ Realisten in bezug auf die Weltsituation unrichtig ist. Alles, was man sagen kann, ist, daß es wohl diesen Realisten unmöglich ist nachzuweisen, daß *sie* recht haben. Die angeblichen Beweise, die sie vornehmlich heranbringen, um ihre Ansichten zu stützen, sind keine zwingenden, die auf Prämissen beruhen, welche sicher wahr sind. Ihre „Beweise“ sind Beispiele der paraduktiven oder zetetischen Begründung, deren Verfahren Gegenargumente immer zuläßt, so daß sich schließlich das als unhaltbar erweisen mag, was zu beweisen versucht wird.
Während keine zwingende Widerlegung der in Frage stehenden Ansichten angängig ist, klammern sich die Menschen, die oft als „unnüchterne“, schwärmerische Romantiker gebrandmarkt werden, an die Idee, daß der Mensch ein nicht etabliertes und weltoffenes Wesen ist, das nicht nur lebt, sondern auch sein Leben *führt.* Als solches Wesen hat er die Fähigkeit, nicht nur die Schwierigkeiten zu überwinden, die ihm im Kampf ums Überleben entgegentreten, sondern er hat auch die Fähigkeit, sich selbst zu überschreiten. Der Mensch kann es sich nicht leisten, auch was als unerreichbar erscheint, unversucht zu lassen. Wesentlich dadurch, daß er die Herausforderung dessen, was als unmöglich erscheint, angenommen hat, hat er sein Überleben bisher gesichert und indem er dies tat, die Zivilisation geschaffen.
Die Arbeit an alternativen Projekten für eine funktionsfähige und erstrebenswerte Weltordnung kann nicht mit günstigen Bedingungen rechnen, weil diese Projekte viele politische und andere Prinzipien berühren, die als heilig betrachtet werden und an denen mit Fanatismus und

Verbissenheit festgehalten wird. Wenn diese Projekte eine Überholung unserer altehrwürdigen politischen Einrichtungen fordern, werden sie als subversiv betrachtet, wenn sie postulieren, daß auch der Mensch überholt werden soll, um das Überleben des Menschengeschlechts zu sichern, laufen sie Gefahr, als bizarr angesehen zu werden. Der Ruf nach der Überholung des Menschen pflegt die Assoziation des vulgär verstandenen „Übermenschen“ oder der „tapferen neuen Welt“ hervorzurufen. Es scheint ein Schlag ins Gesicht der Konzeptionen der Heiligkeit des Menschenlebens und der Menschenwürde zu bedeuten. Die Arbeit an den Projekten, die geplant sind, um dauernden und ruhigen Frieden hervorzubringen, werden oft abgetan, indem man sagt, sie wären nichts anderes als Zeitvergeudung. Man bringt sie in Verruf, indem man sagt, sie beruhten auf der Illusion, daß die Menschheit, diese unbewegbare Masse, die nur das Schicksal treiben und schieben kann, von irgendwelchen rationalen Unterfangen bewegt werden könne.
Diesen Äußerungen der „Nüchternheit“ kann nicht durch Worte überzeugend gegenübergetreten werden, sondern nur durch Taten und Leistungen. Die Handelnden und die potentiell Leistenden können Ermutigung in folgenden Gedanken finden: Die landläufigen und vorherrschenden sittlichen Ideen haben ihre Chance gehabt, die Welt zu leiten, aber haben uns statt dessen in eine Sackgasse oder an den Rand des Unterganges geführt. Ihre Verfechter haben kaum noch etwas Konstruktives oder Vielversprechendes anzubieten: ihre Argumente sind von Motten zerfressen und unterstützt von Autoritäten, die nicht Zeugen der gegenwärtigen Bedrängnis der Menschheit gewesen sind. Daß das Menschengeschlecht nicht durch rationales Unterfangen bewegt werden kann, ist nicht ganz glaubwürdig. Es ist

versucht worden, auch die Massen zu schieben und diese Versuche waren nicht zum völligen Scheitern verurteilt. Der Vorwurf des Zeitverlustes ist leichtfertig, weil er von denjenigen kommt, die selbst nichts anderes tun als Zeit verschwenden – sie haben nichts besseres anzubieten als Symptomtherapie und unverbürgte Hoffnungen. Gewöhnlich bedienen sie sich einer gradualistischen Vorgangsweise in politischen und sozialen Angelegenheiten. Die Gradualisten neigen dazu, das „Durchwursteln" und das „In die Weisheit und Anständigkeit zu stolpern" zu glorifizieren. Wegen der Herrschaft des Gradualismus hat es viel länger als notwendig gedauert, daß der Mensch den heutigen Grad der Zivilisation erreicht hat, vor allem, wenn man die menschlichen Verstandesreserven in Betracht zieht.

Wenn das Überleben ein positiver Wert ist, muß der Mensch sich von der Vergötterung seiner gewohnten Überzeugungen und vom Bann seiner trügerischen Träume befreien und, wo immer sich Gelegenheit bietet, der Vernunft eine Chance geben, sich im individuellen oder politischen Leben zu behaupten. Heute mehr denn je ist der Mensch ein gefährdetes, aber auch ein gefährliches Wesen. Im Vergleich mit den anderen Lebewesen, wie z. B. Wölfen, ist der Mensch ein sehr kompliziertes Geschöpf: bei weitem mehr als diese ist er Störungen allerlei Art und Zusammenbrüchen ausgesetzt. Der Mensch ist anfällig, Fehler zu begehen, die die schwersten Folgen für ihn und für seine Umwelt haben können; er ist Drohungen ausgesetzt, die zum Teil von ihm selbst herrühren, und es besteht für ihn deswegen ein dauerndes Bedürfnis, von seinen Brüdern behütet zu werden und der Hüter seiner Brüder zu sein und die Bedingungen um ihn und in ihm zu schaffen, die es ihm ermöglichen, zu leben und sein Leben zu *führen*. Der Mensch kann sich nicht länger auf die Kräfte verlassen, die ihn dereinst betreuten. Er ist irreversibel prometheisch geworden; indem er seine Zivilisation geschaffen hat, hat er es riskiert, völlig auf seine eigenen Mittel angewiesen zu sein und zu einem ständigen Kampf gegen die Kräfte über und innerhalb seiner verurteilt zu werden – Kräfte, die sich heute dazu zu vereinigen scheinen, daß die Welt von den Endergebnissen der Evolution hinweggefegt wird. So ist seine allererste prometheische Aufgabe zu entdecken, wie das entdeckt werden kann, was für seine prometheische Existenz unerläßlich ist.

Die sittlichen, rechtlichen und politischen Aufgaben, sowohl im internationalen als auch innerstaatlichen Bereich, zur Verwirklichung einer funktionsfähigen und erstrebenswerten Weltordnung sind überwältigend. Sich diesen Schwierigkeiten zu beugen ist keine Tugend, wohl aber sie zu überwinden, und sei es in einem Kampf, der wie die Schlacht eines Don Quichotte aussieht. Welche Rolle kann dabei die menschliche Kommunikation spielen, die sich in einer heiklen Lage befindet, um den Kampf aussichtsreich zu machen? Eines, was sie vielleicht leisten kann, ist, die Erforschung ihrer eigenen Verwicklungen zu fördern, desgleichen die Verbesserung der Bedingungen, damit, wo immer möglich, die Gelegenheit eines *modus vivendi* zwischen feindseligen Parteien und Fraktionen geschaffen werden können.

Dies ist erforderlich, um eine Galgenfrist zu sichern, und wenn notwendig, wiederholte Verlängerungen dieser Frist, damit der Mensch das, was er muß, zu lernen vermag, und danach streben kann, was er unter der Herrschaft der Vernunft tun soll. Aber was kann unter dieser Herrschaft getan werden? Wir leben und führen unser Leben in Unsicherheit darüber, was wir sind, was wir wissen können und was wir tun sollen. Da wir in unseren Urteilen über die menschlichen Angelegenheiten fehlbar sind, besteht eine unserer vornehmsten Aufgaben darin, das Risiko, das diese Fehlbarkeit mit sich bringt, auf ein Minimum zu reduzieren, indem die etablierten Regeln des disziplinierten Denkens gewissenhaft angewandt werden. Dabei soll nicht vernachlässigt werden, sie ständig zu überprüfen, um sie zu noch besseren Instrumenten unseres Denkens zu machen. Mit diesen Werkzeugen sollte es möglich sein, die Mysterien zu enthüllen, die das menschliche Leben heute heillos verwirren, und einen Rahmen zu schaffen, in dem es auf eine humane Weise geführt werden kann.

Dritter Teil:
Eunomische Versuche

Auftakt:
Naturrecht in der Krise

Der Dialog, den wir geführt hatten und der andauern sollte, wurde abgebrochen, als Du, René, mit Blanka heimflogst und nicht einmal Eure toten Körper in der Heimat ankamen. In den Monaten, als ich mit Dir, René, zusammen über das Gewesene, das Bestehende und das Kommende im menschlichen Leben und Zusammenleben grübelte, kamen unsere Gedanken wohl in Fühlung und wir konnten erreichen, daß wir aneinander nicht vorbeiredeten. Aber die Zeit, die uns beschieden war, gemeinsam zu verbringen, war zu kurz, um greifbare Ergebnisse zu erzielen. So waren wir entschlossen, uns baldmöglichst wieder zu treffen – das nächste Mal in Deinem Lande.
Da bin ich jetzt, aber ganz allein und von Schwermut ergriffen. Was von Dir und Deiner Gefährtin übriggeblieben ist, liegt unkenntlich in einem Massengrab in einem fremden Lande. Ich wohne im Hause, das Euch gehört hat; Lyn ist wieder weit weg daheim bei ihren Eltern, um bei ihrem Vater zu sein während der ihm noch verbleibenden kurzen qualvollen Zeit. Ich gieße Eure Blumen auf dem Fensterbrett und gebe den Vögeln in Eurem Garten Brotkrümchen. Ich sitze in Deinem Lehnstuhl und schreibe ins Notizbuch, das Du hinterlassen hast. So manches, das wir – tiefgründig geistige Gegenpole – erarbeiten wollten, schwebt mir vor und ich möchte mir Dir darüber reden – nicht, um Dich für meine Denkergebnisse zu gewinnen, sondern einfach,

um in einem edlen Kampf mit einem redlichen Gegner zu erproben, was sie wert sind.
Du sagtest einmal, daß Du ein glühender Verfechter des Naturrechts seist. Ich hörte diesem Bekenntnis schweigend zu – ich konnte dem Naturrechtsdenken keine besondere Begeisterung entgegenbringen, sondern eher ein Bedauern darüber, daß Naturrechtler ja so manches Widersinnige und meinem Rechtsgefühl Widerstrebende gesagt haben. Nur mit Ungeduld habe ich zu lesen und hören versucht, was die heutigen Naturrechtler lehren. Dein Enthusiasmus für das Naturrecht hat mich aber doch irgendwie mitgerissen. Seitdem wir darüber Wortgefechte führten, lassen naturrechtliche Probleme und das Naturrecht als Problem mich nicht mehr zur Ruhe kommen.
Weil außerhalb der Naturrechtstradition stehend, bin ich nicht wie Du besorgt um das Schicksal des Naturrechts als eines Phänomens. Das Wort „Naturrecht“ ist mir nichts Teures. Es stört mich sogar wegen des Ballastes der Ungedanken, die an ihm im Laufe des Werdeganges der Idee, die es eingehüllt hat, haften geblieben sind. Diese Idee ist die des wohlbegründeten, des guten Rechts – der Eunomie, um ein griechisches Wort zu gebrauchen. Du hast die altgriechische Sprache bewundert und selbst mit Vorliebe nach ihren Ausdrucksmitteln gegriffen, um Deine Gedanken besser zu fassen. So nenne ich die Skizzen, die ich hier, angeregt von Deinem Naturrechtsdenken, entwerfe, „Eunomische Versuche“. Unter diesem Titel schreibend fühle ich mich frei, der Naturrechtstradition treu oder untreu zu sein, je nachdem, wohin meine Gedanken mich führen.
Im Jahre 1971 hatte ich eine einmalige Gelegenheit, Probleme des Naturrechts und das Naturrecht selbst als Problem mit einem seiner hervorragendsten Vertreter

zu diskutieren. René Marcic, der sieben Monate seines Forschungsurlaubes in der Abteilung für Rechtstheorie und Völkerrecht an der Universität Sydney verbrachte, begrüßte eine Konfrontation mit seinen australischen Kollegen, die der Naturrechtstradition fernstanden und die sie sogar mit gewissem Argwohn zu betrachten pflegten. Seine Position in dieser Konfrontation war nicht die eines Proselyten, sondern eher die eines die Klarheit Suchenden.

Ich kam mit Marcic fast täglich an der Sydney Law School zu Besprechungen und gemeinsamen Studien zusammen. Bei diesen Begegnungen wurde ein beträchtlicher Teil unserer Zeit den Problemen, die sich um das Naturrecht bewegen, gewidmet. Meine eigene Haltung zum Naturrecht war so, daß ich in der Gemeinschaft der Rechtspositivisten mich wie ein Naturrechtler fühlte und in der Gemeinschaft der Naturrechtler wie ein Rechtspositivist. Dementsprechend war ich in seiner Gesellschaft bestrebt, zu erklären und zu verteidigen, was ich als eine vernünftige Position der Rechtspositivisten betrachtete. Seinerseits war er bestrebt zu erklären und zu verteidigen, was er als eine vernünftige naturrechtliche Position ansah.

In unseren Besprechungen erreichten wir eine recht weite gemeinsame Basis, ohne eigentlich unsere jeweiligen Positionen zu verlassen. So stellten wir gemeinsam fest, daß das, was besonders in Kontinental-Europa Naturrechtler als am Rechtspositivismus abstoßend finden, auf den angelsächsischen Rechtspositivismus gar nicht zutrifft. Zusammen kamen wir zu der Erkenntnis, daß das, was viele Gegner des Naturrechts an ihm auszusetzen pflegen, nichts anderes ist, als ein Bündel von nebensächlichen Ideen, durch welche der naturrechtliche Strom in seinem Fließen durch die Geschichte verseucht worden ist. Wir kamen zu dem Ergebnis, daß ein guter Naturrechtler und ein guter Rechtspositivist die gleichen politischen und rechtlichen Ideale haben können (und daß sie diese auch gewöhnlich teilen); weiters dachten wir, daß ihre Blick- und Arbeitsrichtung vernünftige Alternativen darstellen, die unter besonderen politischen und rechtlichen Bedingungen und kulturellen Verhältnissen besondere Vor- und Nachteile haben können.

Marcic verwarf die anthroponome und die theonome Auffassung vom Naturrecht, wonach das Naturrecht auf der menschlichen Natur bzw. auf dem göttlichen Willen gründet. Er verschrieb sich nur der ontonomen Auffassung vom Naturrecht, nach welcher dieses Recht im Sein selbst, „in der fundamentalen Verfassung des Alls" gründet. Diese Auffassung vom Naturrecht beeindruckte mich sehr. Anfänglich war mir aber die Betonung fremd, die Marcic auf die Menschenwürde für die Entwicklung bestimmter Aspekte des Naturrechts legte. Indessen, ich begann zu sehen, daß er nicht der Schattenseite der menschlichen Wirklichkeit verschlossen war, die uns vor Augen führt, daß der Mensch auch die Fähigkeit hat, ein Tor zu sein – ein Geschöpf von widerlicher Würdelosigkeit. Es stellte sich heraus, daß die Vorstellung, die Marcic von der Menschenwürde hatte, wesentlich auf der Fähigkeit des Menschen, sich selbst zu transzendieren, gegründet war, die es dem Menschen erlaubt, ein Gefährte und Gehilfe des Schöpfers zu werden und es ermöglicht, sich in ein Geschöpf zu verwandeln, dessen Aufgabe es ist, die Schöpfung fortzusetzen, um ihre Mängel und Gebrechen letztlich zu beseitigen.

In unserem abgebrochenen Dialog verblieb eine Anzahl von Hauptpunkten, über die wir nur unsere vorläufigen Ansichten mitteilten, die wir aber nicht zur Übereinstimmung bringen konnten. Eines dieser Probleme war die derogative Wirkung des Naturrechts für das positive Recht; eine weitere Frage blieb die Bedeutung der in der Natur zu beobachtenden teleologischen Züge für die Bestimmung des naturrechtlichen Sollens. Ein anderer wichtiger Punkt, über den unsere Ansichten nicht anzunähern waren, war noch die Begründbarkeit naturrechtlicher Normen. Marcic meinte, daß ein Naturrechtler ein Kognitivist sein muß, während ich der Meinung war, daß eine haltbare Auffassung vom Naturrecht auch auf einer konativistischen Grundlage aufgebaut werden kann und daß die entsprechende Theorie sogar mit den klassischen naturrechtlichen Lehrmeinungen vereinbar ist.

Ich fühle noch immer, daß ich noch weit davon entfernt bin, von naturrechtlichen Problemen mit Selbstsicherheit sprechen zu können. Aber ich habe versuchsweise einige Gedanken darüber entwickelt, die ich im folgenden darlegen möchte. Mein gegenwärtiges Unterfangen findet in einer relativen Abgeschiedenheit statt – ermöglicht durch Universitätsferien. Ich bin zur Zeit mit niemand in geistiger Gesellschaft, so daß ich weder die Rolle eines Naturrechtlers noch die eines Rechtspositivisten zu spielen veranlaßt bin. Ich kann daher versuchen, sozusagen ein Zuschauer einer wissenschaftlichen Tragödie zu sein, in der sich die akademischen Juristen (und manchmal sogar die Rechtspraktiker) in zwei feindliche Lager gespalten haben, die kein wirkliches Verlangen nach gegenseitiger Verständigung haben und die es nicht unterlassen einander zu schmähen. Sie scheinen eher aneinander vorbei zu schreien als in einen ergiebigen Gedankenaustausch zu treten. So gibt es kaum eine Möglichkeit, daß einer von den Gegnern endgültig besiegt wird; rein intellektuelle und entscheidbare Streitfragen bestimmen eigentlich ihre Auseinandersetzung nicht. Der Kampf geht daher weiter, auch wenn einer der Widersacher ziemlich stumm bleibt und der andere beredt und von seinem Sieg überzeugt ist. Voraussichtlich wird es immer in einer gewissen Form sowohl eine ewige Wiederkehr des Naturrechtsdenkens als auch eine ewige Wiederkehr des Rechtspositivismus geben.

Es fragt sich, ob es überhaupt möglich ist, sich ein *tertium quid* in dieser anscheinend nie endenwollenden Auseinandersetzung vorzustellen. Oder ist jedermann, der sich zu diesen Fragen äußert, dazu verurteilt, entweder ein Naturrechtler oder ein Rechtspositivist zu sein? Die Möglichkeit oder Unmöglichkeit, der einen oder der anderen Partei zugezählt zu werden, liegt darin, wie die jeweiligen Positionen definiert werden. Es kann eine dichotomische Einteilung vorgenommen werden, die die zwei Positionen so bestimmt, daß sie einander ausschließen; es ist aber auch möglich, diese Positionen als diametrale Gegensätze zu verstehen. Ich ziehe die zweite Version vor, besonders weil sie die Gelegenheit bietet, bei den Auseinandersetzungen ein Außenstehender zu bleiben und frei einen Mittelweg zu beschreiten.

Was eine Erscheinungsform des Naturrechtsdenkens und was eine Erscheinungsform des rechtspositivistischen Denkens ist, läßt sich nicht immer so einfach feststellen. Es scheint, daß die kontinental-europäischen Naturrechtler als Rechtspositivismus auch eine Gedankenrichtung verurteilen, die als ein Ableger des Naturrechtsdenkens aufgefaßt werden kann, nämlich die legalistische Theorie von der Gerechtigkeit *à la* Hobbes und die Machttheorie *à la* Spinoza. Es ist nicht sicher, ob die monistische Auffassung von der Struktur des gesamten Rechts wesentlich für das Naturrechtsdenken ist, so daß das Naturrecht gegenüber jeder Norm des positiven

Rechts, mit der es unvereinbar ist, eine derogatorische rechtliche Wirkung haben muß.

Da die Kriterien des Naturrechts und des positiven Rechts nicht ganz feststehen, unterliegt die Kontroverse zwischen den Naturrechtlern und den Rechtspositivisten dem Risiko, in gegenseitige Beschuldigungen abzugleiten, indem die Vorwürfe der Mängel in den Ideen des einen Gegners dem anderen Gegner zurückgeschleudert werden als Mängel in der Gedankenrichtung, die er verficht. In dieser Situation sind die Gegner beider Lager oft gezwungen, zu erklären, daß sie nur eine gewisse Art des rechtlichen oder sittlichen Denkens unter ihren jeweiligen Etiketten vertreten, und sie distanzieren sich von verschiedenen ihnen unterstellten Pseudo-Gedanken. Was das echte und was das unechte Naturrechtsdenken bzw. was Rechtspositivismus ist, läßt sich schwer bestimmen und umschreiben. Es dürfte aber möglich sein, zu erkennen, worin die nicht wegzudenkenden Züge dieser Gedankenrichtungen bestehen.

Die wesentlichste Behauptung des Naturrechtsdenkens ist, daß es außer dem positiven Recht einen Komplex *rechtlicher* Normen gibt, deren Geltung nicht auf einer menschlichen Autorität beruht, sondern sich aus den Erfordernissen der Umstände, die in der objektiven Realität liegen, ergibt. Diese, obwohl gemäßigte Ansicht, wird von rechtspositivistischen Extremisten bestritten. Sie behaupten, daß sogar solches trans- und suprapositives „Recht“ in Wirklichkeit ein rechtliches Nichts ist, weil Normen, denen die Merkmale des Gesetzesrechts, des Gewohnheitsrechts oder des Richterrechts fehlen, keine Realität zukommen kann, wie sie jedes echte Recht haben muß. Das, worauf sich die Naturrechtler mit dem Wort „Naturrecht“ beziehen, kann nur als eine *Idee* oder ein *Ideal* des Rechts in Frage kommen, das auf einer anderen Ebene liegt, als auf der, auf der sich das *wirkliche* Recht befindet. Das sogenannte Naturrecht ist ebensowenig ein Recht wie z. B.: Venus eine Frau, eine Zeichnung eines Flugzeuges ein Flugzeug oder ein Modellvertrag ein Vertrag zwischen Parteien ist.

Die meisten Naturrechtler erheben den Anspruch, daß naturrechtliche Grundsätze, abgesehen davon, daß sie Rechtscharakter haben, auch einen notwendigen Teil jeder tatsächlichen Rechtsordnung bilden. Eine Norm des positiven Rechts kann nach dieser Ansicht eine Rechtsnorm nur dann sein, wenn sie gewissen grundlegenden Kriterien der Gerechtigkeit entspricht, die dem Naturrecht angehören. Wenn eine legitime staatliche Autorität die Tötung eines Säuglings, die Ausrottung von Völkerschaften oder die Vernichtung von lebensunwertem Leben anordnet, würde dies überhaupt keine rechtliche Maßnahme sein. Ähnlich würde eine Anordnung, die etwas absolut Unmögliches zu tun befiehlt, kein Recht darstellen. Diese Position wird von einem extremen Naturrechtsdenken vertreten und sogar von den mäßigen Rechtspositivisten entschieden abgelehnt. Während sie die Existenz eines Rechts von höherer sittlicher Würde anerkennen und nichts dagegen haben mögen, daß es als Naturrecht bezeichnet wird, bestehen sie doch darauf, daß eine Norm des positiven Rechts jeden beliebigen Inhalt haben kann. Eine Norm, die nach den Kriterien des Naturrechts ungültig ist, mag trotzdem nach den Grundsätzen der gegebenen Kriterien der Rechtsordnung gültig sein.

Es gibt auch ultra-extreme Fassungen des Naturrechtsdenkens und des Rechtspositivismus, die aber hauptsächlich als historische Kuriositäten vorkommen. Der ultraextreme Naturrechtler behauptet, daß hinter und über jeder aktuellen oder potentiellen Norm des positiven

Rechts auch eine entsprechende naturrechtliche Norm zu finden ist. Eine Norm des positiven Rechts gilt nur, wenn sie der entsprechenden Naturrechtsnorm entspricht. Der ultra-extreme Rechtspositivist behauptet, daß jede Norm des positiven Rechts den allerletzten Maßstab für das Verhalten der Person darstellt, an die sie adressiert ist. Beide ultra-extremen Positionen haben ihre Nachteile und führen in der Rechtsanwendung sowie in der Rechtstheorie zu Absurditäten.

Ein *modus vivendi* zwischen den naturrechtlichen und den rechtspositivistischen Extremisten ist nicht möglich. Das bedeutet aber nicht, daß eine dieser beiden Positionen unbedingt ins Verderben führen muß. Nur bei ultra-extremen Positionen ist dies zu erwarten. Es lohnt sich aber nicht, sich mit den möglichen Folgen ultra-extremer Positionen zu beschäftigen, weil heute kein bedeutender Gelehrter eine dieser Positionen ernsthaft zu vertreten scheint. Was nun die extremen Positionen anlangt, so kann auch ein extremer Rechtspositivist die endgültige Richtigkeit für gewisse Normen des positiven Rechts oder sogar für ganze positive Rechtsordnungen beanspruchen. Hierbei beruft er sich aber nicht auf positive Rechtskriterien, sondern eher auf eine Ideologie, die die gegebene Rechtsordnung oder politische Ordnung bestimmt. Ein extremer Rechtspositivist kann wie ein extremer Naturrechtler einen politischen oder rechtlichen Unfug verurteilen, aber beide tun es auf verschiedene Weise und unter Bezugnahme auf verschiedene Grundsätze. Während dieser sich auf Prinzipien, die er als naturrechtliche betrachtet, beruft und so eine Maßnahme des positiven Rechts wegen Verstoßes gegen diese Prinzipien als ungültig erklärt, beruft sich jener auf Grundsätze der Moral, auf die Stimme des Gewissens oder auf den gesunden Menschenverstand. Obwohl der extreme Rechtspositivist eine verderbliche Maßnahme als positivrechtlich gültig betrachtet, lehnt er etwa im Namen der Moral sie ab und leistet möglicherweise Widerstand gegen sie oder ruft sogar zu einem allgemeinen Widerstand auf. Ein Rechtspositivist muß keineswegs ein Konformist sein, soweit es schlechtes Recht betrifft. Es stimmt, daß leidenschaftliche Naturrechtler bedeutende Beiträge zur rechtlichen und politischen Entwicklung geleistet haben, indem sie Reformen inspiriert und diesen Reformen Inhalt gegeben haben. Aber dasselbe haben auch engagierte Rechtspositivisten getan. In dem Auf und Ab der Geschichte hat sich manchmal das naturrechtliche Denken und manchmal das rechtspositivistische Denken als für den menschlichen Fortschritt steril erwiesen. Man hat sich sowohl in Zeiten der Vorherrschaft des Naturrechtsdenkens als auch in Zeiten des Rechtspositivismus niederträchtig benommen.

Da notleidende Menschen die Neigung haben, eiligst einen Sündenbock zu finden, versteht es sich, daß unter dem unmittelbaren Eindruck der nationalsozialistischen Greueltaten vor und während des Zweiten Weltkrieges der Rechtspositivismus beschuldigt wurde, eine frevelhafte Rechtsanwendung ermöglicht zu haben. Es ist reichlich merkwürdig, wenn Gelehrte, die von diesen Vorgängen durch einen beträchtlichen zeitlichen oder räumlichen Abstand getrennt sind, sogar heute diese unverbürgte Beschuldigung gedankenlos nachbeten. Sollten die für das naturrechtliche oder rechtspositivistische Denken eigentümlichen Auffassungen zur Beurteilung der in Frage stehenden Tragödie herangezogen werden – anstatt, daß man gehöriges Gewicht auf die damals herrschenden sozialen Umstände und die universellen menschlichen Schwächen legt –, kann man durchaus auch sagen, daß in der nationalsozialistischen Ideologie eine naturrechtliche Auffassung eine Rolle spielte. Denn in der nationalsozialistischen Rechtskonzeption wurde gewissen naturhaften Fakten und Faktoren, und zwar den genetischen Determinanten des menschlichen Lebens und den somatischen Unterschieden zwischen den Menschen, eine große Bedeutung beigemessen.

Während eine bloße ethische *Koexistenz* zwischen den extremen Varianten des Naturrechtsdenkens und des Rechtspositivismus möglich ist, lassen ihre gemäßigten Varianten einen echten *modus vivendi* zu. Um dies zu erreichen, muß man feststellen, ob das Naturrecht und das positive Recht sich in ein *genus* einfügen, das man „Recht" zu nennen pflegt. Das Problem, das sich hier erhebt, ist eine Frage der Definition des Rechts. Aus der Definitionstheorie und aus der Beobachtung der Gegebenheiten, zu denen man das Recht zählt, geht hervor, daß die begrifflichen Grenzen der entsprechenden Vorstellungen durch ein definitorisches *„fiat"* bestimmt werden können, vorausgesetzt, daß dieses *„fiat"* wohlbegründet ist. Es gibt keine natürlichen begrifflichen Grenzen für das Recht, wie es diese für die chemischen Elemente, wie Silber, oder für Tiere, wie Zebras, geben kann. Wohl ist es möglich, aber bestimmt nicht ratsam, das Recht so zu definieren, daß der daraus sich ergebende Begriff z.B. das Völkerrecht, das Kirchenrecht, das Recht der primitiven Völkerschaften und sogar gewisse Teile des Verfassungsrechts ausschließt.

Da der Begriff des Naturrechts von außerordentlicher Langlebigkeit, Zähigkeit und Kontinuität ist, ist die Konzeption des Naturrechts als eine Art Recht dermaßen wohletabliert, daß ein Rechtsbegriff, der das Naturrecht mitumfaßt, als historisch wohlbegründet erscheint. Die Wendung „Naturrecht" (oder ihre Entsprechungen in den Kultursprachen) ist linguistisch so gut fixiert, daß man den Begriff des Naturrechts dem semantischen Feld des Wortes „Recht" zuordnen kann. Dasselbe kann man natürlich auch über die Vorstellung vom positiven Recht sagen: sie ist historisch und linguistisch völlig festgelegt. Es fragt sich, ob ein Gedankengefüge gebildet werden kann, das ein *genus* darstellt, unter das man sowohl das positive Recht als auch das Naturrecht subsumieren kann. Es scheint durchaus tunlich zu sein, das Recht und andere soziale Normgefüge abzugrenzen, ohne auf die Merkmale zurückzugreifen, die dem positiven Recht eigentümlich sind, nämlich die Erzwingbarkeit der meisten seiner Normen und die besonderen Methoden seiner Schaffung durch Satzung, Gewohnheit oder durch Rechtsprechung. So kann das Recht von der Moral dadurch unterschieden werden, daß die Rechtsnormen immer Pflichten mit entsprechenden Rechten erzeugen, während die Moralnormen eigentlich bloße Pflichten auferlegen. Diese Abgrenzung stimmt freilich nicht völlig mit landläufigen Auffassungen von der Sittlichkeit überein, da es durchaus üblich ist, auch von sittlichen Rechten zu sprechen, denen sittliche Pflichten entsprechen. Gleichwohl, derjenige, dem die Sauberkeit der begrifflichen Abgrenzungen am Herzen liegt, darf darauf bestehen, daß auf jenem Gebiet, das von manchen als der Sittlichkeit zugehörig betrachtet wird und wo sittliche Rechte vorkommen, ein normatives Feld vorliegt, das eigentlich dem Naturrecht zuzuzählen ist. Extreme Rechtspositivisten behaupten, daß nur die Positivität dem Recht Wirklichkeit verleihe. Aber ihr Begriff von der Wirklichkeit ist zu eng. Eine Norm kann auch in dem Fall als wirklich angesehen werden, wenn sie von Fachleuten als Verhaltensmaßstab aufgestellt worden ist oder die Menschen im allgemeinen sie in ihren Haltungen als einen Verhaltensmaßstab ansehen. Das Natur-

recht ist gewiß in diesem liberaleren Sinn der Realität auch wirklich. So kann man sowohl das positive Recht als auch das Naturrecht als Recht betrachten.
Bei einem möglichen *modus vivendi* von aufgeklärten Varianten des Naturrechtsdenkens und des Rechtspositivismus können dieselben juristischen und politischen Ziele durch verschiedene Denkbehelfe erreicht werden, indem man verschiedenartig klassifizierte und benannte normative Maßstäbe anwendet. Während ein aufgeklärter Naturrechtler sich auf naturrechtliche Grundsätze beruft, um gewisse rechtliche Maßnahmen zu befürworten oder zu verurteilen, beruft sich ein aufgeklärter Rechtspositivist zu demselben Zweck auf verschiedene außerrechtliche Erwägungen (mitinbegriffen die der Moral, der Religion und des gesunden Menschenverstandes). Wo sich in der Auffassung des aufgeklärten Naturrechtlers Naturrecht und positives Recht überschneiden, überschneidet sich nach der Auffassung des aufgeklärten Rechtspositivisten Sittlichkeit und Recht. Ein vernünftiger Rechtspositivist steht wohl grauenhaft ungerechten Gesetzen kaum weniger hilflos gegenüber als ein vernünftiger Naturrechtler. Es ist zu erwarten, daß beide sie ablehnen – dieser im Namen des Naturrechts, jener im Namen der Sittlichkeit.
Als menschliche Wesen, die sich vor allem den humanen und rationalen Verhaltensgrundsätzen verpflichtet fühlen, sind weder die Rechtspositivisten noch die Naturrechtler gehalten, solche Gesetze zu befolgen oder dies von anderen zu erwarten. Beide können zum Widerstand gegen sie aufrufen, aber es gibt Fälle, in denen beide auch aus Erwägungen der Zweckmäßigkeit davon absehen können, sich gegen sie aufzulehnen. In der Rolle des Richters können beide es für geboten halten, Entscheidungen nach empörend ungerechten Gesetzen zu

treffen; aber sie unterliegen keinem Zwang, zu erklären, daß sie etwas anderes tun, als diese Gesetze anzuwenden, d. h. sie brauchen keineswegs zu erklären, daß, was sie entschieden haben, auch sittlich vertretbar ist. Im Namen verschiedener ethischer Maßstäbe können auch beide unter Umständen eine möglichst vernünftige und humane Interpretation der in Frage stehenden anstößigen Rechtsvorschriften geben, indem sie von der „Weitmaschigkeit", d. h. von dem Ermessensspielraum Gebrauch machen.

Es ist letztlich unwesentlich, ob man ein Naturrechtler oder ein Rechtspositivist in letztbeschriebenem Sinne ist oder wird. Beide zählen zu den vernünftigen Menschen und beide können gute Staatsbürger sein. Sowohl der eine als auch der andere kann ohne weiteres mit der Ausführung staatlicher oder gerichtlicher Funktionen betraut werden. Werbung für beide Richtungen mag eine erheiternde emotionelle und intellektuelle Beschäftigung sein und gegenseitige Bekehrungen oder sogar Wiederbekehrungen sind nichts, dessen sich jemand schämen sollte. Es scheint aber, daß eine der beiden Positionen besser zu gewissen Leuten und schlechter zu anderen Leuten paßt; dies wegen ihrer persönlichen Eigenart oder wegen der Eigentümlichkeit ihrer kulturellen Herkunft. Was z. B. die angelsächsische Rechtskultur anlangt, scheint es, daß der aufgeklärte Rechtspositivismus besser zu ihr paßt. Und es mag sein, daß das aufgeklärte Naturrechtsdenken eher zur kontinental-europäischen Rechtskultur, besonders in gewissen Ländern, paßt.

Zu bemerken ist noch, daß Unterschiede, die von heutigen kontinental-europäischen Naturrechtlern mit Eleganz durch Gegenüberstellungen wie „Recht" und „Gesetz", „*droit*" und „*lois*" u. dgl. gemacht werden, im Englischen nur in unbeholfene Ausdrücke gefaßt werden können. Sowohl „Recht" als auch „Gesetz" usw. werden normalerweise mit dem Wort *„law"* ins Englische übersetzt (ausgenommen den Fall subjektiver Rechte, die mit dem Wort *„right"* bezeichnet werden). Während es tunlich ist, z. B. das deutsche Wort „Recht" nur zur Bezeichnung des Rechts, das gewissen unverzichtbaren Maßstäben der Gerechtigkeit oder Richtigkeit entspricht, zu gebrauchen (so daß damit Unrecht ausgeschlossen wird), muß im Englischen dem Wort *„law"* eine Qualifikation beigefügt werden (z. B. *„right"*, *„genuine"*, *„authentic"*), um denselben Effekt zu erzielen, wie dies etwa die deutschen Naturrechtler durch die Gegenüberstellung von „Recht" und „Gesetz" erzielen können. *„Law"* in der englischen Umgangssprache bedeutet Recht im allgemeinen; in der juristischen Fachsprache bedeutet es aber positives Recht. So kann man sagen, daß die aufgeklärte naturrechtliche Position im englischen Kulturkreis sogar auf gewisse sprachliche Hindernisse stößt. Im deutschen Kulturkreis hingegen hat der aufgeklärte Rechtspositivismus eine sprachliche Hürde zu überwinden, da es ziemlich unnatürlich ist, das was deutsch „Unrecht" heißt (ein bequemes Wort für „Ungerechtigkeit") als eine Art Recht zu betrachten. Aber nach jeder rechtspositivistischen Auffassung kann eben jedes „Unrecht" auch „Recht" sein.

Die geistige Anziehungskraft sogar der gemäßigteren naturrechtlichen Position hängt in einem nicht geringen Maße davon ab, inwieweit sie eine solide philosophische Grundlage hat. Naturrechtler haben versucht, ihre Position durch die Behauptung zu stärken, daß das Naturrecht eine objektive Grundlage in der erkennbaren Realität habe – und so könnten seine Grundsätze als „wahr" bezeichnet werden. Dieser kognitivistische Anspruch macht aber die naturrechtliche Position leicht verletzbar.

Er beruht auf einer Art deskriptiven Fehlschluß: ein Werturteil oder eine Norm wird hier von einem oder mehreren Tatsachenurteilen „hergeleitet". Es gibt in der Tat keinen logischen Weg, der von reinem „Sein" (d. h. Faktizität) zu reinem „Sollen" führt. Man kann unmöglich sagen, was für den Menschen wohltuend und was für ihn schädlich ist, ohne auf Werturteile zurückzugreifen, die festlegen, was für ihn gut und was für ihn schlecht ist. Und in der Tat sind viele Tendenzen, darunter einige sehr natürliche Neigungen des Menschen, kein Modell für das seinsollende Recht, d. h. das richtige oder das gute Recht; mit anderen Worten, sie sind kein Modell für ein Naturrecht, das nicht zynisch, sondern eines vernünftigen Menschen würdig wäre.

Die Naturrechtler sind nicht auf der richtigen Spur, wenn sie nach einer Objektivität des Naturrechts in dem angegebenen Sinne suchen. In einem schwächeren Sinn aber, und zwar im Sinne der Über- oder Transsubjektivität, können die Naturrechtler doch von einer Objektivität der Normen sprechen, indem sie ihren Ansprüchen intellektuelles Gewicht beilegen. Es ist möglich, den naturrechtlichen Ideen Glaubwürdigkeit und Gediegenheit unter Bezugnahme auf aufgeklärte menschliche Bedürfnisse und Bestrebungen zuzuschreiben. Der Mensch kann es sich nicht leisten, die Grenzen des grundlegenden Postulats zu überschreiten, daß das Naturrecht ein richtiges Recht für *ihn* ist. Sollten wir es unternehmen, das Naturrecht als etwas mehr als *menschliches* Recht aufzufassen, müssen wir in Kauf nehmen, daß ein übermenschliches Naturrecht dem Menschen qualvolle Beschränkungen seiner Existenz und seiner Tätigkeit auferlegt. Es wäre zum Beispiel vorstellbar, daß ein derartiges Recht ein regelmäßiges Durchforsten des Menschengeschlechts und die Unterdrückung vieler unserer

Verlangen um der nichtmenschlichen Welt willen fordert. Ein Nachweis, daß der Mensch der Gipfel der Schöpfung ist, würde keinesfalls bedeuten, daß es letztlich richtig ist, das zu tun, was für *ihn* gut ist, wenn wir die Konzeption des Naturrechts als eines menschlichen Rechts aufgeben.

Wenn man vom Naturrecht als menschlichem Recht spricht, ist es wohl angezeigt, es in gewissen universalen menschlichen Neigungen und Verlangen zu fundieren. Diese Fundierung bedeutet indessen lediglich, daß sie in Betracht gezogen werden, nicht jedoch daß dies ohne jede Beschränkung geschieht. Überall in der Welt begehren die Menschen Sicherheit, Rücksicht und Freiheit; sie erstreben auch Erkenntnis, indem sie versuchen, die sie umgebende und ihre innere Welt zu verstehen. Im allgemeinen meiden sie Leiden und Entbehrungen und haben einen Widerwillen, das Elend der anderen anzusehen. Solche grundlegenden Neigungen und Abneigungen des Menschen enthalten Bewertungen der in der Welt vorkommenden Sachverhalte und implizieren Normen als Korrelate dieser Bewertungen. Ein System der Werte und Normen sogar auf der Grundlage dieser elementaren universalen menschlichen Bedürfnisse und Einstellungen herauszuarbeiten, ist nicht einfach, und zwar wegen der Knappheit der begehrten Güter auf der Welt und wegen der Konflikte, die sogar zwischen den elementarsten menschlichen Verlangen und Neigungen bestehen. Dennoch sollte es durch Forschung und Aufklärung möglich sein, eine bessere Einsicht in die entsprechenden Konfliktsituationen zu erlangen und eine Harmonie der fundamentalen Prinzipien des menschlichen Unterfangens zu erreichen. René Marcic behauptete, daß sogar diese Prinzipien nur prinzipiell gelten: ihre gegenseitige Anpassung und ihre Anpassung an spezielle Bedürfnisse in besonderen und unvorhersehbaren Fällen würde durchaus angängig sein. Damit brachte er zum Ausdruck, was auch ich mir immer gedacht hatte.

Eine naturrechtliche Norm in dem oben angedeuteten Sinne der Objektivität stellt eine Norm dar, die, wenn sie genügend verstanden und gewürdigt wird, auf allgemeine Anerkennung als richtige Norm rechnen kann. Diese Auffassung der philosophischen Grundlagen des Naturrechts ist nicht kognitivistisch, sondern eher konativistisch – konativistisch in dem Sinne, daß die Vernünftigkeit der Werturteile oder der Normen nicht in einschlägigen Tatsachen gesucht wird, sondern in wohlbegründeten Beimessungen von Werten. Der so verstandene Konativismus ist nicht eine Version des Emotionalismus, sondern eher eine Version des Intellektualismus. Ich kann mir vorstellen, daß nicht einmal die klassischen Vertreter des Naturrechtsdenkens Einwände dagegen gehabt hätten, ihre Methodologie im Sinne eines Konativismus, wie oben begriffen, zu gestalten. Man kann kaum annehmen, daß eine notwendige Verbindung zwischen dem Naturrechtsdenken und dem Kognitivismus besteht; sie stehen nur in einem zufälligen Zusammenhang in der Ideengeschichte. Eine konativistische Auffassung des Naturrechts bedeutet keine Geringschätzung der Erkenntnis aller jener Sachverhalte, die für das menschliche Leben wichtig sind. Gediegene Erkenntnis ist eine Grundlage dafür, den Gegenständen von menschlichem Belang wohlbegründete Wertattribute beizumessen.

Bloß daraus, was wir über die Wirklichkeit wissen, folgt nicht, was wir in bezug auf sie tun sollen. Um zum „Sollen" im ethischen (und nicht lediglich im technologischen) Sinne zu gelangen, müssen wir ein konatives Element hinzufügen, das aus der amorphen Masse unseres Begehrens destilliert wird, des Begehrens, das wir auch dann gutzuheißen vermögen, wenn wir uns in einer ausgeglichenen, losgelösten, gelassenen Gemütsverfassung befinden; wenn wir über die zur Sache gehörigen Probleme aufgeklärt und von einer Sorge um den Menschen und das Menschengeschlecht beseelt sind.

Die von Marcic gehegte Vorliebe für die ontonome Konzeption des Naturrechts gegenüber seinen theonomen und anthroponomen Konzeptionen wird nicht von einer konativistischen Auffassung des Naturrechts berührt. Die naturrechtlichen Normen können nur dann wohlbegründet sein, wenn ihre Begründung über alle besonderen phänomenalen oder noumenalen Gegebenheiten hinausreicht und das gesamte Universum in Betracht zieht. Dies bedeutet, daß das in Frage stehende Bezugsuniversum absolut offen sein muß, so offen, daß es alle ontologischen Bereiche oder Schichten in sich einschließt. Dennoch, die Grundanschauung, daß das Sein als solches die letzte Grundlage des Naturrechts ist, verhindert nicht, daß gewisse Grenzlinien innerhalb dieses totalen Bezugsuniversums durch geeignete Postulate gezogen werden. Ein das naturrechtliche Bezugsuniversum einschränkendes Postulat ist die obenerwähnte Grundannahme, daß dieses Recht das richtige Recht für den *Menschen* ist.

Das ontonom begriffene und ontonom fundierte Naturrecht muß ein dynamisches Naturrecht sein, da das Werden ein Grundzug des Seins als solchen ist. Indem René Marcic von gewissen klassischen Äußerungen des Aristoteles und des Thomas von Aquin ausging, hat er es als eine dynamische Gegebenheit begriffen. Dementsprechend hat das Naturrecht wie das positive Recht eine historische Dimension. Es muß mit der Evolution des

Menschen in seiner Welt in Entsprechung bleiben. Ein Naturrechtsgrundsatz, der vor einigen Jahrhunderten als vernünftig erschien, mag heute nicht mehr in seiner ursprünglichen Fassung vernünftig sein. Wenn man die vernichtende Wirkung der Kernwaffen bedenkt, steht jetzt das Prinzip „das Menschengeschlecht soll überleben" als das höchste Prinzip menschlichen Verhaltens im Vordergrund, so daß alle anderen Prinzipien sich nach diesem Maßstab richten müssen. Es besteht ein enger Zusammenhang zwischen der von Marcic vertretenen dynamischen Konzeption des Naturrechts und seiner Ansicht, daß die naturrechtlichen Grundsätze nichts anderes sind als jeweils angenommene Arbeitshypothesen zur Steuerung des menschlichen Verhaltens. Ob eine derartige Hypothese tatsächlich funktioniert, hängt wesentlich von der gegebenen historischen Situation ab. Es ist selbstverständlich, daß Arbeitshypothesen einer ständigen Überprüfung unterliegen müssen und auch Gegenstand ständiger Überholung bzw. Erneuerung sind.
Am Ende von zwei Artikeln, die René Marcic in Sydney verfaßte, äußerte er Besorgnis über das Schicksal des Naturrechts, in Anbetracht dessen, daß der Mensch jetzt daran ist, die Fähigkeit zu erwerben, dermaßen in die dem Naturrecht zugrundeliegende Natur einzugreifen, daß die ontologische Grundlage des Naturrechts gefährdet erscheint. Das Herumpfuschen des Menschen an der Natur ohne wirksame rationale Kontrolle, hat das Naturrecht an den Rand einer Krise gebracht, die es nie vorher in seiner langen Geschichte erfahren hat. Es war Marcic nicht beschieden, sich direkt diesem beängstigenden Problem zuzuwenden. Ich wage keine Vermutungen, wie *seine* Lösung dieses Problems ausgefallen wäre. Ungeachtet der geistigen Verwandtschaft, die wir gegenseitig entdeckten, kamen unsere Gedanken nicht ganz

zur Übereinstimmung und wir vermochten die Probleme des Naturrechts nicht in derselben Weise zu betrachten. Übrigens hatte er eine höhere Meinung vom Menschen als ich. Sein bevorzugter Heiliger war Thomas von Aquin, während meiner Franz von Assisi ist.

Ich erdreiste mich nicht, Antwort auf düstere Probleme des Naturrechts in seiner heutigen Krise zu geben. Doch fühle ich das Bedürfnis, einige Gedanken in der Suche nach einer Antwort anzudeuten. Es scheint mir, daß es nicht mehr geht, den Menschen und seine Evolution verträumt zu betrachten. Der Mensch hat sich als das am wenigsten vorausberechenbare, gefährlichste und in gewisser Hinsicht elendste Geschöpf auf Erden erwiesen. In seinem Kampf ums Überleben hat er verschiedene erstaunliche Begabungen entwickelt, darunter die größte Klugheit und Schlauheit im rücksichtslosen Umgang mit anderen Geschöpfen und seinen Mitmenschen. Sein hochentwickelter Verstand hat ihn nicht vor Hochmut und Selbstbetrug bewahrt, die jetzt seine Aussichten auf das Überleben unterhöhlen. Die Hypertrophie seiner charakteristischen Geistesgaben ist gegenwärtig daran, ihn in einen Dämon zu verwandeln.

Das als *menschliches* Recht aufgefaßte Naturrecht ist nicht für Dämonen gefaßt. Der Untergang des Menschen als *homo sapiens* und die Verdrängung des Menschen durch die Dämonen, würde das Naturrecht in ein vergangenes Recht der Geschichte des Weltalls verwandeln. Mögen die Dämonen ihrem eigenen Geschick und dem Spiel der Naturkräfte überlassen werden, die sie heraufbeschwören. Insoweit wir noch berechtigt sind, uns als Menschen zu betrachten, gehört unsere Fürsorge den Menschen, solange sie noch die Erde bewohnen. Das Naturrecht behält die ihm eigene Aufgabe, solange die Menschen als menschliche Wesen nicht untergehen. Es fährt fort, ihnen Einschränkungen für ihr Verhalten aufzuerlegen. Die bedrohliche Krise des Naturrechts, auf die René Marcic in seinen *ultima verba* die Aufmerksamkeit lenkt, erfordert unter anderem das Entdecken jener Einschränkungen, die der Entwicklung entgegenwirken können, welche die Menschen unrettbar in Dämonen verwandeln würde.

Erster Versuch:
Recht auf Leben

Ein Freund teilte mir mit, daß sein Bruder, den ich gut gekannt hatte, Selbstmord begangen habe. Er war ein gutaussehender, allem Anschein nach gesunder Mann, in mittlerem Lebensalter, alleinstehend, beruflich erfolgreich und finanziell gesichert. Er hatte sich das Leben nicht in einer plötzlichen Krisensituation oder angesichts eines Siechtums genommen. Er hatte sich über die Eintönigkeit des Lebens im allgemeinen beklagt, über die Wertlosigkeit aller Werte, über die Seichtheit aller Freuden, über die Hohlheit aller Hoffnungen. Gegenüber jedem ihm angebotenen Trost war er stumpf geblieben. Ärztliche Hilfe hatte ihn nicht von seiner Niedergeschlagenheit befreien können. Er war von Goethes letzten Worten: „Mehr Licht!" besessen. In seinem Garten hatte er Blumen gezogen und gepflegt, um durch sie mehr Licht in diese Welt zu bringen.

Ich erinnere mich an etliche Gespräche, die ich mit ihm geführt habe. Er schwärmte für Schopenhauer. Er war ein Mensch, der in der Schöpfung wohl etwas einen ins Staunen Versetzendes, jedoch nichts Erhabenes erblickte. Sein Weltbild war düster und seine Meinung von seinem Mitmenschen und von sich selbst gering. Einmal sagte er, daß es ein Fehler war, daß er überhaupt geboren wurde, und bedauerte, daß seine Mutter ihren einmal geäußerten Wunsch, ihn nicht zur Welt zu bringen, nicht wahr gemacht hatte. Das so abgedroschene Wort „Menschenwürde" war ihm zuwider – er verband damit abgeschmackte Gedanken, die ihn anekelten. Von einem Zweck des Lebens zu reden war für ihn bloß ein Gerede, da es so etwas wie Zweck in der Wirklichkeit überhaupt nicht gäbe.

Die Nachricht meines Freundes hat mich nicht überrascht, aber doch erschüttert. Mir selbst sind seine schwermütigen Gedanken und Empfindungen nicht fremd gewesen, aber hinter ihrer finsteren Wand habe ich doch Licht geahnt. Trotz und in aller Hoffnungslosigkeit, die auch mich manchmal überwältigt, hege ich doch die Hoffnung, daß der Mensch, wenn er auch jetzt würdelos ist, sich zur Würde erheben kann. Ich bin auch geneigt zu denken, daß wenn es in der Wirklichkeit selbst keine Zwecke geben mag, wir sie hineindenken können und daß, wenn es auch keine Werte an sich gibt, wir sie in unserem Gemüt gestalten und erleben können und die Dinge in ihrem Lichte zu sehen vermögen.

In diesem Sinne habe ich versucht, eine elpidologische Basis für mein eigenes Dasein und Tun zu gewinnen, und in diesem Sinne habe ich auch versucht, von Naturrechtlern behandelte Probleme, wie das des Rechtes auf Leben, anzufassen. Die Entscheidung, die mein melancholischer Bekannter gegen sich selbst getroffen hatte, erdreiste ich mich nicht zu verurteilen. Aber es liegt mir ferne, diese Entscheidung für verallgemeinerungsfähig zu halten. Ich könnte eine allgemeine Norm dieser Art nicht vertreten, wonach die Menschheit sich selbst vernichten soll – selbst wenn die heutige Entwicklung der Zivilisation sich in dieser Richtung bewegt.

Obwohl das Leben einem Menschen manchmal eine Last, einen Unwert bedeuten kann, wird es doch gewöhnlich als Wert empfunden und angesehen. So tritt es auch als einer der wichtigsten Rechtswerte auf, sowohl im positivrechtlichen als auch im naturrechtlichen Sinne. Im

Sinne des wohlbegründeten, „natürlichen“ Rechts, bedeutet das Recht auf Leben eine Berechtigung, die auch außerhalb jeder Rechtsordnung, mit der sich ein Berufsjurist befaßt, behauptet werden kann. Es bezieht sich üblicherweise auf das menschliche Leben. Aber auch das Leben anderer Lebewesen ist weder dem positiven Recht noch dem Naturrecht gleichgültig. Beide nehmen zu ihm Stellung in Gestalt gewisser Pflichten ihnen gegenüber. So besteht eine natürliche Pflicht, keinem Lebewesen vermeidbare Leiden zuzufügen, wenn seinem Leben ein Ende gesetzt werden muß.

Obwohl in der Vergangenheit zur Behandlung des Problems des Rechts auf Leben manches beigetragen wurde, muß dieses Problem aufs neue für die Gegenwart überdacht werden. Es scheint, daß dieses Recht nicht einmal mehr in Systemen mit relativ hohem Ethos zuversichtlich behauptet wird. In primitiven Zivilisationen bestand gegenüber dem menschlichen Leben ohnehin nur wenig oder überhaupt keine vorbehaltlose Achtung. Das fand seinen Ausdruck in skrupellosen Greueltaten seitens der Individuen sowie der Gemeinschaft. In entwickelten Zivilisationen kommt diese Achtung wohl zur Geltung, aber nirgends finden wir ein absolutes Recht auf Leben. Selbst dann, wenn man annimmt, daß der Mensch eine über- oder außermenschliche Berufung und eine kosmische Verantwortung hat, scheinen doch dem Recht auf Leben gewisse Grenzen gesetzt zu sein. Es ist sogar die Frage, ob ein uneingeschränktes Recht auf Leben mit der Nächstenliebe (von der „Fernstenliebe“ ganz zu schweigen) verträglich ist.

In der juristischen Diskussion wird das Problem des Rechtes auf Leben vor allem als ein Problem des positiven Rechtes aufgeworfen. Es bestehen verschiedene rechtliche Ansichten und Auffassungen in bezug auf das

menschliche Leben. Das Leben eines Embryos wird nicht von allen Rechtsordnungen als menschliches Leben gewertet und daher wird auch dessen Vernichtung nicht immer als Tötung angesehen. In vielen Ländern steht auf Kapitalverbrechen immer noch die Todesstrafe. Die Vernichtung von lebensunwertem Leben wurde in manchen positiven Rechtsordnungen toleriert (und auch praktiziert). Einige Arten von Kindesmord werden in einigen Ländern als privilegierte Verbrechen behandelt. Im allgemeinen ist festzustellen, daß das positive Recht kein absolutes Recht auf Leben statuiert. Es schützt das menschliche Leben, ob geboren oder ungeboren, vor allem durch die Vorschriften des Strafrechtes. Dieser Schutz ist aber begrenzt. Manchmal gebietet das positive Recht sogar, menschliches Leben zu vernichten.
Das eigentliche Thema dieses Versuches ist das Recht auf Leben als ein Problem des überpositiven Sollens. Als solches kann es als eine moralische Berechtigung oder als ein natürliches Recht postuliert werden. Diese Alternative ergibt sich aus dem Gegensatz zwischen den rechtspositivistischen und naturrechtlichen Denkrichtungen. Die Vertreter der erstgenannten Richtung sehen Rechte wie das in Frage stehende als moralische Berechtigungen an. Die Vertreter des Naturrechts betrachten sie als rechtliche Berechtigungen, mit anderen Worten: als eigentliche Rechte. Für die derzeitige Diskussion des Rechts auf Leben ist diese Kontroverse wohl theoretisch belangvoll, stört aber den Verlauf der Diskussion eigentlich nicht. Dieselben ethischen Ziele können auf verschiedene Denkweisen und mit verschiedenen Denkmitteln erreicht werden.

Es gilt nun, eine Basis zu finden, auf der das Recht auf Leben beruht – gleichgültig, ob es als eine moralische Berechtigung oder als ein überpositives Recht gefaßt

wird. Zwei Ausgangspunkte haben in der Ideengeschichte viele Anhänger gefunden: der göttliche Wille und die Natur der Sache. Beide erwecken den Eindruck, daß sie menschliche Subjektivität auszuschließen vermögen, von der man befürchten muß, daß sie zu Willkür führt. Um eine Diskussionsgrundlage zu schaffen, soll angenommen werden, daß beide Ausgangspunkte tragfähig sind. Um aber den göttlichen Willen in der menschlichen Lebensführung wirksam werden zu lassen, muß der Mensch die Autorität dieses Willens anerkennen und vor allem die angeblichen Äußerungen dieses Willens und deren Interpretation als bindend ansehen. All dies wiederum setzt Werturteile voraus, die ihrerseits auf der menschlichen Subjektivität beruhen. Dasselbe gilt auch für die Natur der Sache als Basis moralischer Berechtigungen oder überpositiver Rechte. In diesem Zusammenhang bedeutet „Natur“ den Wert, die die Dinge für den Menschen haben. Es sind also Werturteile zu fällen und somit ist auch hier menschliche Subjektivität mit einbezogen.
Es ist also besser, sich der Unausweichlichkeit der menschlichen Subjektivität bei der Aufstellung der positiven oder überpositiven Rechte zu fügen, was manchem tragisch, ja skandalös erscheinen mag, und zu sehen, ob und wie es dem Menschen möglich ist, in dieser mißlich erscheinenden ontologischen Situation zu leben und weiterzustreben. Wir kommen nicht umhin, zur Kenntnis zu nehmen, daß die Tatsachenurteile und Werturteile nicht aufeinander reduzierbar sind. Beide sind untrennbar mit des Menschen Befangenheit in dieser Welt verbunden. Erkenntnis und Wollen begleiten den Menschen bei all seinem Tun und Lassen. Eine rein kognitive Behandlung der Probleme, wie die Bejahung oder Verneinung einer moralischen Berechtigung oder eines überpositiven Rechtes auf Leben, führt zu nichts. Um diese

Probleme zu lösen, ist es erforderlich, sowohl ihren kognitiven als auch ihren konativen Aspekt in Betracht zu ziehen. Es ist klar, daß ohne Kenntnis der wesentlichen Tatsachen eine richtige Wertbestimmung unmöglich ist. Aus dem schon oben Gesagten dürfte zu ersehen sein, daß jede Stellungnahme zum Recht auf Leben ein Werturteil enthält, das wiederum das Ergebnis eines Willensaktes ist, durch den die einschlägigen Tatsachen gewertet werden. Es wäre falsch zu meinen, daß die Vernunft nur die Erkenntnis beherrscht. Auch der Wille unterliegt der Vernunft; allerdings ist die Rolle der Vernunft hier nicht so einleuchtend, da bei Fällung von Werturteilen die Kriterien nicht so festgelegt, mannigfaltiger und zum Teil weniger einsichtig sind, als die Kriterien, die bei Tatsachenfeststellungen relevant sind.

Nach diesen Präliminarien kann nunmehr das Recht auf Leben als ein natürliches Recht angesprochen werden. Da die Einführung eines solchen Rechtes einen Rückgriff auf die paraduktive Begründung verlangt, müssen deren Prinzipien bei allen Überlegungen, die dieses Recht betreffen, beobachtet werden. Solche Überlegungen nehmen charakteristischerweise die Form einer Kontroverse an, in welcher die Teilnehmer bei ihrer Argumentation von verschiedenen einander entgegengesetzten Standpunkten ausgehen und *tópoi* zum Erreichen entgegengesetzter Ziele heranziehen. Solch eine Kontroverse muß die Erreichung einer einsichtsvollen Zustimmung nicht vereiteln; im Gegenteil, sie kann sogar zu diesem Zweck anregend wirken, wenn die Diskussionsteilnehmer sich fähig erweisen, den Regeln der Diskussion zu folgen.

Jede Intransigenz, die aus intellektueller Bindung, politischer oder religiöser Leidenschaft oder aus bloßer Eigensinnigkeit erwächst, ist mit einer paraduktiven Begründung unvereinbar. Man muß aber solches Verhalten bei Diskussionen über das Recht auf Leben erwarten, und es kommt tatsächlich häufig vor. Politisch sollte der Argumentationspartner, dessen einsichtsvolle Zustimmung zählt, ein unentwegter Revisionist sein. Das heißt, er muß ständig bereit sein, seine politischen Ansichten zu überprüfen und neu zu überlegen. Das bedeutet nicht, daß er das Lager, dem er bisher angehört hat, verlassen muß. Ganz im Gegenteil: jede politische Partei würde von einem Mitglied mit solch einem revisionistischen Geist Vorteile haben. Es sind gerade diese Mitglieder, die zur Jungerhaltung der Partei, zur Belebung ihres inneren Lebens und zu ihrem äußeren Ansehen beitragen. Sind religiöse Aspekte bei der Argumentation über unser Problem vorhanden, so wird der Diskussionsteilnehmer, wenn er einsichtsvolle Zustimmung zu geben vermag, ein potentieller religiöser Reformer sein. Das bedeutet, daß er ständig bestrebt sein wird, die Religion, in der er aufgewachsen ist, zu veredeln und zu überholen. Auch hier heißt das nicht, daß er zum Rebellen werden muß oder daß er aus seiner religiösen Organisation ausgestoßen werden muß. Ganz im Gegenteil: jede religiöse Organisation würde von einem Mitglied mit reformerischem Geist, das verantwortlich denkt und sich äußert, profitieren. Ein religiöser Reformer muß nicht notwendig ein Martin Luther werden. Er könnte sehr wohl ein Thomas von Aquin oder ein Papst Johannes XXIII sein.

Die Überlegungen zu einem Problem wie das des Rechtes auf Leben sind geeignet, politische und religiöse Leidenschaften anzufachen, aber auch Befürchtungen und Angst in verschiedenen Menschen hervorrufen, die in der Lage wären, wertvolle Beiträge zu der Argumentation zu leisten, dies vor allem wegen ihrer besonderen Erfahrungen oder engen Beziehungen zu den gegebenen

Situationen. So kann z.B. eine Frau, die durch eine Notzucht schwanger wird, oder ein Mädchen aus guter Familie, die als Folge einer unglücklichen Liebesaffäre ein Kind erwartet und daran ist, Mutter eines unehelichen Kindes zu werden, so manches zu der Diskussion über Abtreibung, soziale Wohlfahrt und Adoption beitragen. Ein Invalide, dessen Leiden sein Leben zu einer Bürde für andere Menschen und ihn selbst macht, und dessen Erhaltung und Pflege die Öffentlichkeit belastet, kann einiges zur Diskussion über lebensunwertes Leben beitragen. Jedoch keiner von ihnen wäre qualifiziert, solche Probleme betreffende rechtliche oder soziale Maßnahmen zu bestimmen oder Normen aufzustellen, da er ja dann einem Richter in eigener Sache gliche. Von keiner dieser Personen könnte man den nötigen geistigen Abstand in einer paraduktiven Argumentation über eine Sache verlangen, die sein oder ihr Leben so tief berührt. Die Argumentation über ein Problem, wie das des Rechtes auf Leben, kann nur in einer Gemeinschaft der Denker erfolgen. Der einzelne Denker kann hier nur als Mitglied dieser Gemeinschaft handeln, es sei denn es wäre seine Aufgabe, über diesbezügliche Überlegungen zu berichten und auf ihrer Basis gewisse Schlußfolgerungen zu ziehen.

Es ist nicht möglich, auf das Problem des Rechtes auf Leben einzugehen, bevor die Frage „Was ist menschliches Leben?“ geklärt wird. Man könnte meinen, daß es für die Beantwortung dieser Frage genügend ist, gewisse biologische Tatsachen in Betracht zu ziehen. Dem ist aber nicht so. Es scheint biologische äußerste Grenzen zu geben, innerhalb deren ein Leben immer noch als menschliches Leben betrachtet werden *kann,* und gewisse biologische engste Grenzen, innerhalb deren ein Leben als menschliches Leben angesehen werden *muß*. Innerhalb der äußersten Grenzen ist es aber möglich, verschiedene vertretbare begriffliche Abgrenzungen festzulegen. Das befruchtete Ei stellt den Beginn menschlichen Lebens dar und liegt somit an der äußersten biologischen Grenze. Vor der Befruchtung besteht natürlich auch Leben, aber nicht menschliches Leben: das unbefruchtete Ei und das Sperma, das noch nicht in ein Ei eingedrungen ist, sind einfach nur *Teile* eines lebenden Organismus. Diese Teile unterliegen periodischen natürlichen oder künstlichen Vernichtungsvorgängen, so wie dies auch bei anderen Zellen oder Teilen von Geweben der Fall ist. Die andere endgültige Grenze menschlichen Lebens ist der biologische Tod eines menschlichen Wesens. Der genaue Zeitpunkt des Eintritts des biologischen Todes ist in gewisser Beziehung nicht bestimmt, denn er hängt vom medizinischen Wissen und Können ab. Man könnte sagen, daß der biologische Tod dann eintritt, wenn alle wichtigen Organe zu funktionieren aufgehört haben und die Medizin zur gegebenen Zeit keine Mittel hat, sie wieder zum Funktionieren zu bringen.

Die engste Grenze, innerhalb deren man ein Leben als menschliches Leben anerkennen muß, ist einerseits die Geburt in dem Sinne, daß ein vollständiger menschlicher Organismus vom Mutterleib getrennt wird, und andererseits der Tod mit dem Aufhören der Atmung, des Herzschlages und des feststellbaren Aufhörens der Gehirnfunktion. Innerhalb dieser engsten Grenzen ist es strittig, ob Idioten mit so geringen intellektuellen Fähigheiten, daß sie nicht einmal das Niveau niedriger Tiere erreichen, oder rein vegetierende menschliche Geschöpfe, die in diesen Zustand durch Gehirnverletzungen gekommen sind, als menschliche Wesen zu betrachten sind. Die Tatsache, daß sie alle von Menschen empfangen und geboren wurden, ist ein fadenscheiniges Argument. Da aber starke Unterschiede bei den Abweichungen vom Normalen bestehen und es schwierig ist, eine überzeugende Abgrenzung zu ziehen, erscheint es geboten, das Leben all dieser Geschöpfe in den Begriff des menschlichen Lebens aufzunehmen. Diese Ansicht stimmt mit der vorherrschenden Meinung überein, die sich in religiösen, moralischen als auch populären Überzeugungen äußert und sich im Recht widerspiegelt. Wenn wir auch diese menschlichen Geschöpfe in den Kreis der Menschen einbeziehen, so haben wir damit noch nicht das Problem ihrer Behandlung gelöst. Es ist durchaus denkbar, gute Gründe dafür zu finden, ihr Leben zu beenden und zwar dadurch, daß man in natürliche Vorgänge nicht eingreift oder sogar dadurch, daß man aktiv in Extremsituationen eingreift, wie z. B. in den Fällen, in welchen ein *coup de grâce* die einzig mögliche humane Lösung ist.

Zwischen dem Zustand eines Organismus, in welchem die Organe nicht mehr zum Funktionieren gebracht werden können, und dem Zustand, in welchem die Atmung, der Herzschlag und die Gehirntätigkeit aufgehört haben, liegt eine ziemlich unbedeutende Zeitspanne. Es empfiehlt sich daher, ersteren Zustand als den Endpunkt des menschlichen Lebens anzusehen. Schwieriger ist es zu entscheiden, ob die Empfängnis oder die Geburt als Beginn menschlichen Lebens angenommen werden soll. Kurz vor einer normalen Geburt ist das ungeborene dem neugeborenen Kind ganz ähnlich und es kann jederzeit durch entsprechende ärztliche Hilfe in ein solches verwandelt werden. Der Hauptunterschied zwischen beiden liegt darin, daß das Kind nach der Geburt den Sauerstoff direkt aus der Luft einatmet und daß es die Nahrung direkt zu sich nimmt. Beide können Schmerzen erfahren. Die Ähnlichkeit zwischen dem geborenen und dem ungeborenen Kind wird – je mehr wir zum Zeitpunkt der Empfängnis zurückgehen – undeutlicher, obwohl sie schon in frühem Stadium der Schwangerschaft vorhanden ist. Andererseits ist das neugeborene Kind weit davon entfernt, geistige Akte zu vollziehen und Verantwortung zu tragen, die dem Menschen erst auf einer späteren Stufe seiner Entwicklung eigen sind. Der Verstand eines neugeborenen Kindes ist kaum entwikkelter als der eines ungeborenen Kindes knapp vor der Geburt.

Nach dem vorher Gesagten dürfte einleuchten, daß der Beginn des menschlichen Lebens entschieden mit dem Zeitpunkt der Empfängnis festzusetzen ist. Daher ist auch jede Vernichtung von Leben zwischen der Empfängnis und dem Zustand, in dem die Organe noch nicht zum Funktionieren gebracht werden können, als Fall von Tötung menschlichen Lebens zu betrachten. Wie in allen Fällen von Tötung bleibt die Frage, ob es sich jeweils um eine ungerechtfertigte bzw. schuldhafte Tötung handelt. Man kann allerdings dahingehend argumentieren, daß sich das menschliche Leben auch noch einige Zeit nach der Empfängnis kaum von der organischen Natur ganz niedriger Art unterscheidet. Das Gehirn des Embryos entwickelt sich erst eine gewisse Zeit nach der Empfängnis und es ist erst dann fähig, Leiden zu empfinden. Sollte es aber bei der Festsetzung des Zeitpunktes, wo menschliches Leben beginnt, auf die Fähigkeit menschlicher Wesen ankommen, den Vorgang ihrer Vernichtung als Leiden zu erfahren, ist zu bedenken, daß es auch bei den schon geborenen und noch nicht gestorbenen menschlichen Wesen vorkommt, daß dieser Vorgang, wenn überhaupt erfahren, nicht als Leiden empfunden wird. Übrigens nehmen Religion, Moral und Recht die Haltung ein, daß die Leidensfähigkeit des

Opfers keinen Unterschied bei einer Verurteilung wegen Tötung macht. Auch wenn z. B. ein nur rein vegetierendes menschliches Wesen, ein ohnmächtiger Mensch oder ein argloses Kind totgeschlagen oder ermordet wird, handelt es sich um Totschlag oder um Mord.

Es ist noch zu überlegen, ob das Objekt des Rechtes auf Leben weiter gefaßt werden soll, so daß es auch ein potentielles Leben menschlicher Wesen vor der Empfängnis miteinschließt. Eine solche Ausdehnung ist wohl kaum vertretbar. Hier wird ein weiteres großes Problem des menschlichen Lebens aufgeworfen: die Frage nach dem Recht des Menschen auf Zeugung. Es besteht wohl ein enger Zusammenhang zwischen dem Recht auf Leben und dem Recht auf Zeugung. Aber die Lösungen der beiden Probleme sind auf die Ziele hingeordnet, die potentiell antinomisch einander gegenüberstehen. Die Zeugung kann nämlich für das bestehende menschliche Leben eine Bedrohung darstellen und die Sorge um das menschliche Leben kann eine Verhinderung weiterer Zeugung erfordern.

Stellt der Mensch den Wert seines eigenen Lebens über alle anderen Formen von Leben, so ist das wohl kaum etwas anderes als kosmische Arroganz. Diese Einstellung ist indessen aus dem natürlichen Selbsterhaltungstrieb einer Gattung verständlich. Die biologischen Wurzeln der Konzeption der Heiligkeit des menschlichen Lebens, die eine mögliche Basis für das Recht auf Leben bilden, können als ein Drang des Menschen nach Leben, nach Fortpflanzung seiner Art und nach Sorge für seine Nachkommenschaft verstanden werden. Die psychologischen Wurzeln dieser Konzeption liegen in des Menschen Mitleid, in seinem Mitgefühl für seinen Mitmenschen und in seinem Verlangen nach Geselligkeit. Allerdings ist der Lebensdrang *(eros)* nicht immer vorrangig. Es gibt auch den Todestrieb *(thanatos),* der nicht selten sogar herrschend ist. Obwohl die Heiligkeit des menschlichen Lebens vielfach gepredigt wird, glaubt man nicht vorbehaltlos an sie und will in der Praxis nicht immer von ihr wissen. Die Vernichtung der Feinde wird von vielen sehnlich herbeigewünscht und verschiedene Formen der Tötung gelten in rechtlichen und moralischen Systemen als zulässig. Außerdem ist der Wunsch nach dem Tode von Konkurrenten und anderen zur Last fallenden Menschen nicht wenig verbreitet. Darüber hinaus sind manche Menschen vom echten Wunsch nach Selbstzerstörung beherrscht.

Wenn man von einem extremen Standpunkt aus sagt, daß über das Recht auf Leben hinaus auch eine Pflicht zu leben besteht, so kann wohl eine solche Pflicht auf Grund religiöser Auffassungen dogmatisch behauptet oder durch Rechtsnormen aufgestellt werden. Normen, die eine solche Pflicht auferlegen, untersagen etwa den Selbstmord und das Töten aus Mitleid. Ob solche religiöse oder rechtliche Einstellungen aufgeklärt und barmherzig sind, ist durchaus in Zweifel zu ziehen. Jedenfalls bedürfen sie einer genauen Überprüfung.

Es gibt gute Gründe, das Recht auf Leben für jeden zu bejahen, der leben will. Für diese Ansicht spricht die Tatsache, daß der Wille zu leben ein grundlegender Trieb des Menschen und auch eine der letzten Grundlagen seiner Wertungen ist. Andererseits ist zu bedenken, daß das Recht auf Leben wie jedes andere Recht die Möglichkeit in sich trägt, von dem Recht keinen Gebrauch zu machen und daß daher Menschen, die nicht leben wollen, sich ihr Leben nehmen oder es gestatten können, von anderen getötet zu werden. Es gibt allerdings eine ganze Reihe von menschlichen Lebewesen, die nicht in der Lage sind, leben zu wollen oder nicht zu wollen (Ungeborene, rein vegetierende menschliche Geschöpfe, neugeborene Kinder usw.). Es scheint mir richtig, das Recht auf Leben generell auf solche Wesen zu erstrecken, indem man ihnen unterstellt, daß sie als menschliche Wesen leben wollen. In manchen Fällen aktualisiert sich dieser Wille ja auch tatsächlich, so z. B. wenn sich ein Embryo zu einem normalen Kind entwikkelt oder wenn eine Gehirnverletzung gut verheilt. Überdies ist es möglich, aus bestimmten instinktiven Verhaltensweisen solcher Geschöpfe zu schließen, daß sie den Drang zu ihrer Lebenserhaltung haben. Da der Wille zu leben in den in Frage stehenden Fällen einen bloß putativen Charakter hat, wird man hier vielleicht von einer schwächeren Fundierung des Rechtes auf Leben sprechen als in den Fällen, wo Menschen den bewußten Willen zu leben haben.

Es kann zu verschiedenen Konfliktsituationen kommen, in denen das Recht auf Leben eines Individuums mit dem gleichen Recht eines anderen nicht vereinbar ist und eines davon obsiegen muß. Ein typisches Beispiel wäre ein Mordanschlag. Es erscheint selbstverständlich, daß der Angegriffene das Recht hat, den Angreifer in legaler Notwehr zu töten, wenn er den Angriff nicht auf andere Weise abwehren kann. Eine andere solche Situation liegt vor, wenn das Leben der Mutter nur durch Tötung des Ungeborenen zu retten ist. Beim heutigen Stand der Medizin werden solche Fälle allerdings nicht häufig vorkommen. Wo diese Gefahr dennoch besteht, pflegt man, trotz aller Qual, die einem die Entscheidung hier bereitet, das Leben der Mutter dem des Ungeborenen vorzuziehen.

Dies führt uns zu einer weiteren Frage: Kann man einem Menschen, der Elend über andere bringt, das Recht auf Leben absprechen? Diese Frage ist mit „nein“ zu beantworten. Elend ist ein relativer Begriff, ein Begriff mit unbestimmten Konturen. Sich auf ihn zu berufen, öffnet dem Mißbrauch der Begrenzungen des Rechts Tür und Tor. So ist soziale, wirtschaftliche oder psychologische Indikation für Abtreibungen grundsätzlich nicht zulässig. Einem Grundsatz der praktischen Vernunft folgend, der die Konsistenz oder Haltung eines Handelnden erfordert, müßte aber jeder, der sich gegen die Zulässigkeit dieser Indikationen wendet, für solche Vorkehrungen kämpfen, die das Elend einer, ein ungewolltes Kind erwartenden Mutter verhindern oder wenigstens abschwächen. Großsprecherei gegen die Abtreibung einerseits und Schweigen über das möglicherweise entstehende Elend andererseits ist kein sittlich vertretbares Verhalten.

Es gibt Länder, in denen der Bevölkerungszuwachs unausweichlich das ohnehin schon schreckliche Elend vermehrt. Aber sogar in diesen Ländern wäre die Abtreibung eine Verletzung des Rechtes auf Leben. Abtreibung ist nicht nur eine abstoßende Maßnahme, sie führt auch nicht weit in der Bevölkerungskontrolle. Die humane Lösung des Problems ist die Empfängnisverhütung. Wo andere Methoden der Empfängnisverhütung sich als unpraktikabel oder unzulänglich erweisen, wäre eine zwangsweise Sterilisation immer noch humaner als Abtreibung, weil hierbei kein *menschliches Leben* vernichtet wird.

Es gibt Fälle, in denen ein natürliches Recht auf Euthanasie ohne Bedenken anzuerkennen ist: vor allem dann, wenn der Tod ernsthaft und nachdrücklich von einem Patienten gewünscht oder erbeten wird, der eine tödliche Krankheit oder Verletzung hat und der unausgesetzt unter qualvollen, nicht zu lindernden Schmerzen leidet. Ein solches Recht kann auch dort angenommen werden, wo es augenfällig ist, daß ein Mensch große Qualen erduldet, jedoch nicht fähig ist, dem Wunsche nach dem Tod Ausdruck zu verleihen. Weiterhin gibt es Fälle, in denen ein natürliches Recht, „lebensunwertem Leben" ein Ende zu bereiten, anzunehmen ist. Aber dieses Recht wird nur in Grenzsituationen aktuell und zwar bei sozialen oder wirtschaftlichen Katastrophen; in Fällen also, wo eine solche Vernichtung notwendig ist, um das Überleben der Gemeinschaft selbst zu sichern.

Die Annahme, daß es ein natürliches Recht gibt, andere menschliche Wesen in bestimmten Fällen um ihr Leben zu bringen, bedeutet nicht, daß das positive Recht ein solches Recht ausdrücklich anerkennen muß. Aus psychologischen, sozialen oder anderen Gründen könnte das positive Recht einem solchen Recht auf indirekte Weise Rechnung tragen: In der Klassifizierung der Euthanasie als Verbrechen, kann es sie als ein privilegiertes behandeln, indem es für sie eine relativ geringe Strafe vorsieht. Das positive Recht braucht auch die Abtreibung in den ersten Monaten der Schwangerschaft oder die Abtreibung eines mißgebildeten Ungeborenen nicht unbedingt als schweres Verbrechen zu ahnden. Ferner kann das positive Recht den Richtern oder den Geschworenen einen gewissen Ermessensspielraum einräumen, wenn sie es mit Fällen der Vernichtung von lebensunwertem Leben zu tun haben; sie mögen so nachsichtig als es ihnen wohlbegründet erscheint innerhalb eines breiten Strafrahmens entscheiden.

Das Problem des Rechtes auf Leben im allgemeinen und die Sonderprobleme, wie z. B. „Euthanasie", „Abtreibung" und „Bevölkerungskontrolle" haben zu ausgedehnten und hitzigen gelehrten Diskussionen und öffentlichen Kontroversen Anlaß gegeben. Ihnen allen liegt u. a. die Frage zugrunde: „Wo liegen die Grenzen der Unverletzlichkeit menschlichen Lebens?" Daß menschliches Leben grundsätzlich unverletzlich ist, ist eine Annahme, von der alle diese Diskussionen und Kontroversen ausgehen.

Die für das Gesetz ausschlaggebende Moral wendet ihre Aufmerksamkeit nicht nur der Natur von Handlungen, sondern auch der Natur ihrer Konsequenzen zu. Wäre die Natur der Handlungen für das Recht allein ausschlaggebend, könnte das Recht überhaupt keine Vernichtung von menschlichem Leben zulassen und zwar von seinem Anfang bis zu seinem endgültigen Ende. Es liegt auf der Hand, daß das Recht einem solchen Extrem nicht folgen kann, da es nicht nur seine Aufgabe ist, menschliches Leben zu schützen, sondern auch für ein menschliches Zusammenleben in der Generationenfolge zu sorgen. Die natürlichen Instinkte des Menschen sind als solche kein Führer und Hüter des menschlichen Lebens, nicht einmal für das Überleben der Menschheit. Wie Kaninchen wären Menschen durchaus fähig, sich unendlich zu vermehren, die natürlichen Vorräte, die für ihr Dasein und das ihrer Kinder unbedingt notwendig sind, zu verbrauchen und so in eine Situation der Knappheit zu geraten, die die menschliche Existenz nur noch auf einer subhumanen Ebene ermöglicht und die schließlich zum Ende des menschlichen Daseins führen würde. Um diese Möglichkeit zu vermeiden, die bereits überall als ein wirklicher Schrecken droht, muß das Problem des Rechtes auf Leben entschieden aufgeworfen werden und es gilt, nach annehmbaren Lösungen für dieses Problem nachdrücklich zu suchen.

Wenn das Prinzip der Unverletzlichkeit des menschlichen Lebens limitiert wird, besteht die Gefahr, daß dies die Wirkung eines „Keils" oder einer „Korrosion" hat. In einem solchen Falle läge der Effekt in einer unbeabsichtigten Ausweitung des Raumes, in welchem die Vernichtung menschlichen Lebens gestattet ist. Wenn man aber diesen Effekt für das Prinzip klar sieht, kann man Mittel finden, den Effekt zu kontrollieren, welcher übrigens überall wahrzunehmen oder zu erwarten ist, wo eine Liberalisierung sittlicher Grundsätze gestattet wird. Wohl der beste Weg, den Effekt zu kontrollieren, wo absolute Richtlinien auf dem Gebiet des Rechtes und der Moral aufgegeben sind, ist der des Festhaltens am Grundsatz, daß der Mensch in jeder Phase, bei all seinen Handlungen Herr seines Verhaltens bleiben und ein verantwortlicher Verwalter seiner Angelegenheiten sein soll. Er kann es sich nicht leisten, seine sittliche Verantwortung jenen großen Toten zuzuschieben, die in ihrer Zeit und innerhalb ihres Gesichtskreises versucht haben, Leitgedanken für die menschlichen Lebensbedingungen zu formulieren. Im sittlichen Verhalten darf der Mensch nicht nur zurückblicken, sondern muß auch vorausschauen. Vor allem muß er aber, in seiner Besorgnis um die gegenwärtigen Belange des menschlichen Lebens, um sich schauen.

Eine wichtige Kontrolle des in Frage stehenden Effekts liegt in dem Status des Prinzips der Unverletzlichkeit menschlichen Lebens. Es ist eine Präsumption, die immer als Entscheidungsgrundlage dient, wo keine triftigen Gründe für eine Abkehr von diesem Prinzip vorhanden sind. Die letzte Kontrolle über diesen Effekt liegt im Kondominium aller Prinzipien der Moral, über das, was der Mensch tut. So wie die letzte rechtliche Kontrolle in den entsprechenden Grundprinzipien einer Staatsverfassung zu finden sind, welche man in Zusammenschau heranzieht, um jede rechtliche Handlung der Staatsorgane oder der Staatsbürger zu bestimmen. Jedes eigentliche moralische Urteil ist nicht nur eine Deduk-

tion aus einem einzigen moralischen Prinzip, sondern das Ergebnis der Beachtung aller Prinzipien, die in dem betreffenden Fall heranzuziehen sind.
Eine Rechtsordnung, in welcher das Prinzip der Unverletzlichkeit des menschlichen Lebens als starke Präsumption gilt, dient als Basis für eine politische Ordnung, in der die Menschen ohne Furcht um ihr eigenes Leben oder das Leben ihrer Nächsten leben können. Wo liberale Konzessionen dahingehend gemacht werden, daß die Gemeinschaft sich von ungewollten Mitgliedern befreit, dort findet der allerdings höchst zweifelhafte ästhetische Gewinn für die Menschheit ein Gegengewicht in ethischen Bedenken, die wohl eine schwere Bürde für das Gewissen derer bedeuten, denen erlaubt wird, zu leben.

Zweiter Versuch: Zur konativistischen Begründung des Naturrechts

Bei einem rechtsphilosophischen Weltkongreß geriet ich in eine Auseinandersetzung mit einem Kollegen, der sich als Naturrechtler ausgab und der dem Naturrechtsgedanken eine tiefe innere Überzeugung entgegenbrachte. Er rügte den Rechtspositivismus und behauptete, daß dieser ein erheblicher geistiger Grund für den zügellosen Terror, den totalitäre Regierungen auf Menschen losgelassen haben, gewesen sei. Er sah die große Bedeutung des Naturrechtsdenkens darin, daß dadurch objektive Maßstäbe für das rechtserhebliche Verhalten aufgestellt werden. Das Naturrecht sei das wahre Recht, aus der Wirklichkeit selbst erkennbar und sachlich begründet.
Ich erwiderte, daß es sinnwidrig sei, Recht als wahr oder falsch zu begreifen; so können wir nicht von einem wahren oder falschen Recht, sondern eher von einem gerechten oder ungerechten, seinsollenden oder nicht seinsollenden, guten oder schlechten Recht sprechen. Daß ein Recht wie es sein soll aus Tatsachen erkennbar und in diesem Sinne objektiv oder sachlich begründet sei, erklärte ich als für mich unannehmbar. Ich sagte ferner, daß ich seine Empörung gegen den Rechtspositivismus nicht teilen könne, und behauptete, daß er gewisse Ausartungen des rechtspositivistischen Denkens mit dem Wesen des Rechtspositivismus vermenge. Sowohl Rechtspositivisten als auch Naturrechtler haben ihr Gedankengut dem Übel im politischen Leben dienstbar gemacht und sowohl Rechtspositivisten als auch Naturrechtler

haben sich von ihren jeweiligen Standpunkten aus und auf die ihnen eigene Art und Weise gegen dieses Übel aufgelehnt.
Meine Argumente beeindruckten meinen Kollegen aber nicht. Er dachte anscheinend, daß es mir nur darauf ankäme, den Rechtspositivismus um jeden Preis zu stützen und den Naturrechtsgedanken zu schmähen. Ich zog mich von unserem Gedankenaustausch mit der Erklärung zurück, daß ich den Kern des Naturrechtsgedankens für durchaus gesund hielte, aber das Naturrecht in einem etwas anderen Sinn als dem üblichen auffassen möchte und von der landläufigen naturrechtlichen Terminologie etwas abweichen würde. Ich versprach ihm, einen Versuch in dieser Richtung alsbald zu unternehmen, was ich jetzt auch tue.
Im Kampf um die Anerkennung des Naturrechts haben seine Verfechter versucht, Gründe vorzubringen, um zu zeigen, daß das Naturrecht kein Hirngespinst sei (wie seine übereifrigen Gegner behauptet haben), sondern auf einer soliden intellektuellen Basis beruht. Wie oft in geistigen Auseinandersetzungen hat auch der Kampf um das Naturrecht wegen der Unnachgiebigkeit seiner Gegner und wegen des Eifers seiner Verfechter zu einer *pluspetitio* geführt, die Scheinargumente gezeitigt hat, welche der Sache nicht dienen, sondern sie und ihre Vorkämpfer in Verruf gebracht haben. Besonders war dazu der Versuch angetan, dem Naturrecht durch „Ableitung" aus Tatsachenfeststellungen eine „objektive" Grundlage zu verschaffen. In eigentümlichen Wendungen, wie der „Überbrückung von Sein und Sollen" fand dieses Unterfangen seinen Ausdruck. Es handelt sich hier um eine kognitivistische Begründung der ethischen Normen, wie sie von René Marcic vertreten wurde, der ich mich nicht anschließen kann. Demgegenüber liegt mir

die naturrechtliche Konzeption seines Lehrers Alfred Verdross näher.

Im Gegensatz zu Marcic dürfte Verdross als Vertreter einer andersartigen Begründung der Naturrechtsnormen betrachtet werden. Er schließt sich der Wertphilosophie Victor Krafts an. So sagt Kraft: „Aus Tatsachen lassen sich keine Werte und keine Normen ableiten." Und: „Immer aber beruht die Begründung von Wertungen auf höchsten Zielsetzungen, auf obersten Forderungen, auf letzten Stellungnahmen, die gemeinschaftlich ausgebildet und individuell anerkannt werden." Er sagt auch: „Der Wert ist ... an die Beziehung zwischen stellungnehmendem Subjekt und Objekt der Stellungnahme gebunden, sie ist für ihn wesentlich." „Ein Werturteil ist ... keine Tatsachenaussage, keine beschreibende Darstellung, sondern etwas ganz anderes: die Anweisung einer Stellungnahme zu einem Gegenstand ..."

Das große werttheoretische und normentheoretische Problem liegt für Kraft in der Frage, wie trotz der Unableitbarkeit der Werturteile und der Normen von Tatsachenurteilen beide dennoch rational begründbar oder widerlegbar sind. Kraft behauptet, daß, obwohl „die Verschiedenheit von Sollen und Sein ... nicht aufgehoben und negiert werden" kann, „die Begründbarkeit des Sollens auf Grund des Seins" trotzdem möglich ist. Dies ist wohl dahin zu verstehen, daß in der Begründung der Werturteile oder der Normen auch Tatsachen maßgeblich sind, nicht aber, daß man in dieser Begründung ohne Bezugnahme auf Wertelemente oder normative Elemente auskommt. Eigentlich verhält es sich so, daß sich aus einem einzigen Werturteil oder einer einzigen Norm (oder einem einzigen Imperativ) eine Kette jeder Länge des „praktischen" Syllogismus konstruieren läßt, in dem mit Hilfe der Tatsachenurteile Werturteile gefolgert werden können. So ist die letztzitierte Äußerung Krafts nicht als ein Zugeständnis an den kognitivistischen Standpunkt in der Begründung der Werturteile und Normen zu verstehen, sondern als eine Klärung der bezüglichen Sachlage, die jeder Non-Kognitivist anerkennen kann.

Die Tatsachenerkenntnis ist ein wichtiges Element in unseren wertenden und normativen Stellungnahmen. Sie sind, wenn sie nicht in die Leere gehen sollen, immer auf Tatsachen bezogen. So sind die Tatsachenerfassung und Werterfassung in der ganzheitlichen Weltbetroffenheit des Menschen eng miteinander verbunden. Es mag dahingestellt sein, ob Normen wie Werturteile wahr oder falsch im üblichen Sinne sind, aber jedenfalls erwartet man von ihnen, daß sie vernünftig (richtig) sind. Sie verlieren ihre Vernünftigkeit oder Richtigkeit, wenn sie sich auf etwas beziehen, das nicht der Fall ist oder der Fall sein kann. Tatsachenfeststellungen sind so eine notwendige aber nicht eine hinreichende Bedingung der Begründung der Werturteile und der Normen.

Daß es unmöglich ist, aus Tatsachenurteilen allein Werturteile sowie Normen abzuleiten, folgt aus dem Prinzip der Logik, wonach die Konklusion eines Schlusses nicht Elemente haben kann, die in der Ableitungsbasis (d. i. in der Prämisse oder in den Prämissen und im System der Logik, innerhalb dessen der Schluß stattfindet) nicht vorhanden sind. Man kann natürlich fragen, ob dieses Prinzip ausnahmslos gilt. Verdross meint, daß die „Tatsache des Erstrebens eines Zieles“ eine und zwar die einzige „Ausnahme von der seit Hume feststehenden Erkenntnis, daß aus Tatsachen keine Normen abgeleitet werden können“, bildet. Ich werde versuchen zu zeigen, daß es sich hier eigentlich nicht um eine Ausnahme des Humeschen Prinzips handelt. Merkwürdigerweise scheint aber die Logik selbst in der Gestalt des *Ex-falso-quodlibet*-Theorems eine Ausnahme dieses Prinzips zu bringen. Bevor man getrost sagen kann, daß das in Rede stehende Prinzip eine universale Geltung hat, muß dem aus diesem Theorem sich ergebenden Problem nachgegangen werden.

Nach dem Theorem des *Ex falso quodlibet* folgt aus einem logisch falschen, d. i. aus einem selbstwidersprüchlichen Urteil oder aus von einander widersprechenden Urteilen, jede beliebige Konklusion. So folgt aus „Es regnet hier und jetzt und es ist nicht der Fall, daß es hier und jetzt regnet" als gültige Konklusion „Es regnet jetzt in London und es ist nicht der Fall, daß es jetzt in Wien regnet", aber auch „Du sollst deinen Mitmenschen lieben" wie „Du sollst deinen Mitmenschen hassen", „Der Präsident der Vereinigten Staaten von Amerika steht über jedem Recht" wie „Es ist nicht der Fall, daß der Präsident der Vereinigten Staaten von Amerika über jedem Recht steht".

Die verheerende Zügellosigkeit des Denkens, das dieses Theorem eröffnet, kann dadurch im Zaume gehalten werden, daß man aufweist, es beziehe sich nur auf eine Denkmöglichkeit. In der Tat können widersprechende Prämissen nicht gesetzt werden, da es ja in der Wirklichkeit nichts gibt, das widersprechende Tatsachen-Urteile zu setzen erlaubt. Es verhält sich ja so, daß es hier und jetzt entweder regnet oder nicht regnet. Beides zugleich ist unmöglich. Jedoch ist mit dieser Feststellung das *Ex-falso-quodlibet*-Theorem aus der Praxis nicht zu eliminieren. Obwohl die Naturwirklichkeit nichts kennt, das widersprüchlichen Urteilen eine Basis verleihen würde, kennt die Rechtswirklichkeit doch derartiges.

Fast jede Rechtsordnung kennt Antinomien und durch Rechtssetzung können sie immer entstehen. Das Britische

Parlament z. B. kann jedes beliebige Recht schaffen oder abschaffen, daher auch selbst-widersprüchliches Recht. Aus einer antinomischen Rechtslage folgen alle denkbaren generellen oder individuellen Normen auf gültige Art und Weise. Wenn in einer Rechtsordnung unaufhebbare Antinomien da sind, ist jeder juristische oder moralische Unfug logisch begründbar.

Wie es auch immer mit dem daraus sich ergebenden juristischen Problem sein mag, es ist klar, daß das *Ex-falso-quodlibet*-Theorem die Verfechter des Standpunktes, daß man von Tatsachenurteilen doch Werturteile sowie Normen ableiten kann, nicht unterstützt. Denn es steht fest, daß die Wirklichkeit der Tatsachen selbst keine Basis für das Setzen der widersprüchlichen Urteile abgibt. Wenn dies in der Rechtswirklichkeit doch anders ist, ist zu bedenken, daß das Recht nicht eine rein tatsächliche Gegebenheit ist, sondern auch eine wertbehaftete, eine normative Gegebenheit. Daher ist das, was man hier dem *Ex-falso-quodlibet*-Theorem gemäß ableitet, nicht eine Ableitung von Tatsachenurteilen, sondern von normativen Urteilen, von Normen. Daher findet hier keine „Überbrückung der Kluft zwischen Sein und Sollen" statt.

Die von Alfred Verdross vermutete Ausnahme vom Humeschen Prinzip der Unableitbarkeit der Werturteile sowie Normen von Tatsachenurteilen, die im Erstreben eines Zieles liegt, dürfte deswegen keine eigentliche Ausnahme sein, weil ein Ziel, ein Zweck, immer etwas vom Menschen Gesetztes ist, welche Setzung ein bewertender bzw. ein normativer Akt ist. So ist ein Ziel oder ein Zweck eine werttragende oder eine normbeinhaltende Gegebenheit. Wenn von der Tatsache des Erstrebens eines Zieles Normen abgeleitet werden sollen, bedeutet dies nicht, daß das Erstreben selbst als reiner tatsächlicher

Vorgang diese Ableitung ermöglicht, sondern daß das Ziel selbst als normative Gegebenheit eine Basis der Ableitung abgibt. Das gesamte teleologische Denken ist wesentlich ein normatives Denken – es ist eine Art und Weise der Beschäftigung mit Normen sowie Werten. Es gibt allgemeine Ziele oder Zwecke, denen allgemeine Wertungen wie auch Normsetzungen zugrunde liegen. Es gibt auch individuelle Ziele oder Zwecke, denen individuelle Wertungen und Normsetzungen zugrunde liegen. Es gibt rationale Zielsetzungen wie es irrationale, willkürliche Zielsetzungen gibt; denen entsprechen irrationale, willkürliche Stellungnahmen.

Die Begründung als rationales Verfahren bedeutet immer einen Vorgang, in dem eine Behauptung oder eine Bewertung durch grundsätzliche Behauptungen oder Bewertungen als stichhaltig erwiesen wird. Es gibt für den Menschen Grundtatsachen, über die er nicht hinwegsehen kann, und es gibt für ihn Grundwerte, über die er auch nicht hinwegsehen kann. Natürlich ist es immer möglich, auch Grundtatsachen und Grundwerte in Frage zu stellen und sogar zu bestreiten, etwa von einem solipsistischen oder einem nihilistischen Standpunkt aus. Dieses In-Frage-Stellen ist geistig ganz wohltuend, weil dadurch eine vielseitige und ständige Überprüfung und Bewährung der akzeptierten Grundtatsachen und Grundwerte zustande kommt. Eine absolute Unwiderlegbarkeit kann Pseudowissenschaften eigen sein; es besteht für alle wissenschaftlichen und auch alle philosophischen Behauptungen die Möglichkeit widerlegt zu werden.

Es ist nicht einzusehen, daß der Verzicht auf den kognitivistischen Standpunkt in der Begründung der ethischen, somit auch der naturrechtlichen Normen etwas anderes bedeutet, als das Aufgeben einer Illusion – das

Aufgeben eines unbegehbaren Weges. Die Grundtatsachen, die den Menschen angehen, haben keine höhere Würde als die menschlichen Grundwertungen. Der Mensch lebt nicht weniger in der Welt der Werte als in der Welt der Tatsachen. Mit der Wahrnehmung der Tatsachen ist gewöhnlich ihre Wertung eng verbunden. Wegen dieser innigen Verbindung entsteht der Eindruck, als ob es möglich wäre, von Tatsachenurteilen Werturteile und Normen abzuleiten. Was aber wirklich geschieht, ist, daß Urteilen im allgemeinen auch ein Beurteilen ist und daß man aus einem undifferenzierten Urteil bald den Tatsachenaspekt, bald den Wertaspekt des bezüglichen Sachverhaltes hervorheben und herausbringen kann. Das Argumentieren aus der sogenannten „Natur der Sache“ ist nichts anderes als ein Wiedererkennen der Wertung, die man in gewisse, den Menschen wesentlich angehende Tatsächlichkeiten der Lebenssachverhalte hineingelegt hat.

Die ersehnte Objektivität der Naturrechtsnormen geht durch die Auffassung des Naturrechts, die ich als konativistisch bezeichnen möchte, nicht verloren. Soll die Objektivität hier die Objektbezogenheit der Naturrechtsnormen bedeuten, ist sie bei jeder echten Naturrechtsnorm gegeben, da ja solche Normen nicht auf die Leere bezogen sind, sondern auf in Wirklichkeit bestehende oder doch künftig eintretende Sachverhalte. Soll die Objektivität hier aber Wohlbegründetheit bedeuten, ist sie bei einer konativistischen Begründung der Werturteile und Normen nicht weniger vorhanden als bei ihrer kognitivistischen Begründung. Da ein Versuch, sie kognitivistisch zu begründen, zu Fehlschlüssen führt, ist diese Wohlbegründetheit erst durch die konativistische Begründung eigentlich erreichbar.

Durch eine kognitivistische Begründung wird der Ver-

such gemacht, den naturrechtlichen Normen eine falsche Würde zu geben. Man vermeint, daß es dadurch möglich ist zu zeigen, daß diese Normen dieselbe „Seinsdichte“ haben wie Tatsachen und als solche sich jedem Menschen einfach aufzwingen. Dem kognitivistischen Standpunkt liegt ein übertriebenes, groteskes Streben nach der Einheit der Welt zugrunde – eine Vergessenheit der Mannigfaltigkeit, die der Welt zukommt und aus der her sich erst eine fundamentale Einheit ersehen und erfassen läßt, welche Einheit nicht in einem „Im-Grund-Gleichen“, sondern in einem „Im-Grunde-Verbundenen“ besteht. Dagegen wird durch eine konativistische Begründung den naturrechtlichen Normen eine Einsichtigkeit verliehen, welche einen Appell an die Vernunft der vernunftfähigen Menschen bedeutet.
Das Argumentieren, das die konativistische Begründung darstellt, erfolgt in Bewußtheit der Mannigfaltigkeit und Vielfältigkeit der Dinge und Vorgänge in der menschlichen Welt. Es ist eine Art paraduktiver Begründung, deren klassische Erscheinungsformen die Rhetorik, die Topik und die Dialektik sind. Zugestandenermaßen ist diese Art der Begründung anspruchsvoll und mühsam. Wer jedoch dem Überzeugtwerden nicht zugänglich ist (und nur überredet werden kann), für den ist der konativistische Standpunkt der Begründung des Naturrechts in einem paraduktiven Verfahren ungeeignet.

Dritter Versuch: Um ein futurologisches Naturrecht

Wir näherten uns einer Großstadt, die noch vor fünfzehn Jahren wegen ihrer guten Luft berühmt war, die hier rein wie auf dem Lande sein sollte. Jetzt tauchte sie in einem beklemmenden widerlichen Dunst auf. Ich knüpfte mit dem neben mir sitzenden Kollegen, einem Sozialphilosophen, eine Konversation darüber an und ließ ihn wissen, daß ich die Besorgnisse der Ökologen teile. Er hörte mir düster zu und nach einem kurzen Schweigen teilte er mir unwirsch mit, daß er solche Gedanken für ganz müßig, ja für albern halte. Ihre Verkündung stifte nur Panik und Hysterie und störe so die Erarbeitung und das Ergreifen vernünftiger Maßnahmen, die erforderlich sind, um unser Leben zu sichern und zu verbessern.

Da er schon von seinem Beruf her als denkender Mensch zu betrachten war, erstaunte mich seine Haltung und ich dachte zuerst, daß er in einem Anfall von Argumentationssucht die Rolle des *advocatus diaboli* spielen wollte. Aber im weiteren Verlaufe unseres Gespräches wurde klar, daß er derartige Gedanken mit innerer Überzeugung vertrat. Er glaubte nämlich, daß die Umweltzerstörung, die die industrielle Entwicklung hervorgebracht hat, durch eine weitere industrielle Entwicklung beseitigt werden könne und daß, sobald die Situation wirklich kritisch werde, die erforderliche Entwicklung schnell erfolgen werde. Auch dachte er, daß in den Ländern, in denen die Überbevölkerung einen kritischen Punkt erreicht hat, der Rückgang der Bevölkerung als natürliches Geschehen stattfinden werde. Wie in jeder Krise, muß auch in den Krisen der Entwicklung der Menschheit Leiden in Kauf genommen werden.

Ich räumte meinem Mitreisenden ein, daß die großen Gegenwarts- und Zukunftsprobleme der Menschheit nicht in einem Zustand der Panik und Hysterie behandelt werden sollen. Ich konnte ihm aber in seiner Zuversicht nicht folgen, daß die Entwicklungen, die den Untergang der Massen, ja der Menschheit, androhen und die das Elend der Massen schon jetzt bewirken, sich selbst überlassen werden können. Ich meinte, daß man, wenn uns die Nächstenliebe und die Fernstenliebe etwas bedeutet, schon jetzt entschieden in diese Entwicklungen eingreifen muß, um sie menschlich zu gestalten. Unser Autobus war schon in der Stadt angelangt und so blieb keine Zeit übrig, ihm meine diesbezüglichen Gedanken zu entfalten. Einen Versuch in diesem Sinne unternehme ich nachfolgend.

„Naturrecht" wie „Futurologie" sind Ausdrücke, die bei vielen eine Abneigung hervorrufen. Beide bezeichnen für so manchen Gelehrten Verirrungen und so erscheint ihnen eine wissenschaftliche Beschäftigung damit als müßig. Der Naturrechtsgedanke wird von den Rechtspositivisten verpönt und diskreditiert. Die Futurologie hat noch keinen allgemein anerkannten wissenschaftlichen Status erworben; sie hat noch zu erweisen, in welchem Sinne und auf welche Weise ihre Behauptungen den Erfordernissen der Wissenschaftlichkeit genügen und wie sie auch praktische Bedeutung haben können.

Ich überlasse es den Naturrechtlern und den Futurologen, sich gegen ihre Gegner zu verteidigen und eine wissenschaftliche Anerkennung ihrer Bemühungen zu erkämpfen. Für die Zwecke des vorliegenden Versuches sind das Naturrecht und die Futurologie Gegenstand rechtsphilosophischer Besinnung. Das Panorama der philosophischen, somit auch der rechtsphilosophischen, Betrachtungen ist grenzenlos; es umfaßt nicht nur Gegenstände legitimer wissenschaftlicher Betätigung, sondern auch poetische oder mythische Vorstellungen, realisierbare und unrealisierbare Möglichkeiten, Irrwege, sogar Wahnideen.

Man erwartet von den Philosophen, daß sie Sinnvolles betreiben und rein Müßiges vermeiden. Es dürfte kein Zweifel darüber bestehen, daß eine Besinnung auf das Naturrecht dieser Erwartung entsprechen kann. Naturrechtliche Gedanken, was auch immer ihr Erkenntnisgrund oder ihre Begründung gewesen sein mag, haben in der Rechtsgeschichte und in der Geschichte der Rechtswissenschaft eine sehr bedeutende Rolle gespielt. Nicht einmal die erbittertsten Gegner der naturrechtlichen Gedankenrichtung haben dies bestreiten können.

Auch Futurologie als Beschäftigung mit dem, was der Menschheit bevorsteht, ist unbestreitbar etwas, das einen Sinn hat und Aufmerksamkeit verdient. Vieles ist in der menschlichen Betätigung auf die Gestaltung der Zukunft gerichtet. *Après nous le déluge* ist kein Motto für das Handeln der Menschen im allgemeinen. Im Gegenteil, fast jeder Mensch hegt ein gewisses Verantwortungsgefühl für diejenigen, die nach ihm leben werden. Das Recht selbst hat einen vorausschauenden Aspekt, es schafft normative Bedingungen auch für geordnete künftige Verhältnisse.

Naturrecht ist als Recht aufzufassen, für dessen Normen inhaltliche Richtigkeit beansprucht wird. Der Anspruch auf diese Richtigkeit beruht auf einer von Einsicht getragenen Zustimmung, die durch ein den Werturteilen angemessenes Begründungsverfahren erzielt wird. Die

Zustimmung, die den Normen des Naturrechts erteilt wird, findet Ausdruck in Wendungen wie „natürlich, es soll so sein“, „natürlich, das stimmt“, „natürlich, das ist recht“. Das Naturrecht in diesem Sinne als „natürliches Recht“ kann ein Teil der positiven Rechtsordnungen sein. Es ist auch denkbar, daß es in keiner solchen Rechtsordnung verwirklicht ist, sondern nur ein Vorbild für ihre Normen oder eine axiologische Basis für die Kritik an positiven Rechtsnormen darstellt. Das so aufgefaßte Naturrecht bedarf keiner objektiven Grundlage im kognitiven Sinne, d. h. keiner Erkennbarkeit aus wirklich bestehenden oder aus wirklich behaupteten Sachverhalten. Es ist durchaus möglich, das Naturrecht konativ zu erstellen.

Es ist müßig zu versuchen, das Naturrecht aus dem Willen Gottes *abzuleiten,* da dieser Wille nicht erkennbar, sondern lediglich bekennbar ist. Die Unmöglichkeit einer erkenntnismäßigen Unterordnung des Naturrechts unter den göttlichen Willen schließt aber die *Zuordnung* des Naturrechts zu einer Vorstellung dieses Willens nicht aus. Es ist ebenso müßig zu versuchen, aus der Natur des Menschen oder aus der Natur der Sache her, das Naturrecht zu *erkennen.* Beide Aspekte von „Natur“ werden normativ bedeutsam nur auf Grund von Werturteilen, also auf Grund dessen, daß im Hinblick auf die Natur des Menschen oder auf die Natur der Sache etwas als seinsollend *zuerkannt* wird.

Die abgenützten Wendungen „die Natur der Sache“ und „die Natur des Menschen“ können auch heute, trotz ihrer Mehrdeutigkeit, ohne allzu große Bedenken im Sinne relativ beständiger allgemeiner Eigenschaften der Menschen bzw. Sachverhalte verwendet werden. In diesem Sinne haben sie eine Bedeutung als Sprech- und Denkbehelfe in der Begründung der naturrechtlichen

Normen, nämlich im Hinblick auf gewisse Faktoren, die im Ordnen der menschlichen Lebensverhältnisse maßgeblich sind. Denn richtiges Recht bedarf des Wirklichkeitsbezuges, um wirkliche Lebensverhältnisse angemessen zu ordnen. Eine konative Begründung des Naturrechts trachtet aber nicht, das Naturrecht aus diesen Faktoren zu gewinnen, sondern sich auf sie berufend, eine einsichtige Zustimmung für es zu gewinnen.

Nach der hier vertretenen Auffassung ist das Naturrecht kein wirkliches Recht, sofern es nicht im positiven Recht verwirklicht worden ist. Dies besagt aber nicht, daß es überhaupt nicht als Recht begriffen werden kann. Ob etwas Recht ist oder nicht, wird durch eine Definition des Rechts bestimmt. Nichts zwingt dazu, das Recht so eng zu definieren, daß sein Begriff sich nur auf das positive Recht erstreckt. So wie keine Notwendigkeit besteht, das Völkerrecht aus dem Rechtsbegriff definitorisch auszuklammern, braucht man auch nicht das Naturrecht als Nicht-Recht *per definitionem* abzutun. Es bestehen ideengeschichtliche Gründe, den Rechtsbegriff so weit zu gestalten, daß sein Umfang nicht nur das positive, sondern auch das natürliche Recht einschließt. Ein derartiger Rechtsbegriff würde den Anforderungen wissenschaftlicher Systembildung nicht widerstreiten.

Unter Futurologie ist diejenige Disziplin zu verstehen, die das Künftige zum Erkenntnisgegenstand hat und die rationale Aussagen über das Künftige methodisch behandelt. Sie befaßt sich vornehmlich mit der Zukunft des Menschen, der menschlichen Gesellschaft und der Welt, die die Menschen als Menschen angeht. In gewissem Sinne bezieht sich jede Wissenschaft, deren Aufgabe es ist, u. a. Voraussagen zu machen oder zu ermöglichen, auf die Zukunft. So sind der Futurologie zahlreiche andere Wissenschaftsdisziplinen vorgelagert. Da der

Mensch den Endpunkt ihrer Forschung bildet, ist sie gewissermaßen als ein selbständig gewordener Aspekt der Gesellschaftswissenschaft zu betrachten.

Der besonnene Mensch hat immer Zukunftsproblemen vorsorgende Aufmerksamkeit geschenkt, aber systematisch meistens nur in der Gestalt der religiösen Eschatalogien oder der politischen Utopien. Erst vor wenigen Jahrzehnten, als sich die Gefahren des technischen Fortschritts zu zeigen begannen, entstand ein wissenschaftliches Bedürfnis, Probleme der Zukunft methodisch und systematisch zu erforschen. Dieses Bedürfnis entspringt im wesentlichen einer sittlichen Gesinnung. Es ist einleuchtend, daß es rücksichtslos ist, die Probleme der Zukunft zu ignorieren. Eine Erweiterung des ethischen Bewußtseins hat uns vollends nahegelegt, daß die Sittlichkeit und das Recht sich nicht nur auf den Nächsten, sondern auf den „Fernsten“ beziehen. Des weiteren haben futurologische Betrachtungen die Frage aufgeworfen, wie weit der Kreis der Destinatare des Rechts und der Sittlichkeit überhaupt zu fassen ist. Sind lediglich die biologischen und psychischen Beschaffenheiten des Menschen dafür maßgeblich, oder sollen in diesen Kreis auch etwaige intelligente außerirdische Wesen aufgenommen werden, die biologisch und psychisch vielleicht ganz anders geartet sind?

Der Fortschritt der Technik hat es zuwege gebracht, daß die künftigen Generationen stark auf das Verhalten der gegenwärtigen Generation angewiesen sind. Es ist naiv und sogar rücksichtslos zu glauben, daß sie ihre wichtigsten Lebensprobleme ohne unser vorausschauendes Wirken lösen können. Der heutige *homo faber* ist imstande und im Begriffe, das zukünftige Leben aufs äußerste zu beeinträchtigen, ja sogar zu vernichten. Wir sind in der Lage und schon dabei, den noch nicht geborenen Menschen die unentbehrlichen Lebensbedingungen durch Umweltverseuchung und durch Vergeudung unersetzbarer Naturvorräte zu nehmen. Unser unbesonnenes Tun und Lassen droht, eine katastrophale Überbevölkerung herbeizuführen.

Es ist von einer einzigen Wissenschaftsdisziplin nicht zu erwarten, daß sie die Lösung aller die menschliche Zukunft betreffenden Probleme bietet. Nur ein Einsatz aller einschlägigen Disziplinen kann verläßliche Erkenntnisse für eine verantwortungsbewußte, auf die Zukunft bezogene Handlungsorientierung hervorbringen. Durch allzu große Versprechungen oder an sich selbst gestellte Überforderungen exponieren so manche Futurologen sich zu sehr; allzu große, oft von ihren Gegnern an sie gestellte Erwartungen sind nicht minder schädlich. Beides hat schon eine gewisse Diskreditierung der futurologischen Arbeit bewirkt. Man darf von der Futurologie erwarten, daß sie im großen und ganzen die Konsequenzen darlegt, zu denen unser heutiges Treiben führen muß, besonders wenn wir die Probleme der Zukunft nicht sehen können oder sehen wollen. Man wird es auch als eine wesentliche Aufgabe der Futurologie ansehen, daß sie alternative Gestaltungen der Zukunft erforscht und ihre Realisierbarkeit sowie ihre gegenseitige Verträglichkeit zu erkennen versucht.

Man hat den Prinzipien des Naturrechts überzeitliche Geltung zugesprochen, indem man angenommen hat, daß sie nur ständige Eigenschaften der Menschen sowie überall und für immer bestehende Sachverhalte betreffen. Nach dieser Auffassung muß das Naturrecht einen statischen und inhaltlich sehr reduzierten Charakter haben. Vertreter des klassischen Naturrechts haben jedoch das Naturrecht grundsätzlich als dynamisch aufgefaßt und sogar die menschliche Natur als eine Grundlage des

Naturrechts für veränderlich gehalten. Im sogenannten konkreten Naturrecht, das sich der Denkform der Natur der Sache bedient, kommt diese Grundanschauung betont zum Vorschein, weil ja die konkreten Sachverhalte oder Lebensverhältnisse, die den Inhalt der Naturrechtsnormen bestimmen, immer wandelbar sind.

Die angebliche überzeitliche Geltung der Naturrechtsnormen kann nur bedeuten, daß die allgemeinen und obersten Prinzipien des Naturrechts einen relativ gesicherten Bestand haben im Vergleich zu Normen des sich rasch wandelnden positiven Rechts, als deren Vorbilder oder Bewertungskriterien sie aufgefaßt worden sind. Es ist durchaus möglich, daß unter geänderten Lebensverhältnissen einige Naturrechtsprinzipien, die früher ethisch völlig einsichtig gewesen sind und sich harmonisch in ein System dieser Prinzipien eingefügt haben, fragwürdig werden und als miteinander unverträglich anzusehen sind.

Dies wird ersichtlich, wenn man bedenkt, daß das Prinzip des Fortbestandes der Menschheit, das heute den Vorrang unter den Naturrechtsprinzipien beansprucht, mit dem Prinzip kollidiert, demzufolge das Leben stets vermehrt werden darf. Es ist heute auch klar geworden, daß bei der Überbevölkerung in gewissen Teilen der Welt das Prinzip, wonach Elend und Leid stets vermieden werden sollen und das Prinzip, wonach das menschliche Leben unter allen Umständen geschützt und geschont werden soll, antinomisch sind.

Gewissermaßen kann man fast immer die Schale der naturrechtlichen Prinzipien dadurch bewahren, daß man ihren Kern durch jeweils erforderlich erscheinende Distinktionen oder Interpretationen wandelt oder sogar umgestaltet. Obwohl auch die Naturrechtsprinzipien interpretierbar sind, würde jedoch eine allzu weitgehen-

de Umdeutung ihrer Inhalte Verrat an ihnen bedeuten. Die Geltung der naturrechtlichen Normen beruht ja auf der ethischen Einsichtigkeit ihres Inhaltes. Sollte sich erweisen, daß es erforderlich ist, den Inhalt der Naturrechtsnormen zu verändern, so müßte der veränderte Inhalt auch möglichst offen in einer veränderten Formulierung der betreffenden Normen dargestellt werden.
Wir müssen jedoch fürchten, daß das Eingeständnis der prinzipiellen Veränderlichkeit der naturrechtlichen Prinzipien ihre Würde und Erhabenheit antastet. Die Ewigkeit wird ja als etwas Erhabenes empfunden. Vielleicht ist dies eine Geisteshaltung, die früheren Zeiten gemäß war, für uns aber nicht mehr zutrifft und die in Anbetracht unseres Weltverständnisses nicht mehr aufrechterhalten werden darf. Wie dem auch immer sein mag, wir sind heute geneigt, die Beständigkeit der Naturrechtsprinzipien etwas tiefer zu suchen als dies in der Frühzeit des Naturrechtsdenkens geschah. Eine gewisse Beständigkeit kann man vielleicht in der Beziehung finden, die die veränderlichen Prinzipien des Naturrechts zu den ebenso veränderlichen Lebensverhältnissen haben. Mit anderen Worten, man kann vielleicht gewisse Gesetzmäßigkeiten der Dynamik des Naturrechts feststellen.
Eine Erörterung des Naturrechts in futurologischer Sicht stellt uns u. a. vor das Problem der Subjekte und Destinatare des Naturrechts. Wenn nur die gegenwärtig lebenden oder ins Leben tretenden Menschen als diese Subjekte oder Destinatare gelten, entstehen naturrechtliche Probleme, die die Zukunft betreffen, kaum oder überhaupt nicht. Man kann wohl sagen, daß es nicht angezeigt ist, den persönlichen Geltungsbereich des Naturrechts allzusehr zu erweitern. Es dürfte wohl für juristische wie für moralische Zwecke genügen, nur die-

jenigen menschlichen Wesen als Naturrechtssubjekte in Betracht zu ziehen, die selbst in der Lage sind oder in absehbarer Zeit in der Lage sein werden, rechtliche Ansprüche zu stellen. Es ist kaum erforderlich, auch noch nicht existierende menschliche Wesen oder ganz unbekannte Wesen in den Kreis der Naturrechtssubjekte einzubeziehen. Sie können nur als Naturrechtsdestinatare in Frage kommen, d. h. als Wesen, die das Naturrecht betreut und schützt.

Die naturrechtlichen Normen sind wohl immer eigentlich so verstanden worden, daß sie auf alle menschlichen Wesen sowohl von heute als auch von morgen als ihre Destinatare anwendbar waren. Die Vorsorglichkeit, die sich nicht nur auf die eigene Zukunft eines Individuums oder auf die seiner gegenwärtig lebenden Mitmenschen, sondern auch auf das Leben der noch kommenden Generationen erstreckt, ist eine tiefeingewurzelte natürliche Haltung des Menschen. Diese Haltung hat nicht nur eine transepochale Bedeutung in dem Sinne, daß in verschiedenen Perioden die im wesentlichen gleichen grundlegenden Naturrechtssätze immer die Beziehungen der jeweils lebenden Menschen zueinander ordnen. Sie bedeutet auch eine intertemporale Bedeutung in dem Sinne, daß die grundlegenden Naturrechtssätze auch Beziehungen der jeweils gegenwärtigen Menschen zu zukünftigen Menschen ordnen.

Es fragt sich, ob die naturrechtlichen Normen etwaige auch höchst intelligente, aber nicht menschliche Wesen betreffen – Wesen, denen der Mensch in oder aus dem Weltraum begegnen mag. Die Erwartung dieser Begegnung kann heute noch als etwas Phantastisches anmuten, ist aber für ethische Überlegungen doch deshalb wichtig, weil sich in ihrem Lichte wohl besser erwägen läßt, welche Tragweite unsere rechtlichen Prinzipien eigentlich haben, was uns überhaupt naturrechtlich zumutbar oder unzumutbar ist. Im Kontext des theologischen Naturrechts ist diese Frage auch tatsächlich gestellt und sogar beantwortet worden; der Mensch hat Pflichten gegenüber Gott und anderen überirdischen Wesen. Die in Betracht gezogenen kosmischen Begegnungen stellen aber das Problem nicht im religiösen Sinne, da wir es hier vermutlich nicht mit Wesen zu tun haben würden, denen wir in Andacht oder Anbetung gegenüberstehen sollen.

Als Basis für die Überlegung des eben gestellten Problems dient die Gesinnung einer sich auf alles beziehenden *benevolentia,* eine tiefgründige Seinsbejahung, die sich in allen großen Zivilisationen verschiedenartig, wenn auch nicht immer direkt, kundgetan hat. Ein Trieb zur Mitmenschlichkeit hat bewirkt, daß wir im anderen nicht nur das andere, sondern auch ein *alter ego* sehen; selbst der Aussätzige ist und bleibt Mitmensch! In der westlichen Zivilisation wohl wenigstens seit Franz von Assisi und in den östlichen Zivilisationen sogar viel früher, hat man auch Tieren, darunter wilden Tieren, im ethischen Bewußtsein Erbarmen bezeugt. Wenn man diese Gesinnung ausdehnt, soll man etwaigen außerirdischen Wesen wenigstens soviel Wohlwollen angedeihen lassen wie den Tieren. Alles weitere hängt hier davon ab, inwieweit sie uns gegenüber naturrechtliche Pflichten zu erleben imstande sind und sie tatsächlich erfüllen.

Jede Erweiterung des naturrechtlichen Destinatarkreises hat eine weitere ethische Belastung für den Menschen zur Folge und wirkt dem menschlichen Glücksstreben entgegen. Aber das ist eine hedonistisch negative Wirkung fast aller ethischen Normen. Es fragt sich, ob Glück ein echtes oder maßgebliches ethisches Ziel ist, während die Beseitigung oder Verminderung des Elends es sehr wohl ist. Das Erreichen des Glücks durch die Befolgung ethischer Normen ist selbst eine Glückssache und nicht mehr.

Das Prinzip, dem in futurologischer Sicht der Vorrang als Naturrechtsnorm gehört, besagt: *Alles soll getan bzw. unterlassen werden, wenn dies zum Fortbestand der Menschheit notwendig ist!* Dieses Prinzip ist eine unerläßliche normative Voraussetzung allen menschlichen Strebens. Es zu verneinen würde bedeuten, alle menschlichen Einrichtungen zu bedrohen. Solange Menschen überhaupt leben, besteht wenigstens eine Hoffnung, daß sie ihr Leben lebenswert und menschenwürdig gestalten können, wie ungerecht, kläglich und empörend auch seine jeweiligen Bedingungen sein mögen. In Anbetracht der heute nicht zu übersehenden Gefahr, daß die Menschheit durch sich selbst ausgelöscht wird, überwiegt dieses Prinzip alle anderen Naturrechtsnormen. Seine Haltbarkeit dürfte ganz einsichtig sein.

Wie es auch immer um das Streben nach Glück als ethischem Ziel bestellt sein mag, dürfte es einleuchten, daß alles unnötige Elend als Übel vermieden werden soll. So besteht in futurologischer Sicht als weiteres grundlegendes Naturrechtsprinzip das Postulat: *Das unnötige Elend soll für alle Menschen gemäß dem jeweiligen gesellschaftlichen Standard vermieden werden!* Dieses Prinzip zielt nicht auf die Beseitigung allen Elends ab. Schwermut und Leid als Wechselfälle der Gemütsschwankungen können in unserer Seelenverfassung sogar eine positive Rolle spielen, indem sie als seelische Kontrastzustände uns dazu verhelfen, Frohmut und Freude intensiver zu erleben und zu genießen. Das Prinzip verbietet eine Haltung des *laissez-aller* gegenüber Elend, das Leiden bedeutet und keinem guten Zweck dient. Die Anwendung dieses Prinzips erfordert nicht nur umsichtiges, sondern auch vorausschauendes Handeln, da diejenigen, deren Elend vermieden werden soll, nicht nur die gegenwärtig lebenden, sondern auch die in der Zukunft lebenden Menschen sind.

Es ist zweifelhaft, ob die Menschen, wie sie eben sind, das Überleben der Menschheit zu sichern vermögen. Marx glaubt, daß der Mensch zufolge *„aufzuhebender"* (d.h. kontingenter) Verhältnisse „ein erniedrigtes, ein geknechtetes, ein verlassenes, ein verächtliches Wesen ist". Es ist aber dagegen mit Machiavelli zu bedenken, daß der Mensch in seinem Wesensgrund „undankbar, wankelmütig, heuchlerisch, feige und gewinnsüchtig" ist. So kann er durch keine lediglich politischen Umwälzungen um sein Elend gebracht werden. Wo auch die Wurzeln des menschlichen Elends liegen mögen, es ist unbestreitbar, daß die Welt noch immer viel zu viel unnötiges Elend beherbergt, dessen Beseitigung lediglich das Opfer einiger Vorurteile und eines *dolce far niente* verlangt. Wenn schon unsere Nächstenliebe so ohnmächtig ist, was kann man da erst von unserer „Fernstenliebe" erwarten? Nur die Anlage des Menschen, sich selbst kritisch zu überprüfen und sich gemäß der so gewonnenen Einsicht zu „überschreiten", begründet die Hoffnung, daß die Menschheit doch fortbestehen kann und ohne Elend, das nicht sein muß oder nicht sein soll, zu leben vermag. Das angedeutete Erfordernis des Überschreitens kann als folgendes Naturrechtsprinzip in futurologischer Sicht formuliert werden: *Es sollen innere und äußere Bedingungen geschaffen werden, damit der Mensch sich in ein verantwortungsfähiges Wesen umgestalten kann!*

Die effektive Anwendung schon dieser drei grundlegenden Prinzipien des Naturrechts in futurologischer Sicht setzt ein höchst effizientes und rationales Gesellschafts- und Regierungssystem voraus, das fähig ist, die „ungesellige Geselligkeit“ des Menschen zu bewältigen. Dies – sogar wenn es uns gelingen würde, ein derartiges System mit „menschlichem Antlitz“ zu gestalten – ist nicht ohne Verzicht auf vieles zu erzielen, was wir für höchst wertvoll halten, einschließlich so mancher tiefeingewurzelter Wertvorstellungen. Es ist zu bedenken, daß sogar gewisse sehr wichtig empfundene Freiheiten der menschlichen Betätigung beträchtlich eingeschränkt werden müssen und der Mensch mehr denn je gezwungen sein wird, sich von gesicherten wissenschaftlichen Erkenntnissen leiten zu lassen. Wenn der Mensch fortfährt, nach seinen bloß „naturwüchsigen“ Neigungen „frei“ zu handeln, kommt keine sinnvolle und wirksame Anwendung obiger Prinzipien zustande. Für diese Anwendung genügt die jeweilige individuelle Einsicht und Selbstdisziplin nicht. Hinzu muß auch eine durch gemeinsame geistige Arbeit errungene und gefestigte Einsicht kommen und eine von einer rational gestalteten sozialen und politischen Organisation auferlegte Disziplin.

Das Leben im Sinne eines futurologisch orientierten Naturrechts erfordert Opfer, die den Menschen, wo immer er auch wohnen mag, schwer belasten werden. Um die Umweltverseuchung zu vermeiden, muß ein beträchtlicher Teil der industriellen Tätigkeit zur Vermeidung und zur Wiedergutmachung dieser Verseuchung verwendet werden, so daß die Erzeugung von Konsumgütern, die zu einem behaglichen Leben gehören, eingeschränkt werden muß. Um den Raubbau an den für die kommenden Generationen notwendigen Naturvorräten zu vermeiden, muß der Mensch bereit sein und erlernen, wieder wesentlich vom Nettoertrag der Natur zu leben, und um dies zu erzielen, ist nicht nur ein Stillstand des Bevölkerungszuwachses erforderlich, sondern sogar ein Unterschreiten der schon erreichten Bevölkerungszahl.

All das wird eine Umwertung so mancher fest eingebürgerter Werte erfordern und wenigstens zeitweilig Zustände hervorrufen, die allgemein als beschwerlich, z. T. als abscheulich empfunden werden.
Diese trüben Erwägungen werfen die Frage auf, ob sich so etwas wirklich lohnt, und ob es dem Menschen, mit dem man so umgehen muß, überhaupt zumutbar ist, um der „Fernsten" willen derartige Opfer auf sich zu nehmen. Man kann sich ja mit der Hoffnung trösten, daß die Technik, die uns an den Rand des Weltunterganges gebracht hat, uns auch von den Übeln, die sie angerichtet hat, retten wird. Aber solche Hoffnung ist leichtfertig. Denn es ist zu befürchten, daß eine weitere industrielle Entwicklung den Raubbau und die Umweltzerstörung nur in größerem Ausmaß fortsetzt. Zumindest stehen wir in der Gefahr fortzufahren, auf die Zukunft Wechsel von zweifelhafter Deckung zu ziehen.
Eine Besinnung auf das Naturrecht in futurologischer Sicht zeigt beunruhigende Probleme auf, deren befriedigende ethische, politische und technologische Lösung fast unrealisierbar zu sein scheint. Vielleicht begegnet uns hier eine „Grenzsituation", aus der es überhaupt keinen Ausweg gibt. Alles was uns übrig bleibt, ist: ohne Panik die ganze Problemlage wiederholt nüchtern zu überprüfen in der heroischen Hoffnung, entgegen den *ultimis verbis* von Max Born, daß der Versuch der Natur, in der Gestalt des Menschen ein denkendes Wesen hervorzubringen, doch nicht endgültig gescheitert ist.
Es ist kaum zu hoffen, daß sich die Räder der Zivilisation anhalten oder zurückdrehen lassen. Aber es dürfte wohl möglich sein, den weiteren Fortschritt der Zivilisation entscheidend in geistige Bahnen zu lenken, die zu einer Verinnerlichung und zu einem Übersichhinauswachsen des Menschen führen. Der Mensch als soge-

nanntes „Mängelwesen“ soll seine Bedürftigkeit, seine „*imbecillitas*“ nicht primär durch Beherrschung der äußeren Natur zu überwinden versuchen, sondern eher durch Bewältigung seiner inneren Natur. Um mit Thomas von Aquin zu sprechen, „der Mensch vollzieht sein eigenes und eigentliches Selbstsein nur im Übersteigen seiner selbst“ – und indem er „sich selbst transzendiert“, „aktuiert er sich selbst“. Nur so kann sich die Geselligkeit seiner Natur völlig entfalten – in eine gesellige Geselligkeit, die ihn befähigt, in einer *communitas maxima* zu leben, welche nicht nur die Nächsten umfaßt, sondern auch die Fernsten, solange die kosmischen Bedingungen für das menschliche Leben auf dieser Erde vorhanden sind.

Ausklang: Gerechtigkeit und Gelassenheit

Ich denke wieder an Dich, René, und an Dich, Blanka, und es ist mir wohl dabei, Euch in meinen Gedanken nahe zu sein. Tao auf Eurem Sofa nebenan hat aufgehört zu schnurren und schläft jetzt sanft; Viiu ist schon längst auf Eurem Teppich eingerollt und liegt wie ein Wollknäuel regungslos da. Eure Blumen auf dem Fensterbrett, die ich gepflegt habe, schlummern jetzt auch und das Licht, das sie mir gebracht haben, ist für heute verloschen. Meine Gedanken schweifen, aber dann zerfließen sie, um schließlich zu versiegen. Ich erlebe eine Leere, vor der es mir aber nicht graut – eine Leere, die zugleich eine wonnevolle Stille ist. Ich bleibe wach und es ist mir zumute, als ob ich etwas noch nie Erlebtem entgegensehe. Aber in der immer tiefer werdenden Nacht um mich und in mir erscheint nichts, nichts zeigt sich, nichts gibt kund, es sei denn, daß ich das Gefühl habe, als ob ich weiter und weiter versinke und so dem Grund aller Dinge näher und näher komme.

Allmählich fangen meine Gedanken an, nach dieser gescheiterten Versenkung, wieder Gestalt anzunehmen. Sie wandern wieder, aber diesmal werden sie bildhaft und führen mich zu den Tagen zurück, als ich vor Eurem Abschied ratlos darüber war, was ich Euch, René und Blanka, als Andenken mitgeben sollte. Alles, was in Erwägung kam, erschien mir so unbedeutend. Da fiel mir auf einmal ein, daß ich versuchen sollte, eine kleine „Reiseschrift" für Euch abzufassen, die ich tatsächlich auch fertig brachte und Euch bei Eurem Abschiedsabend überreichte. Am nächsten Morgen, kurz vor Eurer Abreise, als ich Dich, René, wiedersah, hattest Du sie durchgelesen und schienst mir darüber irgendwie verblüfft zu sein. Zu einem Gedankenaustausch darüber konnte es nicht mehr kommen. Ich hatte die Schrift in der Sprache meines damaligen Landes abgefaßt. Heute versuche ich sie, in der Sprache Eures und jetzt auch meines Landes wiederzugeben.

Die verschiedenen Lehrmeinungen zur Gerechtigkeit, die das politische, wie das Rechtsdenken beherrschen und noch heute dominieren, rühren hauptsächlich von Philosophen, Juristen und Politikwissenschaftlern her. Auch Theologen trugen zu ihrer Bildung bei; jedoch in allen beachtenswerten Fällen fügen sich ihre einschlägigen Ideen ebenso in den profanen Bezugsrahmen, so daß sie von ihrem religiösen Kontext getrennt und mit einer spezifisch philosophischen Tradition in Verbindung gebracht werden können. Die einzigartige Gerechtigkeitsdoktrin von Johann Eckhart (1260–1327, „Meister Eckhart“ genannt) entspringt der mittelalterlichen Mystik. Diese Doktrin steht im Mittelpunkt seines religiösen Denkens. So sagt er selbst, daß jeder, der seine Konzeption der Gerechtigkeit verstände, alles von ihm Gesagte verstünde. Vieles von dem, was er ausführte, kann als der Versuch angesehen werden, „göttlichen Trost“ vor allem denen anzubieten, welchen die Unbill des Lebens widerfährt. Seine Auffassung von Gerechtigkeit steht damit im Zusammenhang.

In Meister Eckharts Lehre sind zwei Hauptaspekte der Gerechtigkeit zu unterscheiden, von denen der eine als „aktiv“, der andere als „passiv“ bezeichnet werden kann. Nach ihrem aktiven Aspekt fordert die Gerechtigkeit, daß jedem das Seine gegeben werde *(suum cuique dare)*; dies entspricht der klassischen Auffassung vom Wesen der Gerechtigkeit, wonach jedem das Seine zuzuteilen sei *(suum cuique tribuere)*. Von der *suum-cuique-dare*-Forderung leitet Eckhart ab, daß Gott das Seine gegeben werden soll, den Engeln und Heiligen das Ihre und jedem Menschen das Seine. Gott gebührt es, verehrt zu werden; der Mensch ehrt Gott durch Selbstverleugnung und durch ein Sich-selbst-Übersteigen; dies wird durch das Aufgeben alles dessen erreicht, was bloß den persönlichen Neigungen und Interessen dient. Den Engeln und Heiligen gehört die Freude; sie erfreuen sich an den guten Werken der Menschen und an dem Wohlwollen unter ihnen. Dem Nächsten schulden wir all die von ihm benötigte Hilfe, die wir ihm geben können.

Nach ihrem passiven Aspekt fordert die Gerechtigkeit, daß wir alles von Gott gleich annehmen *(aequaliter omnia de Deo accipere)*. Man könnte meinen, daß das Adverb „gleich" in diesem Gebot dieselbe Bedeutung hat wie das Adjektiv „gleich" und das Substantiv „Gleichheit" in den üblichen Konzeptionen der Gerechtigkeit. Dem ist jedoch nicht so. „Gleich" im Kontext der Gerechtigkeitslehre Meister Eckharts bedeutet vor allem die mystische Loslösung von der materiellen Wirklichkeit; diese Haltung muß der Mystiker auf seinem Pfad zu Gott einnehmen. *„Aequaliter ... accipere"* im Sinne von Eckhart wirft somit nicht das Problem auf, wie der Wert verteilter Güter, Dienste oder was sonst immer aufgeteilt wird, zu bestimmen, zu messen oder zu vergleichen sei. Worauf es hier ankommt, ist der Geist der Gleichheit *(animus aequus)*, in dem alles, was gegeben ist, angenommen werden soll.

Um fähig zu sein, alles von Gott „gleichmütig" anzunehmen, ist eine Einstellung erforderlich, die Eckhart als „Abgeschiedenheit" und „Gelassenheit" bezeichnet.

Wörtlich genommen bedeutet „Gelassenheit" einen Zustand, in dem etwas gelassen wurde; dieses Etwas ist in diesem Zusammenhang die Welt, wie ihr der Mensch in seiner Alltäglichkeit begegnet und wie sie der Mensch gewöhnlich erlebt. So ist auch Eckharts Wortspiel zu verstehen: „Wer gelassen *hat, ist* gelassen." Das „Lassen der Welt" meint hier keineswegs, daß wir uns nicht um unseren Alltag kümmern; es meint vielmehr ein Transzendieren der Welt der Alltäglichkeit in unserer gefühlsmäßigen Begegnung mit ihr. Mit anderen Worten bedeutet es, die wirkliche Welt, wie sie auch immer sein mag, gemütsruhig und in Gleichmut sein lassen.
Durch diese Geisteshaltung wird es möglich, einer weiteren Forderung der Eckhartschen Gerechtigkeitslehre zu begegnen – der Forderung, wonach der Mensch völlig über seinen Willen hinausgehen soll. Dieses „Hinausgehen" bedeutet nur, daß der Mensch einen Willen als *seinen eigenen* Willen aufgibt. Im Streben nach dem ekstatischen Einssein mit Gott im Eintauchen in die Abgeschiedenheit der Seele begegnet der Mystiker dem Funken oder dem Keim Gottes und wird so auf Gottes Willen abgestimmt. So ist das Gebet Eckharts gemeint, das er vom Stoiker Epiktet übernahm: „Gib mir den Willen zu wollen gemäß Deinem Willen" und der Ruf nach Adäquanz von menschlichem und göttlichem Willen. Diese Adäquanz kann im *Vacare Deo* des Mystikers durchklingen, in welchem er seinen Geist von jeglichem Inhalt zu befreien sucht. Die hier aufbrechende geistige Leere – mit göttlichem Afflatus erfüllt – schafft die Bedingung dafür, daß der Mensch im Einklang mit Gott fühlt, denkt und Seines Willens ist.
Der Mensch und alles Existierende ist nach Meister Eckhart mit Unruhe und Unbeständigkeit behaftet. Im Gegensatz dazu ist Gottes Wesen Frieden und Beständig-

keit. Daher ist die Suche des Menschen nach Gott eine Suche nach Ruhe; es ist das Sehnen, das zu überwinden, was vergänglich ist, und das zu fassen, was von Dauer ist. Das *Vacare Deo* ist eine wesentliche Phase in diesem Streben. *Aequaliter omnia de Deo accipere* gehört zu diesem Streben als ein Gebot, dessen Beobachtung „die Geburt Gottes" in der Seele des Menschen fördert, die ihrerseits eine Vorbedingung für die Erfüllung und Wahrung des *suum-cuique-dare*-Gebotes ist. So zeigen sich aktive Seite und passive Seite der Gerechtigkeit in einer Abhängigkeitsbeziehung verbunden; allein die Fähigkeit, alles in Gleichmut anzunehmen, macht es dem Menschen möglich zu erfahren, was jemandem gebührt – und zu wollen, allen das Gebührende zu geben.

Es mag scheinen, als ob hier eine fundamentale Unverträglichkeit zwischen dem aktiven und dem passiven Aspekt der Gerechtigkeit in Meister Eckharts Gerechtigkeitslehre bestünde – eine Inkonsistenz, die sie bis in den Grund erschüttert. Die Forderung *aequaliter omnia ... accipere* scheint ein fatalistisches oder quietistisches Gerechtigkeitsdogma zu beinhalten, wie es etwa der Spruch „jedem nach seinem Schicksal" wiedergeben würde. Dieses Dogma scheint es gänzlich sinnlos zu machen, etwas dazu zu tun, einer Person das ihr Gebührende zu geben; damit wäre die *suum-cuique-dare*-Forderung gegenstandslos. Der Eindruck der Unvereinbarkeit der beiden Forderungen erweist sich jedoch als unbegründet, wenn erfaßt wird, daß sich *aequaliter omnia ... accipere* auf das passive Gerechtigkeitssubjekt (den Empfänger), aber nicht auf das aktive Gerechtigkeitssubjekt (den Geber) bezieht.

Die Verträglichkeit beider Forderungen ergibt sich ferner dadurch, daß *aequaliter* in dem in Frage stehenden Kontext sich eher auf Gleichmut bezieht denn auf

Gleichheit im Sinne der üblichen Gerechtigkeitsdoktrinen. Eckharts Mystizismus ist alles andere denn Quietismus; seine wesentliche Botschaft ist die aktive Teilhabe des Menschen an der Dynamik der Welt; des Menschen tiefste Berufung ist es, Gottes Mitarbeiter und Mitstreiter zu sein. Die *unio mystica* mit Gott, die erreicht wird, wenn die Weltlichkeit der Welt hinterlassen ist, bedeutet nicht ein dauerndes Eingeschlossensein des Geistes in Abgeschiedenheit, sondern ist vielmehr als eine geschehende innere Erfahrung zu verstehen, die den Menschen zur Mitarbeit mit Gott erhebt, um Gottes wahrer Gefährte in der Ausführung Seiner Pläne zu sein.

Da jene Haltung, die ein Ergebnis der Befolgung der *aequaliter-omnia ... accipere*-Forderung ist, eine notwendige Bedingung der Fähigkeit des Menschen darstellt, der *suum-cuique-dare*-Forderung nachzukommen, geht Gelassenheit der Gerechtigkeit in Meister Eckharts Doktrin voraus. Alles in Gleichmut anzunehmen, befreit die Empfänger von der übermäßigen Begierde, das zu erhalten, was sie als das Ihrige beanspruchen, und befreit die Geber von der Angst, entsprechenden Ansprüchen zu begegnen. Auf diese Weise ist eine gründliche Prüfung jeder Gerechtigkeitssituation möglich, und in der Folge können besser fundierte Urteile darüber gefällt werden, was gewährt und was versagt werden soll. Dies ist besonders wichtig bei Auseinandersetzungen über Fragen der Gerechtigkeit, wenn einige Entscheidungsfaktoren umstritten sind. Dies ist auch wichtig, wenn die Leidenschaften, die ein tatsächliches oder ein angebliches Scheitern des Bemühens um Gerechtigkeit hervorrufen, auflodern und ihre schädliche Wirkung ausstrahlen. Denn nur *animo aequo* können die Lebenssituationen, die solcher Wirkung ausgesetzt sind, gemeistert werden.

Es gilt zu bedenken, daß der Mensch dauernd Gefahr

läuft, als Resultat seines inbrünstigen Strebens nach Gerechtigkeit Ungerechtigkeit zu bewirken – infolge der Unüberblickbarkeit so mancher Gerechtigkeitssituationen, in denen das offensichtliche Üben der Gerechtigkeit gegen eine Person dazu führt, eine andere Person (die hier und jetzt oder weit entfernt ist oder noch nicht existiert) dessen zu berauben, was ihr gebührt. Gleichmut und Gelassenheit bei der Gerechtigkeitsausübung können dazu führen, Gerechtigkeitssituationen tiefer und umfassender inne zu haben.

Es ist eine tiefverwurzelte abendländische Auffassung von der Gerechtigkeit, daß Gelassenheit eher aus Gerechtigkeit hervorgehe als daß sie Gerechtigkeit hervorbringe. So wurde in der griechischen Mythologie Hesychía, die Gottheit der „in sich selbst ruhenden Stille", als aus dem Wesen der Dike, der Göttin der Gerechtigkeit, geboren begriffen. Gerechtigkeit wurde vielmehr in Aszendenz denn in Deszendenz der Gelassenheit aufgefaßt. So nimmt es nicht wunder, daß das Streben nach Gerechtigkeit beständig ein starkes Motiv für Kriege und für andere Formen der Gewalt war und daß Gerechtigkeit oft angerufen wurde, um ihre Schrecken zu rechtfertigen. Meister Eckharts Gerechtigkeitslehre schließt diese Rolle der Idee der Gerechtigkeit aus. Sie hat eine Affinität zur Metaphysik und Ethik asiatischer Zivilisationen, in denen „Losgelöstheit", Gleichmut, Gelassenheit und all das, was zum kontemplativen Leben gehört, an erster Stelle bei den menschlichen und übermenschlichen Tugenden steht.

Trotz der Tatsache, daß Meister Eckhart von Gerechtigkeit in religiöser Terminologie oder in Gleichnissen der christlichen Religion spricht, ist es möglich, seine Gerechtigkeitskonzeption von ihrem christlichen Hintergrund abzuheben und vielleicht sogar zu „entmythologisieren" und ganz zu „entmystifizieren“, ohne damit die Einheitlichkeit und Faßbarkeit seiner Botschaft zu zerstören. Eckhart war ein unkonventioneller religiöser Denker. In seinem Denken spielen die Kirche und die Offenbarung keine entscheidende Rolle. Der Gott, von dem er spricht, ist anders als Ihn die christlichen Theologen gewöhnlich sehen. In seiner „negativen Theologie“ gelangt er sogar zur Leugnung Gottes als eines daseienden Wesens – Gott ist eher subsistent als existent. So kann man sagen, daß seine Auffassung von Gerechtigkeit nur akzidentell mit dem Christentum verbunden ist; im wesentlichen stellt sie eine mystische Konzeption dar, die im Grunde von jeder konkreten Religion unabhängig ist. Mystik ging aus theistischen, pantheistischen, sogar atheistischen Grundanschauungen hervor und tauchte sowohl im Christentum als auch im Hinduismus, Buddhismus, Judentum und Islam auf. Es ist durchaus möglich, Mystik von allen religiösen Ideen zu lösen und sie als eine besondere Lebenshaltung und Lebensart anzusehen, deren wesentlicher Zug es ist, die äußere und die innere Wirklichkeit in Gelassenheit, Gleichmut und Gemütsruhe zu schauen und ihr in dieser Seelen- und Geistesverfassung zu begegnen.

Es dürfte möglich sein, eine Theorie aufzustellen, die im wesentlichen mit Meister Eckharts Gerechtigkeitsvorstellungen übereinstimmt und die nicht von mystischer Denkweise abhängt oder aus religiösen Überzeugungen hervorgeht. Das Wesentliche an einer solchen Lehre kann folgendermaßen umschrieben werden: Der aktive Aspekt der Gerechtigkeit, der darin besteht, jedem das Seine zu geben, hängt ab vom passiven Aspekt der Gerechtigkeit, der darin besteht, in Gleichmut anzunehmen, was auch immer gegeben wird. Die Verminderung unserer Sorge darüber, was wir bekommen – Konsequenz dieser

Gleichmut – schafft Bedingungen, die es wiederum ermöglichen, Gerechtigkeit ohne schädlichen Kampf und andere Übel zu üben, die Geben und Nicht-Geben veranlassen. Die Gelassenheit, in der wir verteilbare Güter erhalten, bringt Gelöstheit in unsere Beziehungen zu den Personen und Dingen, aber auch eine Teilhabe an ihnen, in der das, was wir als Besitz erlangten, uns nicht besessen werden läßt. Diese Gelassenheit vermindert die Gefahr, beim inständigen Streben, Gerechtigkeit zu üben, Ungerechtigkeiten zuzufügen und dient zur Begründung eines dauerhaften Friedens, der nicht nur *pax*, sondern auch *pax tranquilla* ist. Sie hilft uns, den Mittelweg zwischen den Extremen zu finden, die Verirrungen sind, und, indem wir Exzesse vermeiden, die Goldene Mitte zu entdecken.

Anschrift des Verfassers

Professor Dr. Ilmar Tammelo
Institut für Rechtsphilosophie,
Methodologie der Rechtswissenschaften
und Allgemeine Staatslehre
A–5020 Salzburg
Franziskanergasse 2

oder über den Verlag Karl Alber
D–7800 Freiburg i. Br., Postfach

Alber-Broschur Philosophie

Karl Acham: Analytische Geschichtsphilosophie
Gellért Béky: Die Welt des Tao
Günther Bien: Die Grundlegung der politischen Philosophie bei Aristoteles
Hans Czuma: Autonomie
Hubert Hendrichs: Modell und Erfahrung
Hans-Ulrich Hoche: Handlung, Bewußtsein und Leib
Norbert Hoerster: Utilitaristische Ethik und Verallgemeinerung
Wolfram Hogrebe: Kant und das Problem einer transzendentalen Semantik
Harald Holz: Philosophie humaner Praxis in Gesellschaft, Religion und Politik
Fernando Inciarte: Eindeutigkeit und Variation
Wolfgang Kluxen (Hrsg.): Thomas von Aquin im philosophischen Gespräch
Reinhard Lauth: Die Entstehung von Schellings Identitätsphilosophie in der Auseinandersetzung mit Fichtes Wissenschaftslehre 1795–1801
Franz von Magnis: Normative Voraussetzungen im Denken des jungen Marx (1843–1848)
Henri-Irénée Marrou: Über die historische Erkenntnis
Rainer Marten: Platons Theorie der Idee
Max Müller: Philosophische Anthropologie
Luis Noussan-Lettry: Spekulatives Denken in Platons Frühschriften. Apologie und Kriton
Cornelius Anthonie van Peursen: Wirklichkeit als Ereignis
Otto Pöggeler: Hegels Idee einer Phänomenologie des Geistes
Otto Pöggeler: Philosophie und Politik bei Heidegger
Grau/Fetscher/Pöggeler/Ilting: Probleme der Ethik – zur Diskussion gestellt
Heinrich Rombach: Strukturontologie. Eine Phänomenologie der Freiheit
Richard Schaeffler: Religion und kritisches Bewußtsein
Werner Schneiders: Die wahre Aufklärung
Jörg Splett: Gotteserfahrung im Denken
Jörg Splett: Die Rede vom Heiligen
Josef Simon (Hrsg.): Aspekte und Probleme der Sprachphilosophie
Jochen Stork (Hrsg.): Fragen nach dem Vater
Fridolin Wiplinger: Der personal verstandene Tod